ゲームで学ぶ
JavaScript
入門

ブラウザゲームづくりで
HTML&CSSも身につく!

増補
改訂版

田中 賢一郎 [著]
Kenichiro Tanaka

インプレス

動作環境

　本書はWindows 11のEdge、Google Chromeといったブラウザを使用してコンテンツ開発と動作検証を行いました。また、macOS MontereyのSafari、Android 13（Redmi Note 11 Pro 5G）／Android 12（Google Pixel 5）上のChrome、iPhone 12 Pro上のSafari/Chromeでも一通りサンプルが動作することを確認しています（2022年11月時点）。サンプルコンテンツはHTML/CSS/JavaScriptの基本的な内容で実装されているため、最近のブラウザであればプラットフォームを問わず動くはずです。しかしながら、OSやブラウザ、機種によっては挙動が異なることもあります。

　すべてのサンプルはWebサーバとの通信を必要としません。必要なファイルがローカルにあればインターネットに接続していない環境でも実行可能です。さらに、サードパーティのライブラリも一切使用していません。プログラミングの基本、楽しさといったところにフォーカスしたかったので、そのようなスタンスで開発／実装を進めました。

●サンプルプログラムについて

　本書で解説したサンプルプログラムは、以下のURLからすべてダウンロードできます。

https://book.impress.co.jp/books/1122101041

はじめに

　本書は「これからプログラミングを始めてみたい」「HTMLやJavaScriptを使ってゲームをつくってみたい」という初心者の方を想定して執筆しました。堅苦しくなりがちな厳密な文法の説明ではなく、楽しみながら慣れてもらうことに重きを置いています。興味を持っていただけるようゲームサンプルを多く掲載しました。ゲームのソースコードは省略することなく、すべて掲載しています。

　好評をいただいた第1版の刊行から7年ほどが経ちました。プログラミングの世界は変化が速いため、現状に合わない箇所がいくつか出てきました。そこで今回の改訂では、JavaScriptの現状を意識してソースコードを修正し、ゲームのデザインを一新するとともに、新しいゲームをいくつか追加しています。

　この数年でプログラミングに対する認知が大きく変化しています。その重要性が強く認識され、学校教育に組み込まれたり、入学試験の試験科目に採用されたりしています。このような状況を受けて、プログラミングに興味を持つ方も増えています。

　筆者が子どものころは、街の書店に数多くのパソコン雑誌が並んでいました。当時小学生だった自分は"ゲームをやりたい"という一心で、雑誌に掲載されているソースコードをひたすら入力しました。そこから得たものは非常に大きかったように考えています。

　本書に掲載したプログラムはダウンロード可能です。しかしながら、時間に余裕がある方は、ぜひ自分の手で入力してみてください。おそらく、一度で動くことはないでしょう。デバッグを通して何かしら学びがあるはずです。動くようになったら改造してみましょう。いろいろ試してみることで一層理解が深められるはずです。

　"楽しんでいるうちに自然にスキルがついている"、そんな学習方法が理想だと実感しています。本書がプログラミングに親しむきっかけになればと願っています。

田中 賢一郎

ゲームで学ぶ
JavaScript入門

目次

● 免責事項／動作環境／サンプルプログラムについて ……………………………………… 002
● はじめに ………………………………………………………………………………………… 003

本書でつくるサンプルゲーム　　　　　　　　　　　　　　　008

Chapter 1　HTML+CSSの基本　　　　　　　　　　　019

1-1　HTML/CSS/JavaScriptの関係 …………………………………………………… 020
　　1-1-1　HTML/CSS/JavaScriptの役割——020

1-2　文書の構造 ………………………………………………………………………………… 021
　　1-2-1　文書の構造——021
　　1-2-2　実際のページを見てみる——022

1-3　最初のHTML …………………………………………………………………………… 024
　　1-3-1　HTMLの「＜＞」記号に注目——024

1-4　HTMLの書き方の規則 ……………………………………………………………… 027
　　1-4-1　タグの書き方——027

1-5　HTMLの主な要素 ……………………………………………………………………… 030
　　1-5-1　これだけは覚えておきたい必須要素——030
　　1-5-2　画像フォーマット——036
　　1-5-3　応用例——037

1-6　統合開発環境のすすめ ……………………………………………………………… 039
　　1-6-1　統合開発環境とは——039

1-7　CSSの概要 ……………………………………………………………………………… 041
　　1-7-1　見映えを担当するCSS——041
　　1-7-2　カスケードとは——042

1-8　CSSの書き方 …………………………………………………………………………… 044
　　1-8-1　インラインスタイルでの指定——044
　　1-8-2　CSSの主なプロパティ——045
　　1-8-3　文書の構造と見た目の分離——047

1-9　ページのレイアウト …………………………………………………………………… 053
　　1-9-1　ブロックレベル要素とインライン要素——053
　　1-9-2　ボックスモデル——056
　　1-9-3　色やサイズの指定——058

2-1 **プログラミング言語JavaScript** ……………………………………………………… 064
　2-1-1　プログラミング言語とは——064
　2-1-2　JavaScriptのプログラム実行の流れ——065

2-2 **変数と演算** ……………………………………………………………………………… 068
　2-2-1　変数の宣言——068
　2-2-2　演算——070

2-3 **比較と条件式** …………………………………………………………………………… 072
　2-3-1　比較した結果に応じて処理を変える——072
　2-3-2　条件式 —— if文——074
　2-3-3　複数の条件式を組み合わせる —— ANDとOR——077
　2-3-4　条件式 —— switch文——079
　2-3-5　条件式 —— 三項演算子——082

2-4 **配列と繰り返し** ………………………………………………………………………… 084
　2-4-1　配列の使い方——084
　2-4-2　繰り返し —— for文——086
　2-4-3　繰り返し —— while文——088
　2-4-4　繰り返し —— continue文、break文——088

2-5 **関数** ……………………………………………………………………………………… 091
　2-5-1　関数の定義——091

2-6 **プログラムのバグをとる作業（デバッグ）** …………………………………………… 094
　2-6-1　ブラウザのデバッガ——094

2-7 **オブジェクト** …………………………………………………………………………… 102
　2-7-1　オブジェクトとは——102
　2-7-2　JavaScriptでのオブジェクトの定義方法——104
　2-7-3　JavaScriptからHTMLを操作する——112
　2-7-4　JavaScriptからCSSを操作する——114
　2-7-5　DOM（Document Object Model）——116
　2-7-6　タイマー関連のメソッド——120

2-8 **組み込みオブジェクト** ………………………………………………………………… 123
　2-8-1　Dateオブジェクト——123
　2-8-2　Mathオブジェクト——124
　2-8-3　Arrayオブジェクト——125
　2-8-4　Stringオブジェクト——127

2-9 **プロトタイプ** …………………………………………………………………………… 129
　2-9-1　プロトタイプの利点——129
　2-9-2　プロトタイプの挙動——131

2-9-3　プロトタイプ継承——134
2-9-4　プロトタイプの設定方法——134

2-10　イベント ……………………………………………………… 138
2-10-1　イベント、イベントハンドラ——138
2-10-2　文書の読み込みイベント——138
2-10-3　ボタンのクリック——141
2-10-4　イベントハンドラの引数——143
2-10-5　イベントハンドラの登録先——147
2-10-6　タッチイベントに関して——151

2-11　関数オブジェクト ………………………………………… 153
2-11-1　関数はオブジェクト——153
2-11-2　関数オブジェクトによる配列の操作——155
2-11-3　関数オブジェクトを引数にとるArrayのメソッド——157
2-11-4　イベントハンドラも関数オブジェクト——161
2-11-5　本章のサンプル——162

Chapter 3　Canvasの基本　　171

3-1　<canvas>要素で図形を描く……………………………… 172
3-1-1　描画の手順——172

3-2　さまざまな図形の描画 …………………………………… 175
3-2-1　直線、多角形——175
3-2-2　矩形——177
3-2-3　円、円弧——178
3-2-4　文字——180
3-2-5　画像——181

3-3　座標系の設定 ……………………………………………… 184
3-3-1　座標系の基礎——184

Chapter 4　[実践]ゲームプログラミング　　187

4-1　スライドパズル　15puzzle………………………………… 188
4-1-1　ソースコード解説——190

4-2　神経衰弱　FlipCards ……………………………………… 193
4-2-1　ソースコード解説——196

4-3　荷物を運ぼう　CarryIt …………………………………… 199
4-3-1　ソースコード解説——202

4-4 リバーシ ReversiblePiece ·· 208
    4-4-1　ソースコード解説——214

4-5 タマゴを大事に EggCatch ··· 223
    4-5-1　ソースコード解説——225

4-6 ダンジョン Dungeon ··· 227
    4-6-1　ソースコード解説——235

4-7 宇宙船サターンボイジャー SaturnVoyager ·················· 245
    4-7-1　ソースコード解説——249

4-8 ファンキーブロック FunkyBlocks ······························ 258
    4-8-1　ソースコード解説——266

4-9 食べ尽くせ！ Chase ··· 275
    4-9-1　ソースコード解説——278

4-10 超難度・忍者ジャンパー Jumper ······························ 280
    4-10-1　ソースコード解説——283

4-11 インベーダーを撃ち落とせ！ Shooting ···················· 286
    4-11-1　ソースコード解説——290

Chapter 5　物理エンジンを使ったゲーム　　293

5-1 物理エンジンとは ·· 294
    5-1-1　なぜ物理エンジンを使おうと思ったか？——294
    5-1-2　物理エンジンの仕組み——294
    5-1-3　本書で使用した物理エンジンのソースコード——296

5-2 物理エンジンの利用例 ·· 302
    5-2-1　デモ（demo.html）——302

5-3 ビリヤード Billiard ·· 309
    5-3-1　ソースコード解説——313

5-4 ベジタブルマーチ VegetableMarch ···························· 316
    5-4-1　ソースコード解説——321

サンプルゲームのスマホ／
タブレット対応について——017

本書で使用している
物理エンジンについて——017

参考文献・リンク——325

あとがき——326

索引——327

著者プロフィール——335

Column

デザインの重要性について——017
スマホやタブレットでサンプルプログラムを動かす方法——018
ファイルの拡張子——026
解答時の空白を画面右下にする場合——192
ライブラリ——315
ライブラリとフレームワーク——324

本書でつくるサンプルゲーム

本書で解説されているゲームは、解説書にありがちな「説明のためのゲーム」ではなく、実際に遊んで楽しいもの、自作するときの参考になるような実用的なものを目指しました。各ゲームのソースコードは省略なく全行を掲載しています。つまり、行数はそれほど長くないのです。物事は楽しくないと続きません。本書も楽しみながら読み進んでいきましょう。

スライドパズル *15puzzle*   p.188

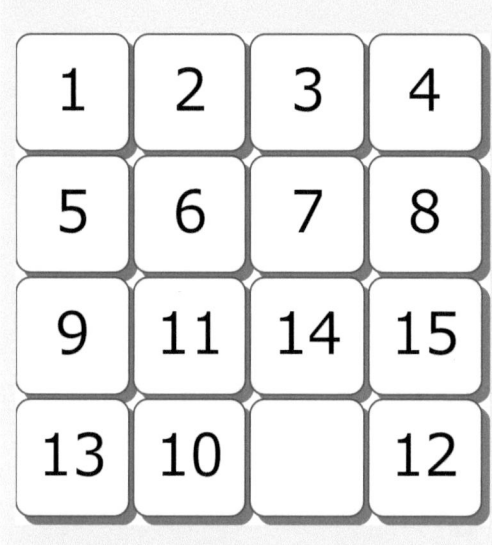

空 白タイルの上下左右をクリックすると、その数値が空白タイルと入れ替わります。その作業を繰り返して、ランダムに並んだ状態から1〜15の順に整列させるというパズルです。

● 開発のポイント

ソースコードは70行くらいです。本書のサンプルゲームの中では最も短いものの1つです。JavaScriptから動的に要素を作成する方法、スタイルを使って見た目を良くする方法などの参考にしてください。また、行と列を増やすなどの変更もしてみましょう。

☑ このゲームで学ぶこと
- DOM要素をJavaScriptから作成する
- for文の二重ループに慣れる

神経衰弱 *FlipCards*   p.193

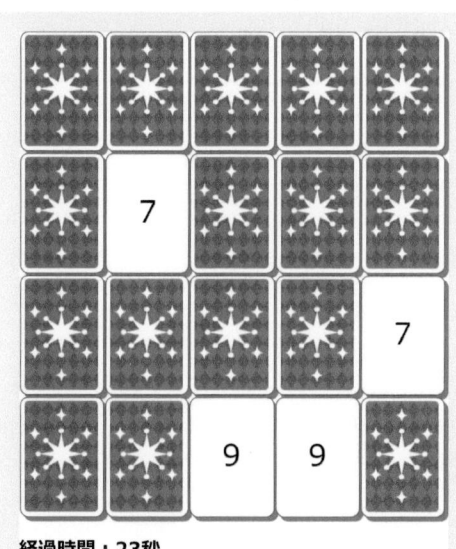

経過時間：23秒

言 わずと知れた神経衰弱です。すべてのカードをひっくり返すまでの時間を競います。

● 開発のポイント

ソースコードは120行くらいです。class属性をJavaScriptから操作して表示を変える方法、配列をランダムにシャッフルする方法、数値が違ったときに裏返すタイマーの使い方などJavaScriptでの基本的な処理方法について学ぶための題材です。カードの枚数や種類を増やすなど、さまざまな工夫を凝らした神経衰弱ゲーム作成にも挑戦してみましょう。

☑ このゲームで学ぶこと
- Arrayオブジェクトのprototypeの利用
- タイマーの使い方に慣れる

荷物を運ぼう *CarryIt* p.199

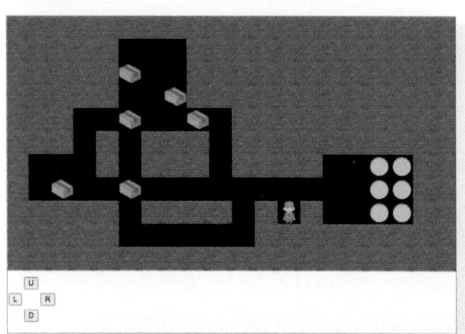

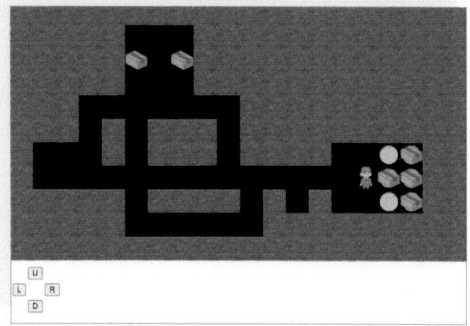

画面左下の上下左右キーでプレーヤーを操作してすべての荷物をゴール地点に運んでください。ただし、荷物を押すことはできても引っ張ることはできません。荷物を2つ同時に押すこともできません。実際にやってみるとパズル的な面白さを実感できるでしょう。

● 開発のポイント

地図データを含めてもソースコードは120行くらいです。実際にコードを見ると、その短さに驚くでしょう。コードを短くするためビット演算という手法を使用しました。本書の解説を丁寧に読み進めてください。

✓ このゲームで学ぶこと

- 仮想マップの使い方に慣れる
- JavaScriptから画像を<canvas>に描画する
- ビット演算に慣れる

リバーシ *ReversiblePiece* p.208

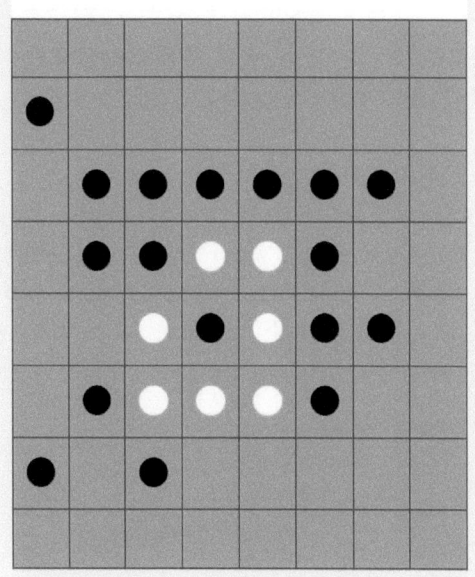

ルール説明は不要でしょう。マウスのクリック（またはタップ）で石を置いて相手を挟んでひっくり返し、数の多いほうが勝ちというゲームです。

● 開発のポイント

ソースコードは290行くらいです。コンピュータがあなたの対戦相手をしてくれます。このゲームは四隅を取ったほうが圧倒的に有利になることはご存じだと思います。それぞれのマス目に優先順位の重みづけを設定し、合計値が高くなるように石を置いていくというシンプルなアルゴリズムです。コンピュータの思考アルゴリズムがどのように実装されているか、その一例としてコードを読んでみてください。

✓ このゲームで学ぶこと

- コンピュータの思考回路を実装する

タマゴを大事に *EggCatch*

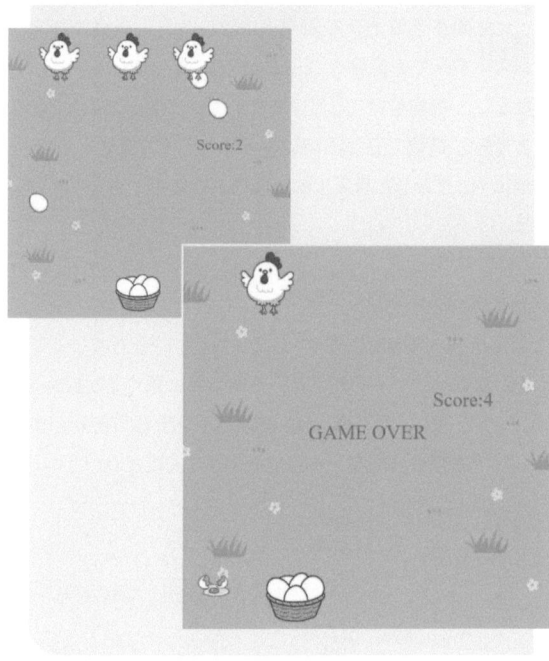

マウスでカゴを左右に移動し、上から落ちてくるタマゴをキャッチするだけのシンプルなゲームです。

● 開発のポイント

行数も70行くらいです。複数のタマゴを配列（Array）で管理しており、「Arrayのpush()メソッドでタマゴを追加」「Arrayのfilter()メソッドで落ちていないタマゴだけを抽出」「ArrayのforEach()メソッドで個々のタマゴを取り出して移動」といった配列操作を行います。これらArrayオブジェクトのメソッドでは、引数に関数を記述します。「引数に関数を指定」することに最初は慣れないかもしれませんが、JavaScriptでは頻繁に使われる手法なので、ぜひマスターしてください。

☑ このゲームで学ぶこと
- 画像の描画やマウスイベントの処理
- 配列（Array）メソッドの効果的な利用法

ダンジョン *Dungeon*

主人公を画面右側の上下左右キーで操作して迷路右下のゴールを目指してください。モンスター2匹が容赦なく襲い掛かります。迷路は毎回自動的に作成されます。画面右側には地図が表示されます。

● 開発のポイント

このゲーム本体のソースコードは370行くらいです。迷路の生成には棒倒し法というアルゴリズムを使用しています。主人公の視野を表現するため、円形のクリップリージョンを設定して描画を行っています。移動もスムーズにスクロールするように工夫しています。

☑ このゲームで学ぶこと
- 上下左右スクロールゲームに慣れる
- 迷路の自動生成を行う
- Canvasのリージョンクリップの手法を知る

宇宙船サターンボイジャー *SaturnVoyager* p.245

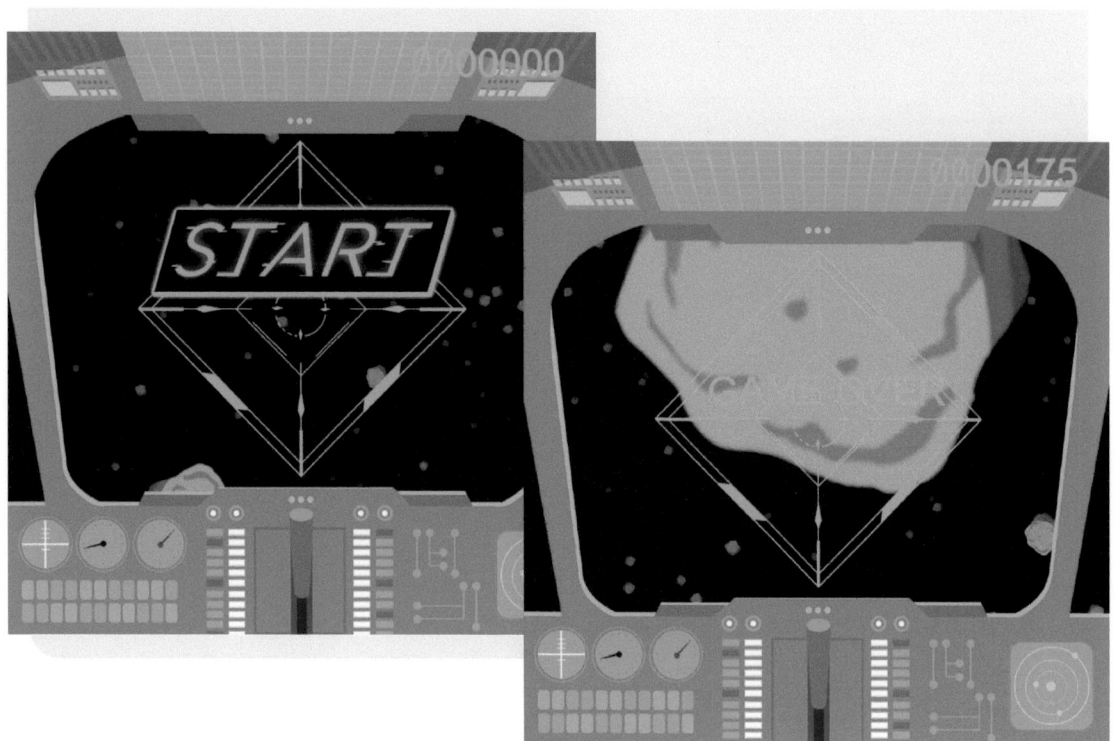

隕石を避けてどこまで進めるか挑戦するゲームです。黒い宇宙空間をクリック長押し（またはタップ長押し）して隕石に当たらないよう避けましょう。

● 開発のポイント

一見すると、3Dゲームのように見えるかもしれません。実際には、遠くのものを小さく描画することで、遠近感を表現しているだけです。疑似的な3Dゲームといってよいでしょう。宇宙空間を高速に進んでいるような視覚効果を表現できていることを体感してください。このゲームのソースコードは180行くらいです。隕石を自分からの距離に応じてソートし、遠い順から順番に描画することで自然な効果を演出する、ペインターのアルゴリズムを実装しています。また、Canvas（<canvas>要素）の座標系変換を使って隕石を回転させています。画像の回転はいろいろなゲームで利用できるので覚えておきたい手法の1つです。

多くの画像を拡大縮小／回転をしているため、処理負荷が大きくなり、スピードが遅く感じられるかもしれません。そんなときは、隕石の数を減らしてみるとよいでしょう。

☑ このゲームで学ぶこと

- Canvasの座標系変換に慣れる（画像の回転）
- 疑似3Dモデルに親しむ

ファンキーブロック *FunkyBlocks*

p.258

いわゆる落ち物系ゲームです。こちらも軽快なBGMと共にゲームがスタートします。同じ色が縦方向、もしくは横方向に3つ以上並ぶよう、ブロックをクリック（またはタップ）＆ドラッグして上下／左右に入れ替えてください。ブロックが消えると上のブロックが落ちてきます。短時間に連続して消すと連鎖モードに突入しさらにスコアが加算されます。

● 開発のポイント

このゲームのソースコードは全部で380行くらいです。デザイナーの力量によるところが大きいのですが、入門書の題材の割には高いクオリティを実現できたのではないでしょうか。個々のブロック（タイル）はTileオブジェクトとして実装しています。ブロックをスムーズに落下させる方法、ブロックを消したときに表示されるメッセージをフェードアウトする方法、ゲーム開始時に同色が3つ並ばないようにする方法などに着目してください。

● 学習のポイント

メインループを使った一般的なリアルタイムゲームです。特別な処理はありませんが、コードを短くするために関数オブジェクトを活用しています。そのあたりに着目してコードを読み進めてみてください。

背景画像を描画する、メッセージを工夫する、連鎖による加点を凝ったものにする、まだまだ改良の余地はたくさんあります。自分なりの工夫を加えることでより高い完成度のゲームに仕上げてください。

☑ このゲームで学ぶこと

- 本格的なゲームを作る
- 効果音の再生方法を知る

⠿ 食べ尽くせ! *Chase* p.275

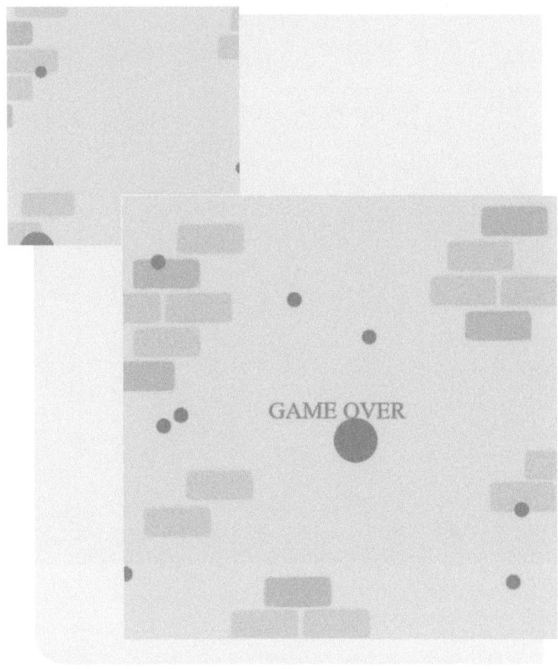

マウスで動かして大きなキャラクターを操作し、小さな餌を制限時間内にどれだけ食べられるかというゲームです。マウスからの距離に応じて速度が変化するので操作が難しく感じられるかもしれません。

● 開発のポイント

このゲームではclassを使って、主人公と餌のオブジェクトを作成／管理しています。主人公と餌には共通した特徴（座標／速度を有し、進行方向に向けて口をパクパクする）があるため、共通する内容は親クラスに括り出し、主人公と餌のクラスは親クラスを継承しています。初期のJavaScriptではprototypeを使った継承しかありませんでしたが、仕様改定によりclassというキーワードを使ってクラスを実装できるようになりました。

☑ このゲームで学ぶこと ···
- クラス（class）の使い方や継承の仕方

⠿ 超難度・忍者ジャンパー *Jumper* p.280

横スクロールのゲームです。マウスの押下時間に応じてジャンプの強さが変化します。建物の屋根をうまく伝ってゴールを目指しましょう。

● 開発のポイント

主人公にJumperクラス、建物にBoxクラスを使っています。主人公は1人なので変数で、建物は複数あるため配列（boxes）で管理しています。主人公が着地しているかどうかによってゲームの制御を変えている箇所が多数あります。landed（着地しているか否か）という変数に着目してください。建物を上下に移動させたり、障害物を入れたり、工夫の余地はたくさんあります。

☑ このゲームで学ぶこと ···
- クラス（class）と配列の利用例

インベーダーを撃ち落とせ! *Shooting*

p.286

シューティングゲームです。マウスで自機を移動し、クリックして弾丸を発射します。敵は上から放物線を描くように出現し、一番下に来たときに自機に向けて弾丸を発射します。

● 開発のポイント

クラスを使って実装しています。クラスは自機Ship、敵Enemy、星Star、弾丸Bulletの4つです。自機は1つなので変数で管理していますが、敵／星／弾丸は複数出現するので配列で管理しています。弾丸は自機が発射するものと、敵が発射するものがあり、プロパティを使って区別しています。

敵は自機めがけて弾丸を発射します。これを実装するために、敵と自機の座標からatan2関数を使って弾丸の発射角度を求め、その角度からcos/sin関数を使って、x方向とy方向の移動量を計算しています。これは、シューティングだけでなく、目的地の座標に向けて一定速度で移動するときに使える手法です。

また、シューティングゲームでは、衝突判定が欠かせません。2つのオブジェクトの距離が一定の数値以下のときに衝突とみなしています。いろいろなところで衝突判定が必要になるので、2つのオブジェクトの距離を求める関数distを定義しました。自機と敵（配列）、自機と弾丸（配列）、これらの衝突判定は1:Nの関係なので、forEachを使って配列から順番に要素を取り出し、自機との距離を比較することで衝突判定を行っています。一方、敵（配列）と弾丸（配列）の衝突判定は、N:Mの関係となります。forEachメソッドではなく、someメソッドとfilterメソッドを組み合わせて判定しています。これらのメソッドの組み合わせに注目してください。

このサンプルでは敵が1種類しか出現しないので単調な攻撃ですが、いろいろな種類の敵を用意したり、フォーメーションを組みながら出現させたりすると、本格的なシューティングゲームに作り替えることが可能です。ぜひトライしてください。

✅ このゲームで学ぶこと

- クラス（class）と配列の利用例
- 衝突判定

⚃ ビリヤード *Billiard*　　　物理エンジン　　　p.309

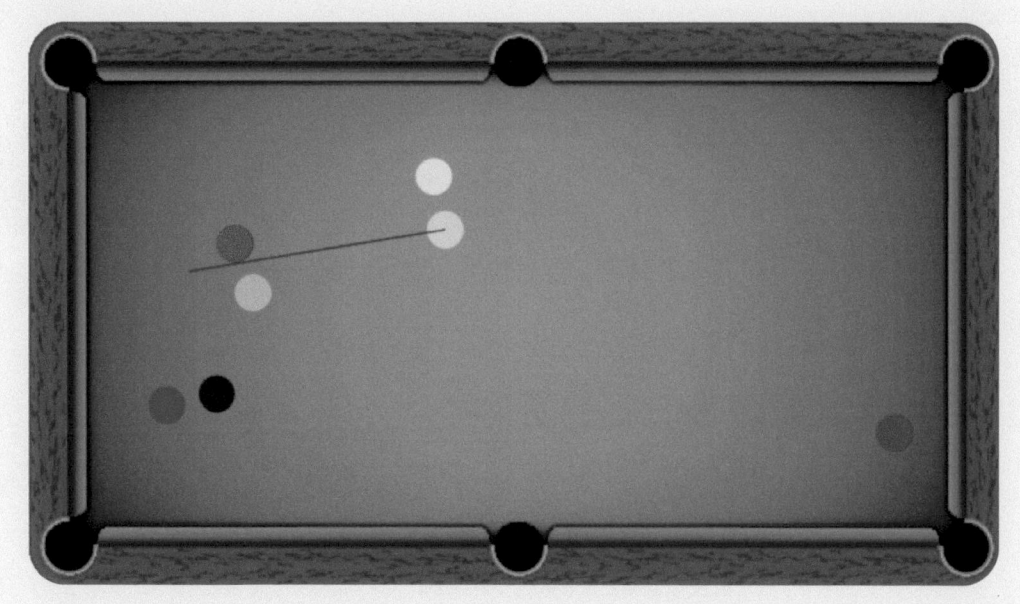

ご存じビリヤードです。ただし、実際のゲームルールは実装していません。玉を突いて穴に落としてください。玉をマウスでクリック＆ドラッグ（またはタップ＆フリック）することで、玉を突く強さを変えることができます。何回ですべての玉を落とせるか、もしくは実際のゲームと同じように2人で競ってもよいでしょう。

● 開発のポイント

このゲームと次ページのベジタブルマーチでは、本書用に開発した独自の2D物理エンジンTiny2D.jsを利用しています。このゲーム本体のソースコードは160行くらい、Tiny2D.jsのソースコードは270行くらいです。ポケットの穴は円オブジェクトとして実装されており、その円オブジェクトと衝突したときに玉を消去しています。物理世界にあるオブジェクトに初速度を与える方法、衝突時の処理方法など、物理エンジンの基本的な使い方を学習するには良い題材です。

● その他

ビリヤードはあくまでも一例にすぎません。今回はビリヤードという題材にしましたが、背景をバトル場にして、玉の代わりにモンスターの画像を使ってみると……人気ゲームが思い浮かぶのではないでしょうか。画像を差し替えるだけでも印象はガラリと変わるはずです。さらに、障害物を配置する、爆発物を配置する、いろいろなアイディアを盛り込むことができるはずです。みなさんの想像力を働かせて面白いゲームに変貌させてください。オリジナルゲームをつくる楽しみを実感しましょう。

✅ このゲームで学ぶこと

- マウスやタッチの座標が物理世界のオブジェクトに含まれるか検出する（手玉の検出）
- 物理世界のオブジェクトが衝突したときにオブジェクトを消去する（ポケットへ落下時）

ベジタブルマーチ *VegetableMarch*　　物理エンジン　　p.316

スタートボタンを押下すると軽快な音楽とともにゲームが始まります。近くにある同じ野菜をクリック（またはタップ）してラインでつないで消してください。消した分の野菜は上から落ちてきます。野菜がぶつかりながら落ちていく様子は見ているだけで楽しくなることでしょう。制限時間は約1分間、できるだけ多くの野菜を消して高得点を狙ってください。

● 開発のポイント

野菜がぶつかりながら落ちてくる様子は一見すると複雑そうに感じるかもしれませんが、ゲーム本体のソースコードは240行くらい、本書用に開発した独自の2D物理エンジンTiny2D.jsのソースコードも250行くらいです。この種のゲームの中ではかなり短いコードに抑えることができたのではないでしょうか。一般的なリアルタイムゲームと同じように、メインループでマウスやタッチのイベントを処理し、定期的にCanvas（<canvas>要素）の画面を更新しています。

本ゲームのポイントはやはり物理エンジンです。一般的な物理エンジンライブラリは非常に高機能ですが、それだけに習得に時間がかかります。一方、本書で実装したエンジンは極限まで機能を削ったので250行程度しかありません。ほかのエンジンと比べると習得はもちろん、中身の理解や修正も容易なはずです。

● 学習のポイント

プログラミング初心者の方であれば、野菜や背景の画像を変える、スコアの加算方法を変える、BGMを変える、といったことを試してみてください。それだけでもゲームの印象は大きく変わるはずです。物理エンジンTiny2D.jsはわかりやすさを優先しています。パフォーマンスチューニングは行っていません。スキルに自信のある方はボトルネック部分を特定し、パフォーマンスの改善に取り組んでみてください。角速度のサポートなど新たな機能を追加しても面白いかもしれません。改善の余地はたくさんあるはずです。

✅ このゲームで学ぶこと

- 物理世界のオブジェクトを画像を使って描画する
- 残り時間を扇形のゲージで描画する

デザインの重要性について

▼ベジタブルマーチ原型

▼ファンキーブロック原型

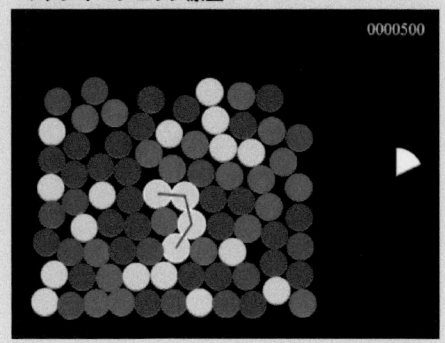

一般的に、開発者が単独で実装したゲームは魅力に欠けたものになりがちです。というのも、ゲームは、企画、デザイン、サウンドといったいろいろな要素が統合されて初めて面白いものになることが多いためです。本書の執筆にあたり、最初は自分でデザインを行っていました。ベジタブルマーチやファンキーブロックの原型は左図のような感じでした。

以前、著書※でデザイナーの山本麻美さんと協業させていただいた際にデザインの大切さを痛感しました。自分の無味乾燥なアプリが魔法をかけられたかのように魅力的なものに変貌したのです。この増補改訂版では、イラストレーターの青雷アルさんにご協力いただくことができました。結果はp.12やp.16でご覧いただいたとおり、見違えるほどゲームの見映えが良くなったことがわかるでしょう。

※『JavaScriptで作るWindowsストアアプリ開発スタートガイド』（インプレス刊）

● サンプルゲームのスマホ／タブレット対応について

タブレットやスマートフォンの場合、マウスやキーボードではなくタッチを使用します。
本書でもタッチを意識してサンプルを作成しましたが、ブラウザによって挙動にばらつきがあり、すべてのブラウザに対応することは困難でした。
読者ができる限りコードを改変せずに、多くのOS/ブラウザに対応できるようにしましたが、すべてのOS/ブラウザに対応しているわけではない旨ご了承ください。

● 本書で使用している物理エンジンについて

本書のサンプルゲームで使用している物理エンジンについては、インプレス社が運営するエンジニアのための技術解説サイト「Think IT」に詳細な解説記事を掲載しています。ぜひこちらもご参照ください。

[書籍連動]JavaScript物理エンジン解説
https://thinkit.co.jp/series/4770

HTML/CSS/JavaScriptによるWebページ（HTMLページ）をPCで開発している場合、PCのブラウザで直接HTMLページを表示／実行できます。必ずしもPCがインターネットに接続されている必要はありません。本書で掲載しているサンプルプログラムの場合、以下の本書サイトから、お使いのPC上にサンプルプログラムの圧縮ファイルJSGameRe.zipをダウンロードして解凍し、index.htmlをクリックすれば、PCのブラウザで表示／実行して動作確認ができます。

https://book.impress.co.jp/books/1122101041

一方、スマホやタブレットで表示／実行する場合、インターネットからアクセスできる場所（Webサーバー）にサンプルプログラムのファイル（以下、ファイル）を置き、ファイルをインターネットに公開する必要があります。ファイルがインターネットに公開されていれば、そのURLにブラウザでアクセスするだけで、さまざまな人がサンプルプログラムを表示／実行できます。ファイルをインターネットに公開するには、クラウドサービスやWebホスティングサービスを使います。インターネットへの公開手順は、各サービスによって異なるため、詳しい説明は割愛します（サンプルプログラムに同梱している「スマホなどでの動作確認.pdf」を参考にしてください）。

ここでは、本書のサンプルプログラムをインターネットに公開したURLを紹介します。スマホやタブレットから、以下のURLまたはQRコードにアクセスしてみてください。サンプルプログラムを表示／実行できるはずです（ただし、すべての環境／端末での動作を保証するものではありません。OSやブラウザによっては挙動にばらつきがあります）。

サンプルプログラム公開URL

https://book.impress.co.jp/jsg/

HTML+CSSの基本

みなさんが目にするWebページはHTMLという言語で記述されています。この章ではHTMLの基本的な書き方とCSSについて勉強します。本章を読み終わるころには簡単なページを作成できるようになります。ぜひプログラムを入力しながら読み進んでいってください。

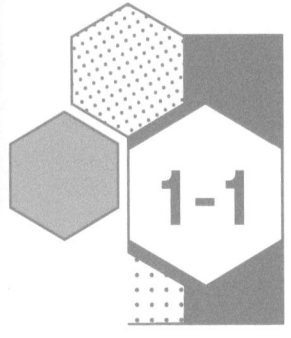

HTML/CSS/JavaScriptの関係

1-1

もともとWebページは、HTMLのみで記述されていました。HTMLから見た目を切り離すためにCSSが策定され、HTMLに動きを与えるためにJavaScriptが使われるようになりました。現在インターネット上にあるページのほとんどは、HTML/CSS/JavaScriptが組み合わされて作られています。本章と次章で、この3つを順番に説明していきますが、最初にこれらがどのようなものか概観しましょう。

1-1-1 | HTML/CSS/JavaScriptの役割

HTML（HyperText Markup Language）とは、文書の構造を定義するための言語です（マークアップ言語とも言います）。「どこが見出しで、どこが段落で、どこが箇条書きで」というように文書の構造を、HTMLタグと呼ばれる書き方で記述します。

CSS（Cascading Style Sheets）とは、文書の見た目を規定するための言語です。「見出しは青色で中央寄せ、段落は前後にマージンを配置し、箇条書きは左に余白を設けて、数字の番号を先頭に付与する」のように見た目を記述します（<html>など「<」と「>」の記号で囲まれた部分がタグです）。

JavaScriptとは、ブラウザ上で動作するプログラミング言語です。JavaScriptでプログラムを記述して、ページの構造や見た目を操作したり、キー押下／マウスクリックといったユーザーイベントを処理したりします。動きのあるページには、JavaScriptが欠かせません。JavaScriptからHTMLやCSSを操作するときのインターフェースがDOM（Document Object Model）です。

これらの関係性を図示すると、以下のようになります。

HTML/CSS/JavaScriptの役割

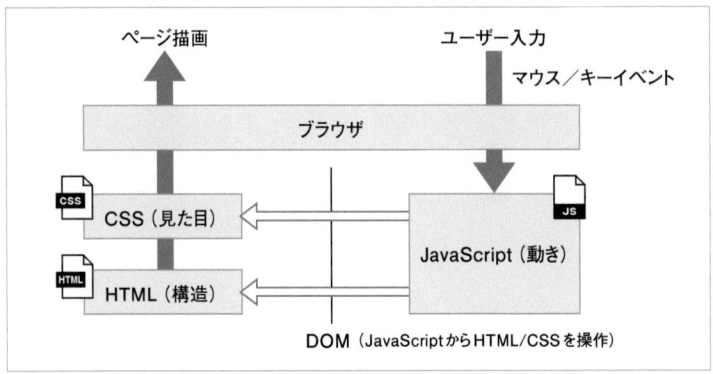

ブラウザは、HTMLから文書の構造を解釈し、それにCSSを適用し、その結果をWebページとして描画します。ユーザーからの入力（マウスやキー）はイベントとしてJavaScriptに通知されます。

ここではまず、Webページ（文書）の構造をHTMLで定義し、そのページの見た目（装飾）をCSSで定義／適用し、ページの操作や動きはJavaScriptで記述する、ということを押さえておきましょう。詳細は以降の節で順番に説明していきます。

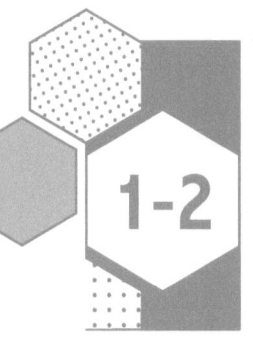

文書の構造

ある程度まとまった文章を書く場合、通常、見出しをつけて読みやすくするでしょう。HTMLは、このような見出しと本文といった文書の構造をWeb上で表現するためのものです。一方CSSは、見出しの書体を太くするとか、色を変えるなどの体裁を設定するためのものです。HTMLとCSSどちらもWebページを作るには欠かせない技術です。まずはHTMLから学習していきましょう。

1-2-1 | 文書の構造

文書といってもいろいろですが、たとえば論文には、タイトルがあって、その下に著者名などの情報が続き、見出し、段落が繰り返されるのが一般的です。また、手紙などでは前文、主文、末文、後付けという構成をとります。もし、順番が逆になると強い違和感を覚えるでしょう。

論文の例

手紙の例

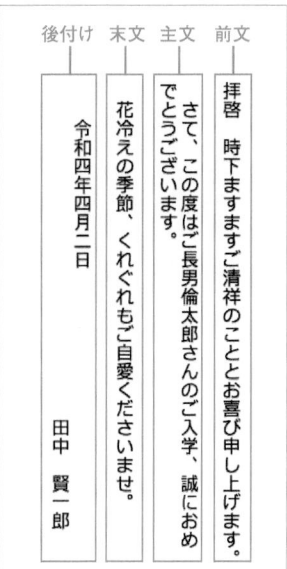

新聞も同じです。1面にトップニュースがあり、それぞれには大きな見出しがつけられています。写真や図が挿入されていることもあるでしょう。多くの新聞では政治面、経済面、社会面と続き、最後のページにテレビ欄という構成になっています。そのほか、取扱説明書、雑誌、小説、あらゆる文章が構造化されているといっても過言ではないでしょう。

このように、知らず知らずの間に、我々は構造化された文書に親しんでいるのです。このような文書の構造を表現しようというのがHTMLなのです。

1-2-2 | 実際のページを見てみる

　ではHTMLとはどのようなものでしょうか？　どんなものか見てみましょう。ブラウザでページを表示して、画面上を右クリックして「ページのソースを表示」（Google Chromeの場合）という項目を選びます（Microsoft Edgeでは「ページのソース表示」を選びます）。ソースとは、ページの中身のことです。

> **NOTE** macOSのSafariの場合は、まず「Safari」メニューから「環境設定」を選択し、表示されるダイアログで「詳細」パネルを選択します。パネル下端の「メニューバーに"開発"メニューを表示」にチェックを付けてダイアログを閉じると、"開発"というメニューが追加されます。この"開発"メニューから「ページのソースを表示」を選択すると、ソースを表示できます。

Chromeで「ページのソースを表示」を選択

Edgeで「ページのソース表示」を選択

ブラウザによって表示状態は異なりますが、以下のようなHTMLの内容が表示されます。

表示されていたページのHTMLが表示される

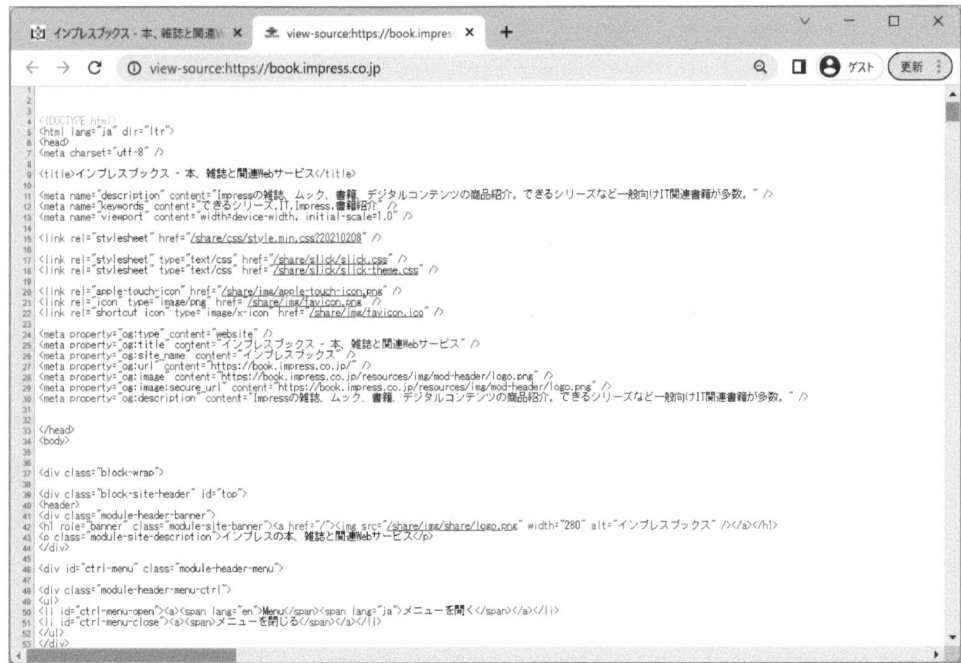

　一見すると難しそうに見えますが、基本となるルールは実はとてもシンプルです。これからそのルールについて見ていきましょう。

チャレンジ！ ▶ いろいろなページのソースを見てみよう

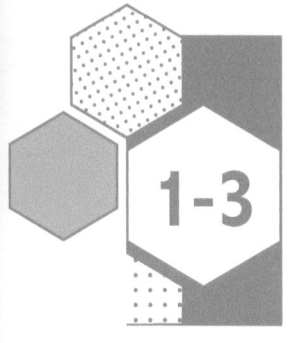

最初のHTML

本節から実際のHTMLに触れていきます。単に読むのと手を動かしながら読むのでは理解の度合いが格段に違ってきます。ぜひ、自分で入力して結果を確認しながら読み進んでください。

1-3-1 | HTMLの「< >」記号に注目

多くの文書は何らかの構造を持っています。Webページも例外ではありません。では、「見出しはここからここまで」「段落はここからここまで」ということを、どのように記述するのでしょうか？ HTMLのソースを見たときに「<」や「>」といった記号がたくさんあったことに気づいたでしょう。実は、この「<」と「>」が文書を構造化するための印、すなわち「見出しの範囲」や「段落の範囲」を示す印だったのです。「<」と「>」に囲まれた部分が開始で、「</」と「>」に囲まれたのが終了の印です。具体的には以下のようになります。

```
<見出し>見出しの内容</見出し>

<段落>段落1の内容</段落>

<段落>段落2の内容</段落>
```

ただ、HTMLは、英語圏で仕様が策定されたこともあり、構造の内容はすべて英単語で記述します。たとえば、文書のタイトルは<title>、文書の内容は<body>、見出しは<h1>、<h2>、<h3>、段落は<p>のように、それぞれの用途が定められています。

実際のHTML文書を見てみましょう。

HTML文書の例　　　　　　　　　　　　　　　　**SAMPLE** 1.HTML-CSS/html-basic1.html

```html
<!DOCTYPE html>
<html>
  <head>
    <meta charset="UTF-8">
    <title>みんなの料理</title>
  </head>
  <body>
    <h1>今日のレシピ</h1>
    <p>
      定番料理や旬の食材を使った料理をご紹介しています。
      今日の料理はタケノコご飯です。
    </p>
  </body>
</html>
```

前ページのHTML（html-basic1.html）をブラウザで表示

「<」と「>」に囲まれた部分を「タグ（HTMLタグ）」もしくは「要素（HTML要素）」と呼びます。ちなみに英語ではtagあるいはelementと呼びますが、辞書でtagを調べると「区別する、タグを付ける、認識する」などと説明されています。つまり、<開始タグ>と</終了タグ>で囲むことで、その部分がどのような意味を持つのか、すなわちどんな構造なのかを表現しているのです。

　また、HTMLはHyperText Markup Languageという意味ですが、このMarkupとは「印をつける」という意味です。タグで囲んで文章の構造を表現するので、Markup Language（マークアップ言語）と呼ばれているのです。

 チャレンジ! ▶ 前ページのHTMLを入力して表示してみよう

❶ 「メモ帳」などのエディタを開く（入力ツールについてはp.039「1-6 統合開発環境のすすめ」参照）。
Windowsキー ■ を押して「note」と入力するとメモ帳が検索されるので、それをクリックするとメモ帳が起動します。
Macでは「テキストエディット」などを利用できます。

❷ HTMLコードを入力。
誤字がないよう正確に入力しましょう。

❸ 「Sample1.html」として保存。
ファイルの種類は書式情報のないプレーンなテキスト形式にします。保存時のダイアログで「テキスト文書」（アプリによって「テキストドキュメント」「テキスト形式」「標準テキスト」「プレーンテキスト」など）を選択してください。
Macのテキストエディットの場合は、「フォーマット」メニューから「標準テキストにする」を選択します。

❹ そのファイルをダブルクリックして表示する。
ダブルクリックしてもブラウザが起動しない場合は、ファイルの拡張子が正しく設定されているか確認してください。

文字コードについて

<html>の直後の<head>要素の中に、<meta charset="UTF-8">とあるのは、「この文書の文字はUTF-8という形式で保存されていますよ」ということを宣言するためのものです。

以前は今ほど標準化が進んでいなかったため、Shift_JIS、EUCなどのエンコーディング方式が混在して使われてきました。エンコーディングとは、文字をどのように数値に変換するかというルールのことです。たとえば「あ」という文字を保存する場合、EUCではA4A2として、Shift_JISでは82A0として保存されます。同じ文字を保存するのにまったく異なる情報が保存されるのです。

仮にEUCで保存したファイルをShift_JISとして読もうとすると、グチャグチャな文字になってしまいます。「Webページが文字化けして読めない！」という経験をした読者の方もいるかもしれません。これはページ作成者がファイルを保存したときに使用した文字エンコーディングをブラウザ側で正しく認識できなかったことが原因です。

最近ではUTF-8が主流となっています。みなさんが自分でHTMLを記述する際も、UTF-8形式で保存し、<meta>タグを挿入する習慣をつけるとよいでしょう。本書のサンプルには<meta charset="UTF-8">がないものがあるかもしれませんが、コンテンツを作成するときには挿入するようにしたほうがよいでしょう。

ファイルの拡張子

ファイルの拡張子とは、ファイル名の後ろに付与される短い文字列のことです。たとえば、「Sample1.html」というファイル名の場合、「.html」が拡張子に相当します。パソコンはこの拡張子とアプリケーションを関連づけて管理しています。たとえば、「.htmlという拡張子を持つファイルはChromeで開く」という感じです。ダブルクリックしてもブラウザが立ち上がらない場合は、ファイルの拡張子とアプリケーションが正しく関連付けられているか確認してください。

HTMLの書き方の規則

1-4

HTMLの書き方には規則がありますが、難しいものではありません。これまで見てきたように、基本は文字列（文字の並び）を「＜要素名＞文字列＜/要素名＞」で囲みます。要素名を使って、見出しや段落など文書の構造を表します。

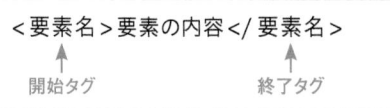

1-4-1 | タグの書き方

まず、タグの書き方の基本ルールを押さえておきましょう。

ルール1 タグには開始タグと終了タグがあり、その中に中身を記述する

開始タグは「＜」記号と「＞」記号で囲み、終了タグは「＜/」記号と「＞」記号で囲みます。

タグの書き方

```
＜要素名＞要素の内容＜/要素名＞
        ↑                ↑
      開始タグ          終了タグ
```

ルール2 中身がない要素は「空要素」と呼び、以下のように記述する

代表的なものに改行する＜br＞や、画像を表示する＜img＞があります。

空要素の書き方

```
＜要素名＞
```

HTMLの書き方の例　　　　　　　　　　　**SAMPLE** 1.HTML-CSS/html-basic2.html

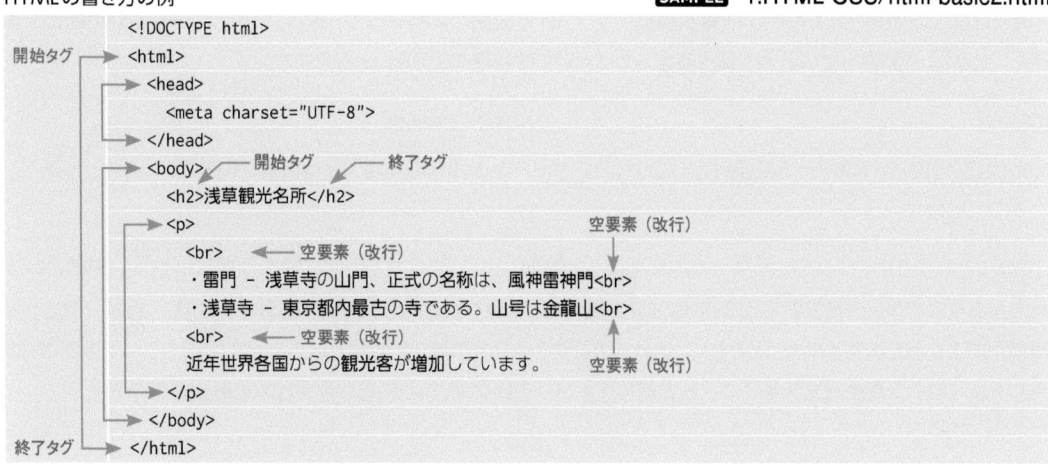

```
        <!DOCTYPE html>
開始タグ → <html>
        → <head>
            <meta charset="UTF-8">
        → </head>
        → <body> ← 開始タグ    終了タグ
            <h2>浅草観光名所</h2>
          → <p>                          空要素（改行）
            <br> ← 空要素（改行）
            ・雷門 - 浅草寺の山門、正式の名称は、風神雷神門<br>
            ・浅草寺 - 東京都内最古の寺である。山号は金龍山<br>
            <br> ← 空要素（改行）
            近年世界各国からの観光客が増加しています。  空要素（改行）
          → </p>
        → </body>
終了タグ → </html>
```

> **NOTE** <html>の上にある<!DOCTYPE html>は「このHTML文書はHTML5を意識して作られたものです」と宣言するための一文です。ブラウザはこの情報を見て「この文書はHTML5を想定して作られたんだな」と認識することができます。この行はHTMLの先頭に記述されますが、画面に表示されることはありません。

前ページのHTML（html-basic2.html）をブラウザで表示

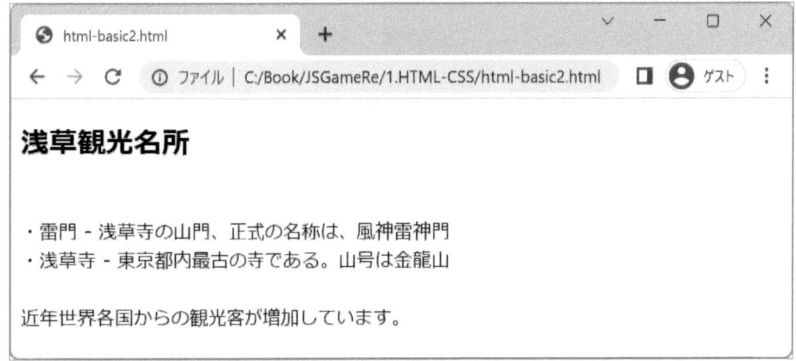

ルール3 タグは別のタグを含むことができますが、その場合は全体を含んで入れ子にします。

正しい囲み方

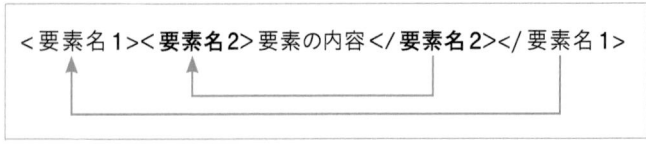

間違った囲み方

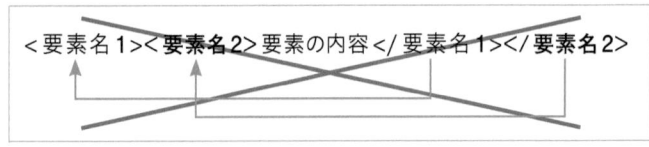

　たとえば、以下の「正しい例」では、内側のタグ<i>の範囲が外側のタグ<p>に含まれているので問題ありません。しかし、「間違っている例」はそうなっていないので不正なHTMLとなります。

正しい例	間違っている例
`<p>今日の天気は<i>快晴</i>です</p>`	`<p>今日の天気は<i>快晴</p>です</i>`

　ちょっとわかりにくいかもしれないので例を使って説明しましょう。たとえば、神奈川県には横浜、川崎といった市がありますが、これらの市が東京都にはみ出すことはありません。さらに、横浜市は中区、旭区、港北区、神奈川区といった区を含んでいますが、これらの区の一部が川崎市に含まれることはありません。HTMLでは、含む方を「親」、含まれる方を「子」と表現しますが、子は必ず親に完全に含まれる必要があるのです。

県は市を含む、市は区を含む

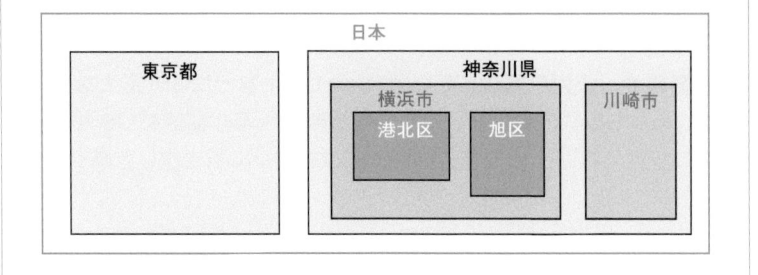

上図を HTML 文書に置き換えてみましょう。

タグの入れ子も同じ

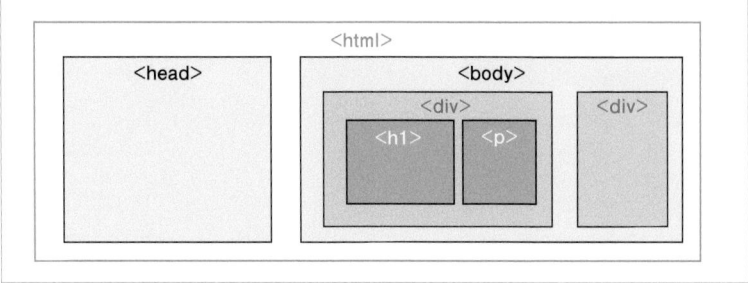

すべての要素は親要素に完全に含まれている様子がわかるでしょう。仮にはみ出してしまった場合、どのように処理されるかはブラウザによって異なります。

ルール4　一番外側の要素は <html> が 1 つだけ

ルール5　要素に付属情報が必要な場合は属性として記述します。属性は複数指定することもできます。

```
<要素名 属性名1="属性値1" 属性名2="属性値2">
```

例）id 属性が title という値で、class 属性が blue という値を持つ p 要素

```
<p id="title" class="blue"> .... </p>
```

ちなみに id 属性は、HTML の文書中で要素を特定するために使用します。パスポートや運転免許証で個人を特定するようなイメージです。一方、class 属性は、いくつかの要素をまとめて処理するときに使用します。赤色の服を着ている人々、年齢20歳代の人々、というように対象となる人々を選択するようなイメージです。id 属性も class 属性も、今後たくさん例が出てきますので、ここでは「ふぅ〜ん、そんなものがあるのか……」程度の認識でかまいません。

主なルールはこれくらいです。一見すると非常に複雑に見える HTML ですが、ルールは非常にシンプルだということがおわかりいただけたでしょう。

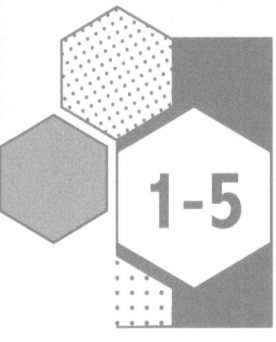

HTMLの主な要素

1-5

HTML辞典などの書籍や、要素を解説しているWebサイトなどには、膨大な数の要素があり、圧倒されるかもしれませんが、それらを全部覚える必要はありません。代表的な要素をいくつか覚えれば十分です。必要に応じて徐々に引き出しを増やしていきましょう。

1-5-1 | これだけは覚えておきたい必須要素

よく使用される要素とその使用例をご紹介します。

覚えておきたい要素

要素名	元になった英語	用途
h1	heading 1	見出し1
h2	heading 2	見出し2
h3	heading 3	見出し3
p	paragraph	段落
div	document division	グループ化
span	span	テキストの一部
ul	unordered list	箇条書き
ol	ordered list	番号付リスト
li	list item	リストの項目
img	image	画像
br	break	改行
button	button	ボタン
input	input	インプット
a	anchor	文書間のリンクを記述
table	table	テーブル
tr	table row	テーブルの行
td	table data	テーブルのセル

以前はいろいろな要素を駆使して、ページの見映えを競う傾向がありましたが、現在はCSS（p.041「1-7 CSSの概要」）を使って調整する方法が主流となっています。

■ 見出しと段落に使う要素 — <h1>、<h2>、<h3>、<p>、<span>

<h1>、<h2>、<h3>はそれぞれ見出しです。<p>は段落を示します。<span>は文章の一部に特別な意味を与える役目をしますが、ブラウザでの表示は周囲の文字と同じです。<span>要素は、CSSを使ってその部分

だけ表示を変えたり、JavaScriptから値を書き換えたりするときに便利に利用できます。また、複数の要素を1つにまとめる`<div>`要素も実際のコンテンツで多用されます。なお、下の画像では、見出し1、2、3で文字の大きさが異なって表示されていますが、これは見出しの種類に応じて文字の大きさをブラウザが変更しているためです。

`<h1>`、`<h2>`、`<h3>`、`<p>`、`<span>`要素の使用例　　　　**SAMPLE** 1.HTML-CSS/html-major-element1.html

```html
<!DOCTYPE html>
<html>
  <head>
    <meta charset="UTF-8">
  </head>
  <body>
    <h1>これは見出し１です</h1>
    <h2>これは見出し２です</h2>
    <h3>これは見出し３です</h3>
    <p>
      これは段落です。上と下に空白が挿入され、まとまった塊として提示されます。
    </p>
    <p>
      これも段落です。
      span要素を使うと<span>文章の一部</span>に特別な意味を持たせることができます。
    </p>
  </body>
</html>
```

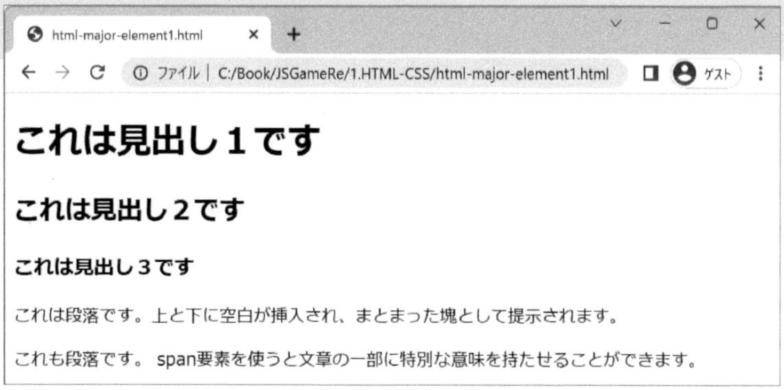

ブラウザ表示結果

箇条書き — `<ol>`、`<ul>`、`<li>`

`<ul>`は箇条書き（番号なしリスト）、`<ol>`は番号付のリストです。`<li>`はリストの項目です。箇条書きはさまざまな文書で利用されますが、これも立派な構造の1つです。

`<ol>`、`<ul>`、`<li>`要素の使用例　　　　**SAMPLE** 1.HTML-CSS/html-major-element2.html

```html
<!DOCTYPE html>
<html>
  <head>
    <meta charset="UTF-8">
  </head>
  <body>
    <h2>ジャーマンポテト</h2>
    <h3>材料</h3>
```

```
    <ul>
      <li>ジャガイモ　2個</li>
      <li>玉ねぎ　1個</li>
      <li>ベーコン　200g</li>
    </ul>
    <h3>作り方</h3>
    <ol>
      <li>ジャガイモと玉ねぎを薄切りにします</li>
      <li>ベーコン、ジャガイモ、玉ねぎの順で炒めます</li>
      <li>塩コショウで味を調えます</li>
    </ol>
  </body>
</html>
```

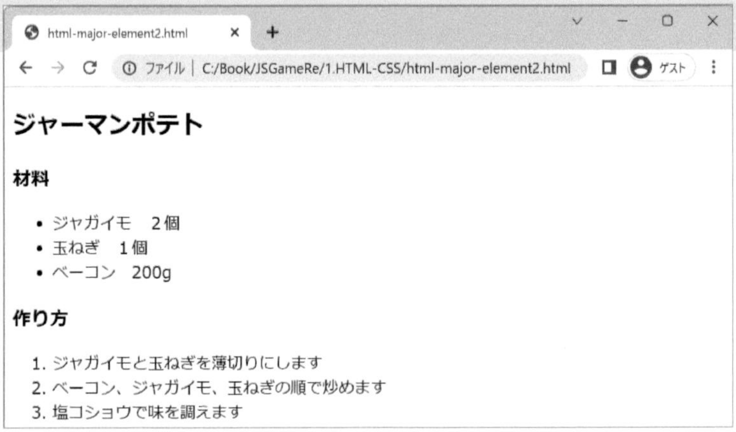

ブラウザ表示結果

テーブル —— <table>、<tr>、<td>

「時間割」「野球のスコア」「テレビ番組欄」「カレンダー」など、あらゆるところに表形式の表現が使われています。<table> 要素はこのような構造に使用します。使い方は以下のとおりです。

- 表の全体を <table border="1"> 要素で表現する。枠の太さはborder属性で指定する
- 各行（横方向）を <tr> 要素で表現する
- 行の中の個々の要素を <td> 要素で表現し、その中に表示する内容（文字や図）を配置する

テーブルの構造

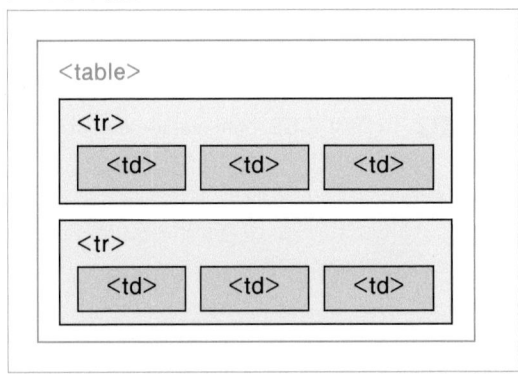

行（横方向）を最初に作って、その中に縦方向のマスを配置していくのがポイントです。列（縦方向）を最初に作ることはできません。

<table>、<tr>、<td>要素の使用例　　　　　**SAMPLE**　1.HTML-CSS/html-major-element3.html

```html
<!DOCTYPE html>
<html>
  <head>
    <meta charset="UTF-8">
  </head>
  <body>
    <h2>今日の試合</h2>
    <table border="1">
      <tr>
        <td></td>
        <td>1</td>
        <td>2</td>
        <td>3</td>
        <td>4</td>
        <td>5</td>
        <td>計</td>
      </tr>
      <tr>
        <td>横浜</td>
        <td>1</td>
        <td>0</td>
        <td>0</td>
        <td>2</td>
        <td>1</td>
        <td>4</td>
      </tr>
      <tr>
        <td>阪神</td>
        <td>1</td>
        <td>3</td>
        <td>0</td>
        <td>0</td>
        <td>0</td>
        <td>4</td>
      </tr>
    </table>
  </body>
</html>
```

ブラウザ表示結果

横方向にマスを連結する場合はcolspan属性を、縦方向に連結する場合はrowspan属性を使用します。連結するマスの数を属性値として指定します。縦／横ともに<td>要素の属性であることに注意してください。

colspan、rowspan属性の使用例　　　　　　　**SAMPLE** 1.HTML-CSS/html-major-element4.html

```
<!DOCTYPE html>
<html>
  <head>
    <meta charset="UTF-8">
  </head>
  <body>
    <h2>colspanとrowspan</h2>
    <table border="1">
      <tr>
        <td>1</td>
        <td colspan="2">2</td>
      </tr>
      <tr>
        <td>3</td>
        <td rowspan="2">4</td>
        <td>5</td>
      </tr>
      <tr>
        <td>6</td>
        <td>7</td>
      </tr>
    </table>
  </body>
</html>
```

ブラウザ表示結果

その他 —— <img>、<a>

　画像の表示には<img>要素を使用します。表示する画像ファイルはsrc属性で指定します。<a>要素はハイパーリンク（＝クリックするとページが切り替わる箇所）を記述するためのものです。「ほかの文書へリンクを張ることで、関連する文書を簡単に結びつけることができる」という特徴があったからこそ、HTMLはここまで普及したといえるでしょう。

```
<a href="遷移先">リンクの文字列</a>
```

　遷移先には、https://www.bing.comといったURLやファイル名を記述します。

<img>、<a>要素の使用例：page1.html

SAMPLE 1.HTML-CSS/page1.html

```
<!DOCTYPE html>
<html>
  <head>
    <meta charset="UTF-8">
  </head>
  <body>
    <h2>ページ1：画像とリンク</h2>
    <img src="picture0.jpg">
    <ul>
      <li><a href="https://www.google.com/">Google</a>へ</li>
      <li><a href="https://www.bing.com/">Bing</a>へ</li>
      <li><a href="page2.html">Page2</a>へ</li>
    </ul>
  </body>
</html>
```

page1.htmlの遷移先：page2.html

SAMPLE 1.HTML-CSS/page2.html

```
<!DOCTYPE html>
<html>
  <head>
    <meta charset="UTF-8">
  </head>
  <body>
    <h2>ページ2：画像とリンク</h2>
    <img src="book0.png">
    <ul>
      <li><a href="https://www.yahoo.co.jp/">Yahoo</a>へ</li>
      <li><a href="https://www.impress.co.jp/">インプレス</a>へ</li>
      <li><a href="page1.html">Page1</a>へ</li>
    </ul>
  </body>
</html>
```

上記リストpage1.htmlのブラウザ表示結果

リンクPage2をクリック

リンク先page2.htmlに遷移

1-5-2 | 画像フォーマット

　魅力的なページづくりに画像は欠かせません。画像自体は\<img>要素を使って簡単に表示できますが、画像の
フォーマット（形式）にはさまざまなものがあり、それぞれに特徴があることは把握しておきたいところです。

　コンピュータでは画像は単なる点の集合です。点の数が多いので、そのままファイルに保存するとサイズが非
常に大きくなってしまいます。最も古い形式の1つであるBMPは、そのまま点のデータを保存するので、サイ
ズが大きくなってしまいます。なお、画像を構成する1つ1つの点（ドット）をピクセルと呼び、pxと表記しま
す。

コンピュータの画像は点の集合

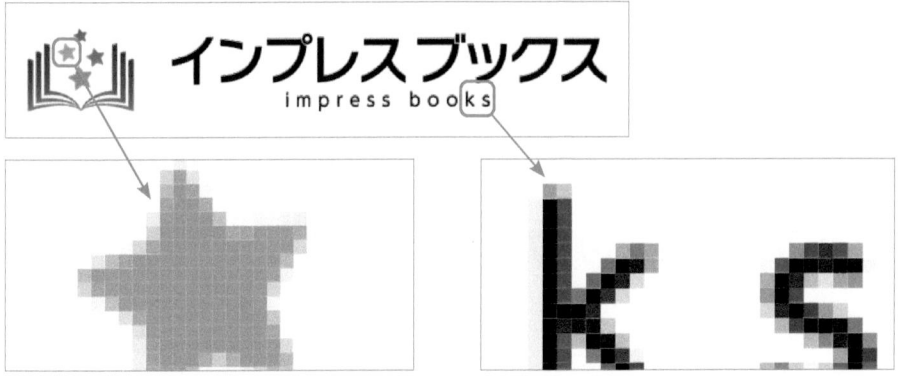

　データサイズが大きいと保存容量が必要になることはもちろんダウンロードにも時間がかかります。そこで、
ファイルのサイズを削減しようとさまざまな工夫がなされてきました。現在主流となっているのはPNGとJPG/
JPEGでしょう。これらの特徴を次の表にまとめておきます。

PNG、JPG/JPEG、BMPの特徴

形式	呼称	用途	圧縮	アルゴリズム、特徴
PNG	ピング、ピーエヌジー	アイコン、模様	可逆（元のデータに戻すことができる）	画像のラインごとに情報を圧縮。たとえば「1100000000」のようなビット列は「11のあとに0が8回」と記録するとサイズが小さくなる。透明色が利用可能。
JPG/JPEG	ジェイペグ	写真	不可逆（元のデータには戻せない）	人間が気づかない程度に情報を削除することでサイズを圧縮。特に写真画像のサイズ圧縮が得意。
BMP	ビットマップ、ビーエムピー	アイコン	なし	各ピクセル（画像を構成する小さな点）のデータをそのまま保存

　既存の画像ファイルを使用する場合はあまり問題になりませんが、自分で作った画像を保存する際には、フォーマットを選ぶ必要があります。画像に応じて適切なフォーマットを選ぶようにしましょう。

 チャレンジ！ ▶ 実際にファイルサイズを比較してみよう

ペイント（mspaint）などのアプリを起動し、お手持ちの写真を開いて（ない場合はカメラから撮影したり、ダウンロードしたりしてください）、PNG、JPG、BMPそれぞれの形式で保存します※。PNG、JPG、BMPのファイルサイズを比べてみましょう。また、写真の代わりに、単なる塗りつぶしの画像やアイコンなどでも同じ作業をやってみましょう。

※ Macの「プレビュー」で保存する場合は、保存ダイアログの［フォーマット］を「option」キーを押しながらクリックすると、保存の選択肢の中にBMPが表示されます。

1-5-3 | 応用例

ここまで紹介した要素だけでもいろいろなページが作れます。

応用例1：カレンダー　　　　　　　　　　**SAMPLE** 1.HTML-CSS/html-calendar.html

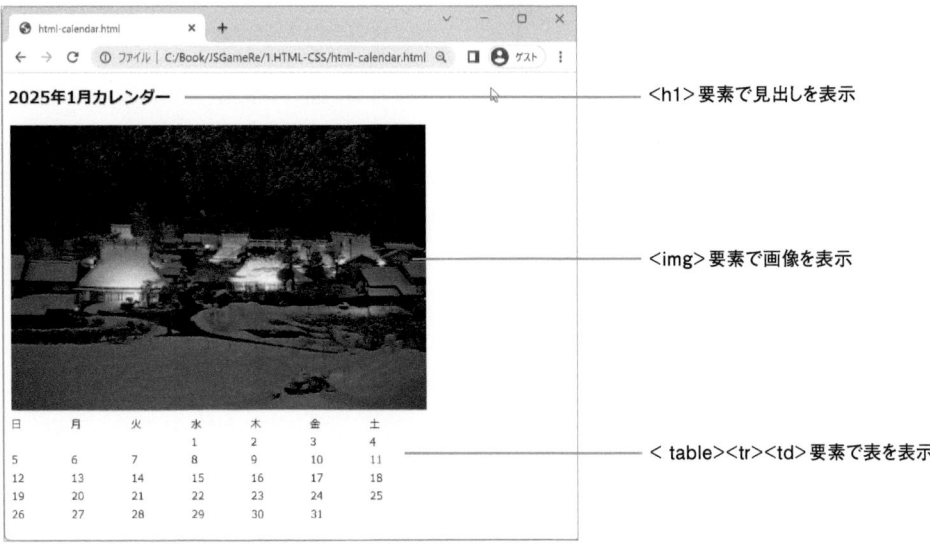

— <h1>要素で見出しを表示

— <img>要素で画像を表示

— < table><tr><td>要素で表を表示

SAMPLE 1.HTML-CSS/html-recipe.html

<ul>で箇条書き（材料）を表示

<ol>で番号付きリスト（作り方）を表示

 チャレンジ！ ▶ HTMLで自分のページを作ってみよう

ここまで学習した要素を使って自分でページを作ってみましょう。どんなページでもかまいません。自分の手を動かすことが大切です。意図的にエラーのあるページを作り、ブラウザでどのように表示されるかも確認してみてください。作成したページを周囲の人に見てもらいましょう。

これだけでは、見た目が少々寂しいことは否めません。HTMLの一番の目的は文書の構造を表現することであり、ブラウザ上での表現には重きを置いていないからです。見た目はCSS（Cascading Style Sheets）で指定します。文書の構造と見た目を分離していること、これは非常に重要なポイントなのでぜひ押さえておいてください。

実は、HTMLが登場した当初は、文書の構造を規定することと、文書の見映えを表現することの線引きが曖昧でした。ブラウザの開発元は、Webページの表現力を向上させるために、新しい要素、特に見た目を充実させるための要素を競って導入していったのです。たとえば、フォントを指定する<font>要素、水平線を引く<hr>要素、文字をスクロールさせる<marquee>要素、文字を点滅させる<blink>要素といったものまでありました。それによって、確かに見た目が派手なページを簡単に作成できるようになりましたが、その反面、ブラウザによって表示が異なってしまったり、HTML本来の目的である構造化が忘れられてしまったりと、状況は混乱の一途をたどりました。

そのような状況に危機感を抱いた標準化団体が中心となり、HTMLの表現と構造を分離する作業が進められました。その成果として、HTMLは構造に特化したシンプルなものとなり、表現はCSSで記述できるように整理されました。CSSを活用すると、表現力に富んだページが作成できるようになります。本節の例で紹介したレシピやカレンダーももっと体裁よく表現できます。

統合開発環境のすすめ

1-6

みなさんはこれからたくさんのHTMLを入力することになります。効率よく入力するためのツールやアプリを持っているか否かで作業効率が大きく変わってきます。今後の作業をより効率よく進めるための統合環境について説明します。

1-6-1 | 統合開発環境とは

　ここまでHTMLを記述するためのツールについては特に言及しませんでした。Windowsの場合はメモ帳（notepad）が一番手っ取り早いかもしれません。Windowsキー■を押して「note」と入力するとメモ帳が検索されるので、それをクリックするとメモ帳が起動します。

> **Mac**では「テキストエディット」がお手軽です。「フォーマット」メニューから「標準テキストにする」を選択すればプレーンなテキスト形式のファイルを作成できます。

　実際に筆者が高校で授業をした際も最初はメモ帳を使いました。しかしながら、メモ帳は最低限の機能しかないため、効率よくHTMLを入力することができません。タイプミスをしたために正しく表示／実行されないことも多々ありました。今後の作業をより効率のよいものにするためにも、ぜひこの機会に統合開発環境に慣れることをお勧めします。

　統合開発環境とはソースの編集、画面デザイン、デバッグ、テストなどアプリケーション開発に必要な機能を1つに統合したツールです。本書内容の範囲ではブラウザでデバッグすることになるため、統合開発環境といってもHTML/CSS/JavaScriptの編集を行う程度の利用に留まるでしょう。それでも開発効率は飛躍的に向上するはずです。

　ここでは代表的な統合開発環境としてVisual Studio Code（VS Code）を紹介します。もちろん、これ以外にもさまざまな統合開発環境があるので、評判のよいものを検索し、最新の情報を参照するようにしてください。なお、本書では開発環境のインストール手順までは言及しませんが、ぜひ各自試してお気に入りの環境を見つけてください。

Visual Studio Code

https://code.visualstudio.com/

　プログラムの入力のほか、拡張機能を追加することでさまざまな機能を利用でき、動作も軽く、インストールも簡単です。Windows版だけでなく、macOS、Linux版も提供されています。本書の範囲では、この環境がおすすめです（macOSまたはWindows x64のStable）。

Visual Studio Code

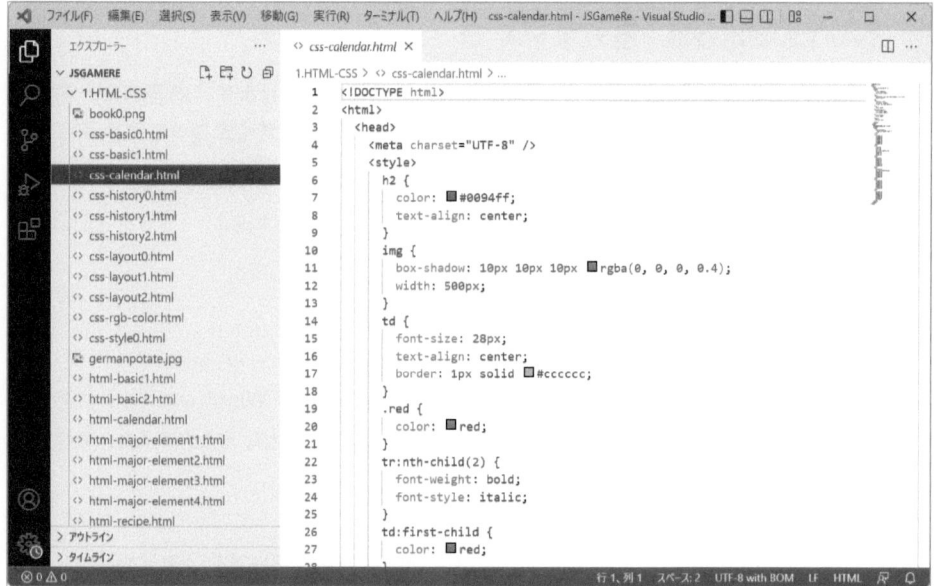

　統合開発環境を使うためには、最初に操作方法を覚えなくてはなりません。特に最近の開発環境には非常に多くの機能があるため最初はとまどうかもしれません。しかし、HTML/CSS/JavaScriptでソースコードを書くだけであれば、一部の機能しか必要としないはずです。すぐに慣れることができるでしょう。ぜひ最初の壁を乗り越えて統合開発環境に親しめるようになってください。

CSSの概要

HTMLでは文書の構造を記述します。しかし、見映えという点では物足りなさを感じられたかもしれません。HTML文書の見た目を記述するのがCSS（Cascading Style Sheets）の役割です。

1-7-1 ┃ 見映えを担当するCSS

Webページでは、単に文書の内容を表示するだけでは不十分です。閲覧者が読みやすいように、文字の書体やサイズ、文字や図形の色や配置などデザインにも配慮することが大切です。このような見映えに関する設定も、昔はHTMLのタグを使って行っていました。たとえば、以下のような具合です。

HTMLのタグによる見映え設定　　　　　　　　　　　　**SAMPLE** 1.HTML-CSS/css-basic0.html

```html
<!DOCTYPE html>
<html>
  <head>
    <meta charset="UTF-8">
  </head>
  <body>
    普通のテキスト
    <center>中央寄せ</center>
    <font color="red">赤色のテキスト</font>
    <br>
    <font size="6">大きいテキスト</font>
  </body>
</html>
```

ブラウザ表示結果

　この例のように、HTML中に見映えに関する指定を埋め込んでしまうと、その文書をいろいろな用途で使い回すときに不便です。これだけではピンとこないですよね。具体例を使って説明してみましょう。

　たとえば、パソコン用のページは大きな画面を想定して作成されます。レイアウトを凝ったページにして、たくさんの情報を表示することができます。一方、スマートフォンを想定している画面は、よりシンプルに、文字を小さくする必要があります。つまり、見映えに関する指定をHTMLに埋め込んでしまうと、そのHTMLを使い回すことが難しくなってしまうのです。

HTMLで見映えを指定すると、別の用途に使い回すことが難しくなる

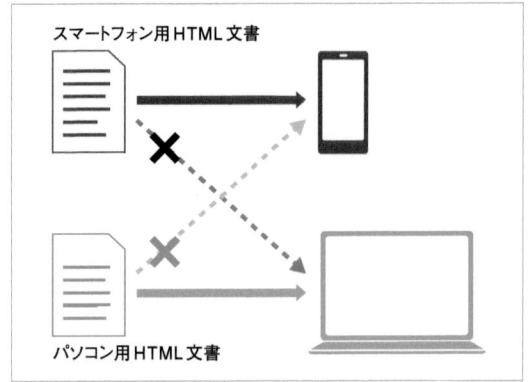

　もし、文章の構造（章、段落、見出しなど）と、見映え（色、文字の大きさ、フォントなど）を切り離すことができれば、見映えのみの修正で済むようになります。これこそが、構造と表現の分離による利点です。実際には、文章の構造をHTMLで、表現をCSSで記述します。

文書の構造をHTML、見映えをCSSに分けて記述

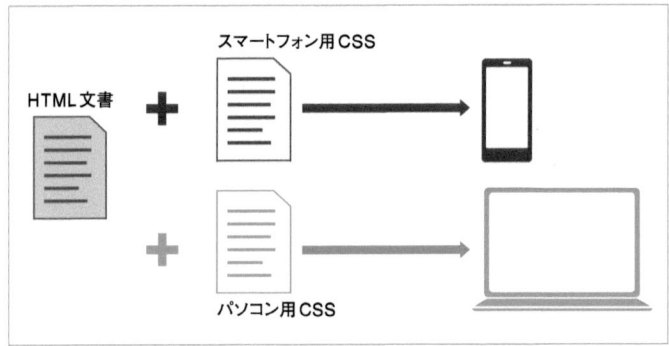

　たとえば、スマホの画面で新聞紙面は読みづらいでしょう。同じ内容の記事でもスマホに適した文字やレイアウトになっているほうが読みやすいことは言うまでもありません。このように文書の構造と表現を切り離すと、用途別のCSSを適用するだけで、いろいろなデバイスにおいて、最適な状態で表示することが可能になります。つまり、HTML文書をほとんど修正しなくても、いろいろな用途に使えるようになるのです。なお、最近はBootstrap（https://getbootstrap.jp/）などのCSSフレームワークを使って、1つのファイルでスマホやPCなどデバイスに適した表示をする「レスポンシブ」という記述方法が主流になっています。

1-7-2 ｜ カスケードとは

　CSSを使うとWebページのスタイル（見映え）を制御できますが、文字や段落、見出しごとにフォントや色などを指定するのは面倒です。CSSには、そのような作業を軽減する便利な仕組みが容易されています。そのカギとなるのがカスケード（Cascade）です。

カスケードの働き

　スタイルの具体例を見ていく前に、CSS（Cascading Style Sheets）の「カスケーディング（Cascading）」の意味を説明しておきます。カスケード（cascade）とは、滝が流れる、流れ落ちる、というような意味です。

　たとえば、下図のように、<body>要素に「color:blue」というスタイルを適用すると、その文書全体の文字が青色になります。その子要素の<p>に「text-decoration: underline」というスタイルを適用すると、<p>の下にある文字にすべてアンダーライン（下線）が表示されます。

スタイルを適用した要素およびその子要素全体に適用される

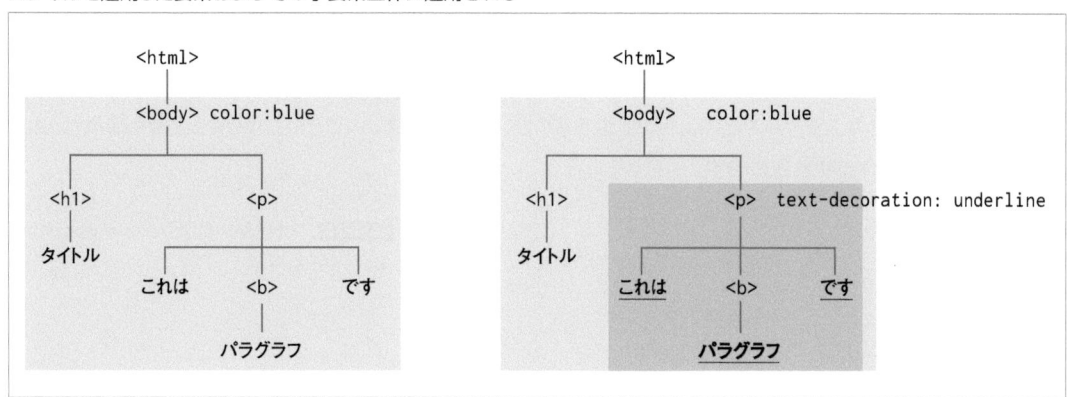

　つまり、スタイルは、それを適用した要素だけに有効になるのではなく、その子要素全体に適用されるのです。これが、「カスケード（カスケーディング）」の本質です。「上で指定したスタイルが、その下に流れていく」、そんなイメージを持っていただくとよいでしょう。このような特徴を持っているので、文書全体の見た目を一括して指定し、必要なところだけ個別にスタイルを適用することが可能となります。

　ちなみに、上記のスタイルを適用した結果は、次のようになります。文書全体が青色に、段落の内容が下線になっています。

スタイルの適用例　　　　　　　　　　　　　　　　　　**SAMPLE** 1.HTML-CSS/css-basic1.html

```
<!DOCTYPE html>
<html>
  <head>
    <meta charset="UTF-8">
  </head>
  <body style="color: blue">
    <h1>タイトル</h1>
    <p style="text-decoration: underline">これは<b>パラグラフ</b>です</p>
  </body>
</html>
```

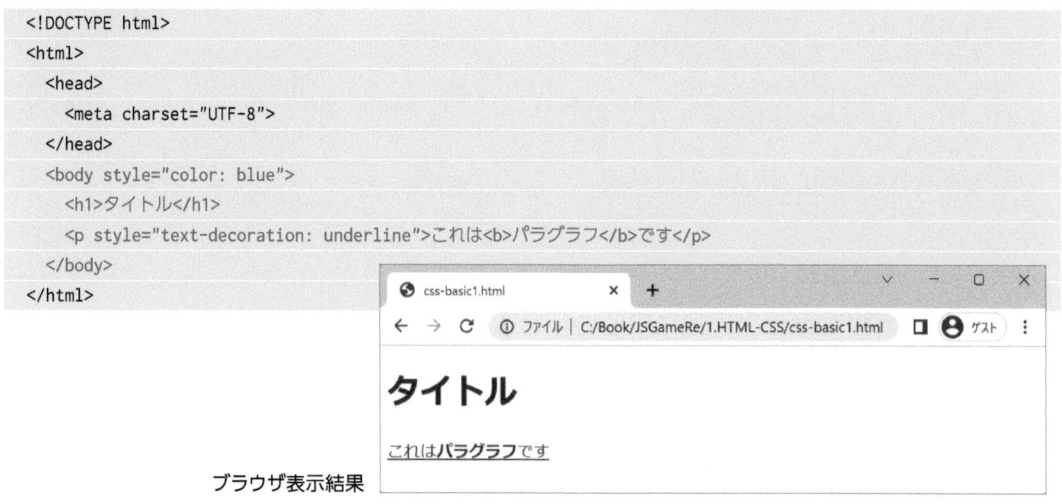

ブラウザ表示結果

CSSの書き方

1-8

CSSを使うと、文字の大きさや色はもちろん、フォントの種類、行間、テキストの配置、余白、透明度などが指定できます。見た目の良いカッコいいページを作るのにCSSは必要不可欠です。ぜひ自分のものにしてください。

1-8-1 | インラインスタイルでの指定

それでは、このようなスタイルをどのように指定するのか、順番に見ていくことにしましょう。最も簡単なのは、その要素のstyle属性を使う方法です。

要素のstyle属性の使用例　　　　　　　　　　　**SAMPLE** 1.HTML-CSS/css-style0.html

```
<!DOCTYPE html>
<html>
  <head>
    <meta charset="UTF-8">
  </head>
  <body>
    <p style="color: red">赤色のテキスト</p>
    <p style="color: green; font-size: 24px">緑色, 24px</p>
    <p>
      テキストの一部にスタイルを適用する場合は、
      <span style="text-decoration: underline">span要素</span>を使います。
    </p>
  </body>
</html>
```

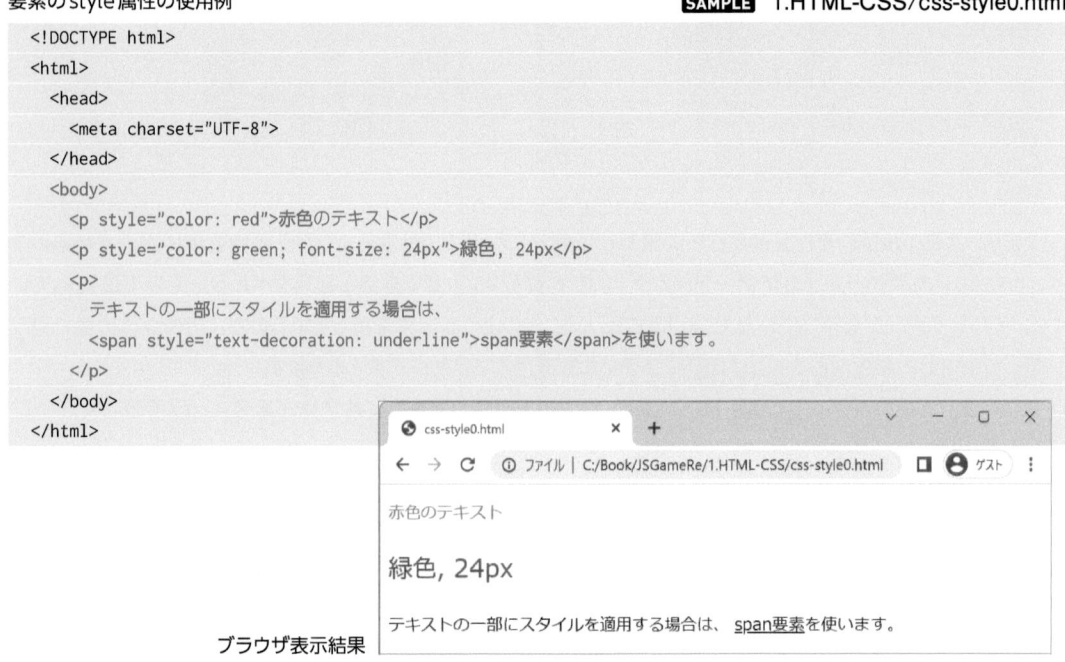

ブラウザ表示結果

style属性は「style="color:green; font-size:24px;"」と例にあるように

> CSSプロパティ名1: 値1; CSSプロパティ名2: 値2; …

と指定します。

要素によって指定できるCSS特性の値は異なります。たとえば、<img>要素にfont-style特性を指定しても無意味だということは想像がつくでしょう。ただ、無効な値を指定しても無視されるだけなので、最初はいろいろなCSS特性を記述して、表示がどのように変化するか試してみてください。

チャレンジ! ▶ style属性を試してみよう

style属性を使って文書の見た目が変わることを確認してみましょう。次項の「CSSの主なプロパティ」にスタイル特性の例が書かれているので参考にしてください。

1-8-2 │ CSSの主なプロパティ

　以下の表に使用頻度が高いと思われるプロパティを列挙します。HTMLの要素と同じく、CSSのプロパティも膨大で、とてもすべてを覚えきれるものではありません。"たしかこんな指定ができたよなぁ……"と概要を把握しておけば十分で、詳細な使い方は必要に応じて都度調べるのがよいでしょう。

主なプロパティ

プロパティ名	用途／コメント	使用例
background-color	背景色の指定、色の指定方法は後述	background-color: blue;
box-shadow	矩形に影をつける効果を演出する。どのような影をつけるかを（右方向のずらし, 下方向へのずらし, ぼかし具合, 影の色）というように4つの値で指定	box-shadow: 10px 10px 10px rgba(0,0,0,0.4);
color	前景色の指定、色の指定方法は後述	color: red;
font-family	フォントの種類をフォント名もしくはキーワードで指定、カンマで複数の候補を指定可能	font-family: 'Times New Roman', sans-serif; font-family: Arial;
font-size	px（ピクセル）、pt（ポイント）などの絶対値や、em（フォントの高さを1とする単位）などでサイズを指定、大きさの指定方法は後述	font-size: 12px; font-size: small; font-size: large;
font-style	normal（通常）、italic（イタリック体）などフォントのスタイルを指定	font-style: italic; font-style: normal;
line-height	行の高さを指定	line-height: 22px;
opacity	半透明の度合いを0～1の範囲で指定	opacity: 0.6;
text-align	left（左寄せ）、right（右寄せ）、center（中央揃え）、justify（均等割り付け）など文字の位置や割り付けを指定	text-align: center;
text-decoration	underline（下線）、underline dotted（点線下線）、underline dotted red（赤点線下線）、green wavy underline（緑波線下線）など、テキストの装飾的な線の表示を指定※	text-decoration: underline; text-decoration: underline dotted; text-decoration: underline dotted red; text-decoration: green wavy underline;

※ text-decoration-line、text-decoration-color、text-decoration-style、text-decoration-thicknessプロパティの一括指定。

　CSSスタイルに関しては、Web上にも情報がたくさんありますし、書籍も充実しています。詳しくは専門のページ（https://developer.mozilla.org/ja/docs/Web/CSS/Reference）や書籍を参照してください。

　それでは、せっかく覚えたCSSプロパティを実際に使ってみましょう。ここでは、次のようなページを作ってみました。

```
<!DOCTYPE html>
<html>
  <head>
    <meta charset="UTF-8">
  </head>
  <body>
    <h1 style="text-align: center">安土桃山時代</h1>
    <h2 style="color: white; background-color: blue">年表</h2>
    <table style="border: 1px solid blue; width: 600px">
      <tr>
        <td>1573年</td>
        <td>室町幕府が事実上の滅亡</td>
      </tr>
      <tr style="background-color: lightblue">
        <td>1590年</td>
        <td>豊臣秀吉日本を統一</td>
      </tr>
      <tr>
        <td>1592年</td>
        <td>文禄・慶長の役</td>
      </tr>
      <tr style="background-color: lightblue">
        <td>1600年</td>
        <td>関ヶ原の戦いで徳川家康が勝利</td>
      </tr>
    </table>
    <h2 style="color: white; background-color: blue">概要</h2>
    <p>
      元亀4年（<span style="color: red">1573</span>年）に信長が
      <span style="color: blue">足利義昭</span>を京から放逐すると、
      室町幕府は事実上崩壊し、織田政権が確立する。
      信長はその後も勢力を拡大し天下統一は目前と思われた。 しかし、
      <span style="color: blue">明智光秀</span>
      による謀反によって天正10年（<span style="color: red">1582</span>年）の本能寺の変で自害に至った。
    </p>
    <p>
      <span style="color: blue">羽柴秀吉</span>は
      いち早く京に駆け付け首謀者である<span style="color: blue">明智光秀</span>を破った。
      天正14年（<span style="color: red">1586</span>年）には関白・太政大臣に任ぜられ豊臣姓を賜り、
      天正18年（<span style="color: red">1590</span>年）に日本を統一し 全国で検地と刀狩りを実施させ政権の安定に
力を注いだ。
    </p>
  </body>
</html>
```

※ HTML内の文章は、Wikipedia「安土桃山時代」(https://ja.wikipedia.org/wiki/安土桃山時代) の
内容を一部抜粋および改変したもの。

ブラウザ表示結果

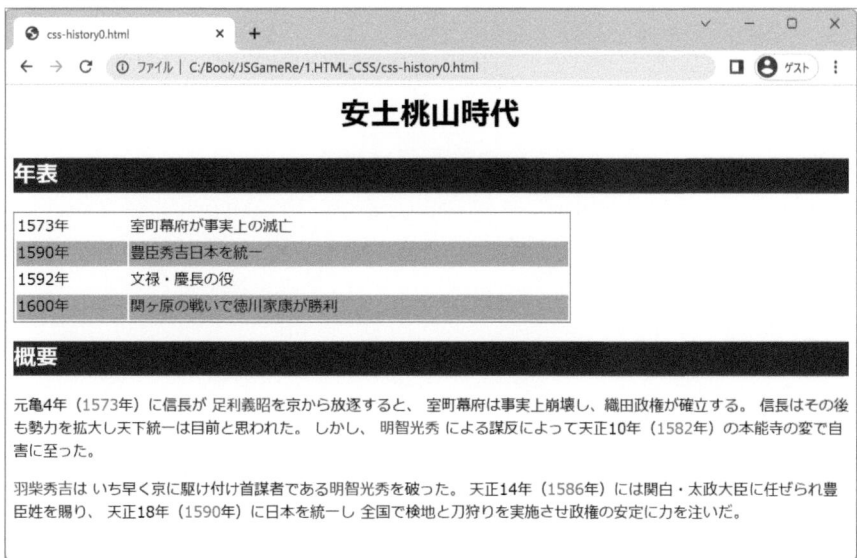

　ページの見た目は改善しましたが、HTMLのソースコードはゴチャゴチャしていますね。たとえば、人名の色と見出しの背景色を変えてほしいというリクエストがあったとしましょう。この例くらいの分量であれば、1つ1つのCSSプロパティを書き直してもさほど手間はかからないかもしれません。しかし、何十ページにも及ぶ文書の場合は、かなりの作業量となるでしょう。

　見た目の変更依頼に迅速に応えられないのは問題です。何が悪いのでしょうか？　見映えに関する記述が文書中に埋め込まれており、文書の構造と表現が分離できていないからです。次項では、文書と見た目の分離を一段階進めてみましょう。

1-8-3 ｜ 文書の構造と見た目の分離

　CSSはHTML文書から表現を分離するために策定されたものなので、当然そのための記法が用意されています。そのカギとなるのがセレクタです。

＜style＞要素での指定

　HTMLでは＜style＞要素を使ってスタイルを一括して指定することができます。例を見てみましょう。

```html
<!DOCTYPE html>
<html>
  <head>
    <meta charset="UTF-8">
    <style>
      h1 {
        text-align: center;
      }
      h2 {
        text-decoration: underline;
        color: blue;
      }
      p {
        color: gray;
        font-size: 14px;
      }
    </style>
  </head>
  <body>
    <h1>幕末における国際関係</h1>
    <h2>日米関係</h2>
    <p>
      ペリーの来航目的は補給港としての日本の開港が第一であった。
      日米和親条約に基づき、1856年8月21日（安政3年 7月21日）に
      初代米国領事タウンゼント・ハリスが来日した。
    </p>
    <p>
      このように開国初期における日本の対外関係は米国が中心であった。
      ハリスは欧州特に英国とは異なる外交路線を採用しており、
      英国公使ラザフォード・オールコックからは「幕府寄り過ぎる」とみなされることもあった。
    </p>
  </body>
</html>
```

※HTML内の文章は、Wikipedia
「幕末」（https://ja.wikipedia.
org/wiki/ 幕末）の内容を一部
抜粋および改変したもの。

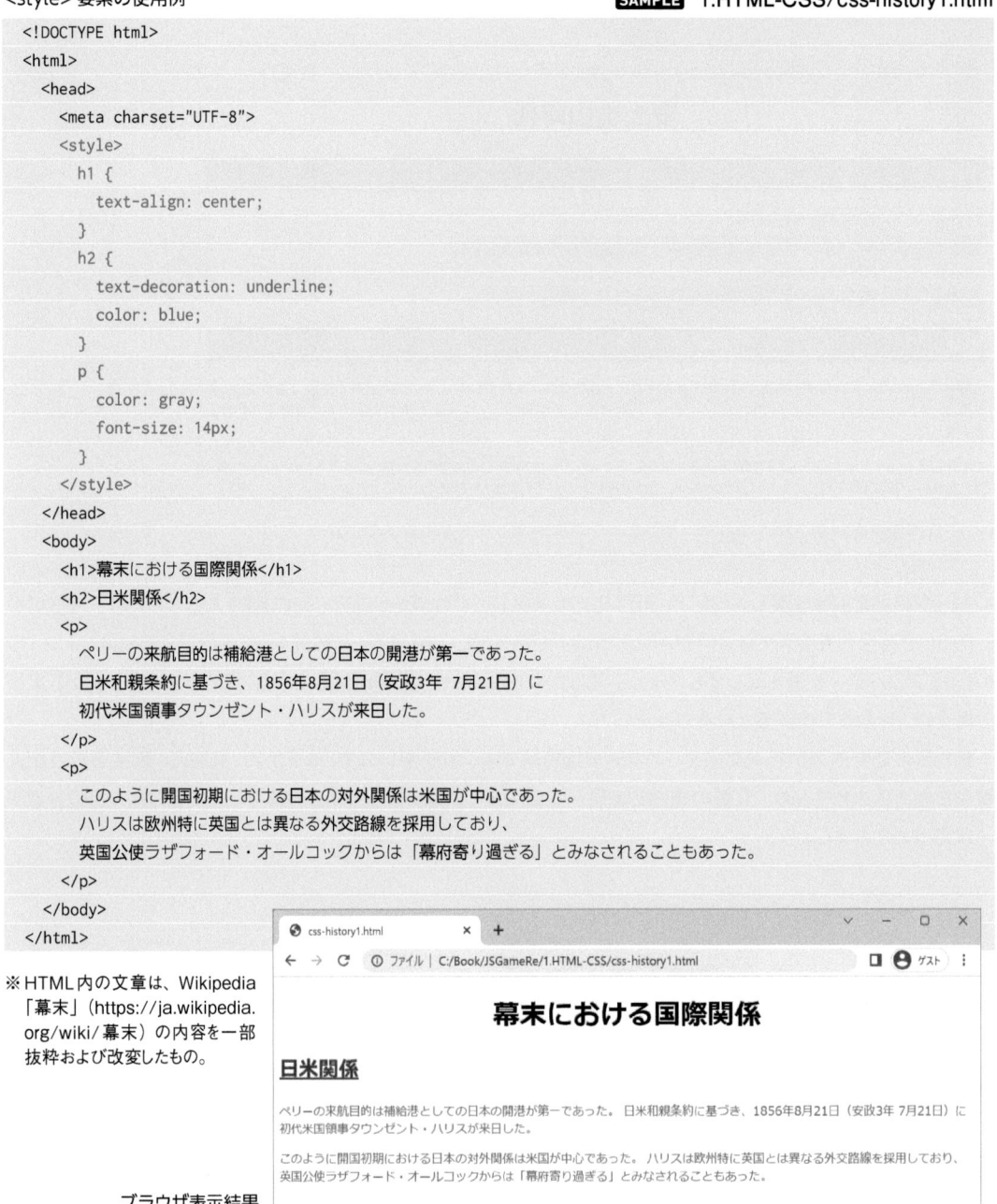

ブラウザ表示結果

<style>要素内でのスタイル指定は以下のように行います。

```
セレクタ {
    CSS プロパティ名 : 値 ;
}
```

「セレクタ」とは「どの要素にスタイルを適用するか」を記述するルールです。\<h1\>や\<p\>のように要素名を書いた場合、そのタグすべてにスタイルが適用されます。適用するプロパティとその値は「プロパティ名：値；」のように記述します。プロパティ名と値の間は「：」（コロン）で区切ります。

複数のプロパティを適用したい場合は、

```
セレクタ {
    CSS プロパティ名 1: 値 1;
    CSS プロパティ名 2: 値 2;
}
```

のように、値の後ろに「;」（セミコロン）を書いて区切ります。こうすると、style 要素の中を修正するだけで、文書全体の見た目を一括して更新できるようになります。たとえば、\<p\>のテキストをグレーから黄色に変えたい場合には「color: gray;」を「color: yellow;」に書き換えるだけで済むのです。

主なセレクタ

先ほどの例では要素名をセレクタとして使いました。しかし、実際に文書を作成してみると、もっと柔軟な設定をしたくなるはずです。実はセレクタにはさまざまなルールが指定できます。ここでは代表的なセレクタの使い方を紹介します。

全称セレクタ「*」
文書中のすべての要素に適用されます。

```
* {
    font-size: 12px;
}
```

タイプセレクタ「要素名」
指定された要素すべてに適用されます。次の例ではすべての\<h1\>要素に下線が表示されます。

```
h1 {
    text-decoration: underline;
}
```

IDセレクタ「#id」

　一致するid属性を持つ要素にのみ適用されます。id属性の値は文書中で一意（ほかに同じ値を持つ要素があってはならない）でなくてはならないことに注意してください。

```
#score {
    color: yellow;
}
<p>スコア：<span id="score">50</span>点</p>
```

　この例では、「50」のみが黄色で描画されます。

クラスセレクタ「.クラス名」

　文書中のいくつかの要素にスタイルを適用したい場合に使用します。class属性はHTMLの任意の要素に指定することができ、それらに対して一括してスタイルを適用することができます。id属性と異なり、class属性は同じ値を重複して指定してもかまいません。たとえば、以下の例では、最初と3番目のh1要素のみ青色で表示されます。

```
.bluetitle {
    color: blue;
}
<h1 class="bluetitle">HTMLの基礎</h1>
<h1>CSSの基礎</h1>
<h1 class="bluetitle">JavaScriptの基礎</h1>
```

その他のセレクタ

セレクタ	対象	例
E.クラス名	指定されたクラスを持つ要素E	p.test {color:blue;}
E:nth-child(n)	n番目の子となる要素E	p:nth-child(3) {color:blue;}
E:first-child	子として最初の要素E	p:first-child {color:blue;}
E:first-letter	要素Eの最初の文字	p:first-letter {color:blue;}

　ちなみに<style>要素とセレクタを使って先ほどの例を書き直すと、次のようになります。

<style> 要素とセレクタの使用例（css-history1.htmlを修正） **SAMPLE** 1.HTML-CSS/css-history2.html

```html
<!DOCTYPE html>
<html>
  <head>
    <meta charset="UTF-8">
    <style>
      h1 {
        text-align: center;
      }
      h2 {
        color: white;
        background-color: blue;
      }
      #history {
        border: 1px solid blue;
        width: 600px;
      }
      span.year {
        color: red;          ←              1
      }
      span.name {
        color: blue;
      }
      tr:nth-child(2n) {  ←               2
        background-color: lightblue;
      }
    </style>
  </head>
  <body>
    <h1>安土桃山時代</h1>
    <h2>年表</h2>
    <table id="history">
      <tr>
        <td>1573年</td>
        <td>室町幕府が事実上の滅亡</td>
      </tr>
      <tr>
        <td>1590年</td>
        <td>豊臣秀吉日本を統一</td>
      </tr>
      <tr>
        <td>1592年</td>
        <td>文禄・慶長の役</td>
      </tr>
      <tr>
        <td>1600年</td>
        <td>関ヶ原の戦いで徳川家康が勝利</td>
      </tr>
    </table>
    <h2>概要</h2>              3
    <p>
      元亀4年（<span class="year">1573</span>年）に信長が
```

```
            <span class="name">足利義昭</span>を京から放逐すると、
            室町幕府は事実上崩壊し、織田政権が確立する。信長はその後も勢力を拡大し天下統一は目前と思われた。
          しかし、<span class="name">明智光秀</span>による謀反によって
          天正10年（<span class="year">1582</span>年）の本能寺の変で自害に至った。
        </p>
        <p>
          <span class="name">羽柴秀吉</span>は いち早く京に駆け付け首謀者である<span class="name">明智光秀</span>を
破った。
            天正14年（<span class="year">1586</span>年）には関白・太政大臣に任ぜられ豊臣姓を賜り、
            天正18年（<span class="year">1590</span>年）に日本を統一し 全国で検地と刀狩りを実施させ政権の安定に力を注
いだ。
        </p>
      </body>
    </html>
```

※HTML内の文章は、Wikipedia「安土桃山時代」（https://ja.wikipedia.org/wiki/安土桃山時代）の内容を一部抜粋および改変したもの。

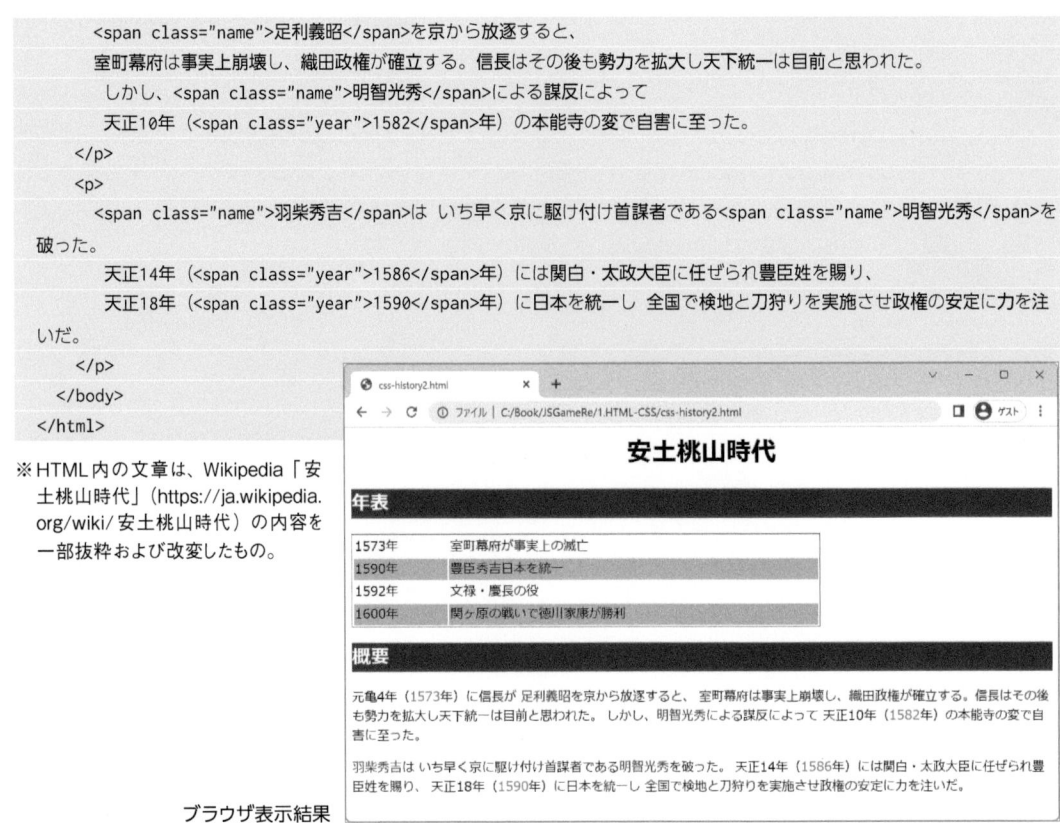

ブラウザ表示結果

「:nth-child(n)」はn番目の要素を指定するセレクタです。❷の「tr:nth-child(2n)」は偶数番目の\<tr\>要素となります。これによって歴史年表の行が増えても偶数行にだけスタイルが自動的に付与されるようになります。

行数は以前より多少長くなりましたが、全体的にすっきりしていることがわかるでしょう。メンテナンスも容易になります。仮に「年号を黄色にしてくれ」と言われても、❶の「color: red;」を「color: yellow;」に変えるだけで済みます。

ここで、「\<span class="red"\>」ではなく、「\<span class="year"\>」と、クラス名の値に「"色"」という表現ではなく、「"年"」という情報を使用していることに注目してください❸。\<span class="red"\>でもスタイルを適用することは可能です。しかしながら、文書の構造としては、年号という情報を使って文書の特定の箇所に意味を与えるべきであって、赤色という表現に関する情報を使うべきではありません。

このように\<style\>要素を使用することで、HTMLのコンテンツの中（\<body\>要素の下）からスタイル関係の記述を一切なくすことができました。文書の構造と表現の分離が大きく前進したのです。

ページのレイアウト

1-9

レイアウトとは配置のことです。新聞社で段組みなどの配置を決める担当者には大きな権限が割り当てられていると聞いたことがあります。読みやすいページを作るために、配置（レイアウト）はとても大切な作業です。本節ではHTML/CSSでのレイアウトについて見ていきましょう。

1-9-1 | ブロックレベル要素とインライン要素

　文書の構造と表現が完全に分離され、レイアウトはCSSだけで記述できるのが理想です。しかし、実際にはレイアウトはCSSだけではなく、各要素とCSSとの共同作業で行われます。

　見出し要素<h1>を連続して記述すると縦方向に並べられます。

<h1>を連続して記述　　　　　　　　　　　　**SAMPLE** 1.HTML-CSS/css-layout0.html

```
<!DOCTYPE html>
<html>
  <head>
    <meta charset="UTF-8">
  </head>
  <body>
    <h1>国語</h1>
    <h1>算数</h1>
  </body>
</html>
```

ブラウザ表示結果

　一方、<span>要素の場合は横方向に並べられます。

<span>を連続して記述　　　　　　　　　　　**SAMPLE** 1.HTML-CSS/css-layout1.html

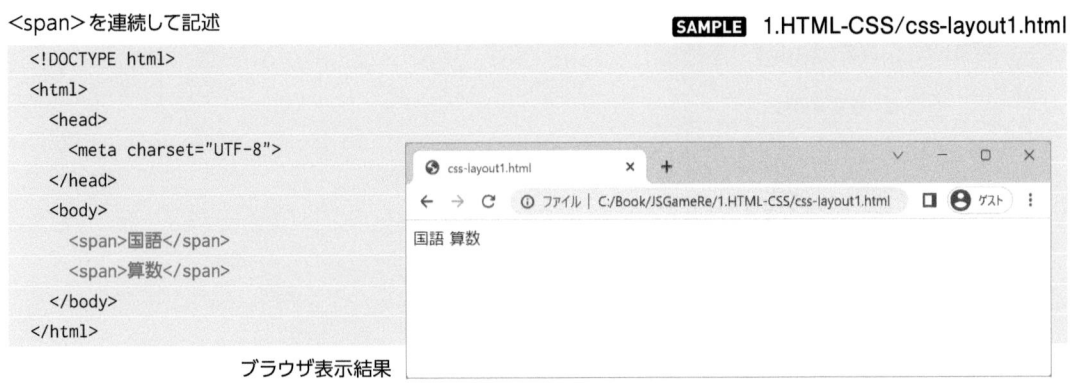

```
<!DOCTYPE html>
<html>
  <head>
    <meta charset="UTF-8">
  </head>
  <body>
    <span>国語</span>
    <span>算数</span>
  </body>
</html>
```

ブラウザ表示結果

　この違いはどこからくるのでしょうか？　実は、HTMLの要素は大きくブロックレベル要素とインライン要素に分けられます。

以前はブロックとインラインというレイアウトが使用されていましたが、現在主流の仕様では、より多くの種類が策定されています。しかしながら、ブロックやインラインという考え方は今でも使用されている概念なので把握しておくとよいでしょう。

ブロックレベル要素

　<h1>のように縦方向に配置される要素です。追加されるたびに改行されます。ブロックレベル要素は高さと幅を持ち、明示的に指定しない限り、幅はページ幅（もしくは親要素の幅）、高さはその中に含まれる要素に合わせられます。<h1>、<h2>、<p>、<div>、<ol>、<ul>、<li>、<table>などの要素が該当します。

縦方向に1つずつページ幅で配置される

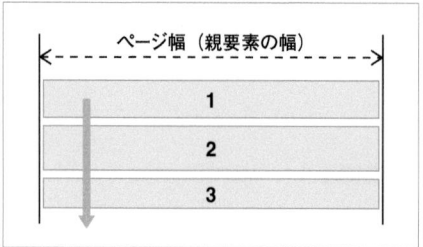

インライン要素

　<span>、<a>、<i>のように横方向に配置される要素です。文章の一部に意味を付けたり、書式を変更したりするときに使用されます。追加するだけで改行されることはありません（
は改行するための要素なので例外です）。ページ幅に入りきらなくなったときに改行が行われます。ブロックレベル要素の中に流し込まれるようなイメージと考えるとわかりやすいでしょう。

　インライン要素の中でも、<button>、<img>、<input>のように高さと幅を持つものをインラインブロック要素と呼びます。また、インライン要素がブロックレベル要素を含むことはありません。たとえば、「<span><p>……</p></span>」という記述は正しくありません。

横方向に配置されページ幅で折り返す

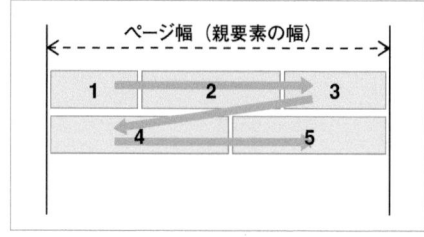

　ページを作成してみると「スタイルを指定しているのに、思ったような場所やサイズに配置されない」という状況に何度も遭遇することになるでしょう。その多くはインライン要素とブロックレベル要素を混同していることが原因です。

　たとえば、<span>要素に高さや幅を指定しても有効になりません。これは、インライン要素に高さを指定し

ても無視されるためです。一方、<p> 要素に高さを指定すると、その指定は有効になります。これは <p> 要素がブロックレベル要素だからです。

　ブロックレベル要素とインライン要素によるレイアウトの様子は、要素の輪郭を表示するとよくわかります。

ブロックレベル要素とインライン要素によるレイアウト　　　　　　SAMPLE　1.HTML-CSS/css-layout2.html

```
<!DOCTYPE html>
<html>
  <head>
    <meta charset="UTF-8">
    <style>
      p,
      h1 {
        border: 1px dotted blue;
      }
      span {
        border: 1px solid red;
      }
    </style>
  </head>
  <body>
    <h1>HyperText Markup Language</h1>
    <p>
      「HyperText Markup Language（ハイパーテキストマークアップ言語）」の略。
      Webページ作成の根幹を成す記述言語であり、WWWを支える基本技術の1つとなっている。
    </p>
    <p>
      文書同士をつなげる「<span>ハイパーテキスト</span>」の概念をベースに、1980年代後半に、
      CERNの科学者ティム・バーナーズ＝リーにより<span>WWW</span>と<span>HTML</span>が提唱され、
      90年代にNeXTSTEP上で開発・実装された。その後、Webブラウザの「<span>Mosaic</span>」により
      一般の研究者にも利用が広まり、世界標準となっていった。
    </p>
  </body>
</html>
```

ブラウザ表示結果

　borderという枠を表示するCSSプロパティを指定しています。詳細は次項をご覧ください。この例を見ると、ブロックレベル要素がページ幅に広がっていることや改行が行われていること、インライン要素がブロックレベル要素の中に流し込まれていることがわかるでしょう。

　どの要素がブロックレベルで、どの要素がインラインかは使っているうちに自然に慣れてきますが、まずは

<p>要素、<div>要素がブロック要素であることだけを押さえてください。その際に、<p>はテキスト用、<div>はブロック要素用と把握しておけばよいでしょう。

1-9-2 | ボックスモデル

前項では、ブロックレベル要素は高さと幅を持ち、デフォルトでは幅はページ幅に、高さは子要素に合わせて調整されると説明しました。では、明示的にサイズを指定したい場合はどうすればよいのでしょうか？ CSSではボックスモデルとして、以下のようなCSSプロパティが用意されています。

ボックスモデル関連のプロパティ

プロパティ	説明
margin（マージン）	ほかの要素との間のスペース
border（枠線）	要素の枠線、太さ／色／スタイルなどを指定可能
padding（余白）	枠線と子要素の間のスペース
height（縦サイズ）	子要素の縦サイズ
width（横サイズ）	子要素の横サイズ

これらのCSSを使用して、幅と高さを柔軟に指定することが可能です。必要としない場合は単に省略してください。これらのスタイルを図にすると、次のようになります。

ボックスモデル

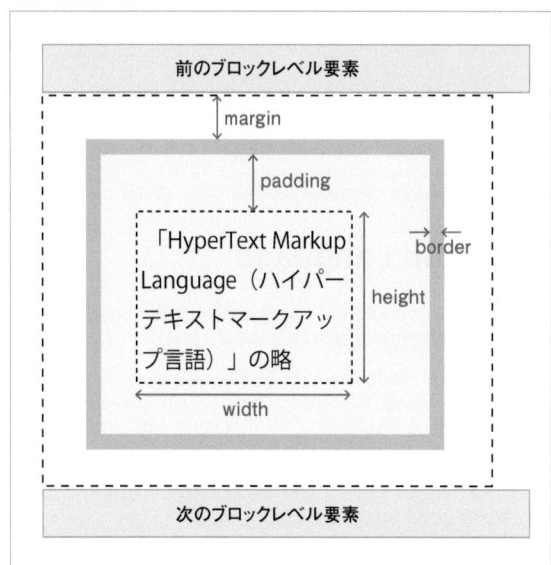

marginの設定例

スタイル例	説明
margin:10px;	上下左右のマージンを一括指定
margin:10px 20px 30px 40px;	上、右、下、左のマージンを個別に指定
margin-top: 10px;	上のマージンを指定
margin-bottom: 30px;	下のマージンを指定
margin-left: 40px;	左のマージンを指定
margin-right: 20px;	右のマージンを指定

paddingの設定例

スタイル例	説明
padding:10px;	上下左右のパディングを一括指定
padding:10px 20px 30px 40px;	上、右、下、左のパディングを個別に指定
padding-top: 10px;	上のパディングを指定
padding-bottom: 30px;	下のパディングを指定
padding-left: 40px;	左のパディングを指定
padding-right: 20px;	右のパディングを指定

borderの設定例

スタイル例	説明
border-width: 2px;	ボーダー幅
border-style: solid;	ボーダースタイル、solid, dotted, dashedなど
border-color: red;	ボーダー色
border: 2px solid blue;	幅、スタイル、色をまとめて指定。border-top-style, border-left-colorなどの個別指定も可能

縦横サイズ、その他の設定例

スタイル例	説明
width:100px;	幅の指定
height:200px;	高さの指定
border-radius: 5px;	四隅のカドを丸める

1-9-3 | 色やサイズの指定

意図的にモノクロにしているページもありますが、ほとんどのページはカラーを効果的に使用しています。また、意図したレイアウトになるように、フォントのサイズや幅などを指定しています。

サイズの指定

これまで、フォントの大きさ、要素の位置やサイズを「100px」のようにピクセル単位で指定してきました。実は、ピクセル以外にも以下のようにさまざまな単位が利用できます。

サイズの単位

単位	説明
px	ピクセル。ブラウザ画面を構成する点1つ分
pt	ポイント。1pt＝1/72インチ
cm	センチメートル
vw	ビューポート（表示領域）の幅。ブラウザ画面全体の幅を100とした値
vh	ビューポート（表示領域）の高さ。ブラウザ画面全体の高さを100とした値
%	パーセント。親要素のサイズの何パーセント分かで指定

色の指定

ここまでの例では、white、lightgreen、yellowといった名前で色を指定してきました。名前での色指定は便利な方法ですが、名前が思い浮かばなかったり、微妙なニュアンスを表現できなかったりという問題があります。

「光の三原色（RGB）」は、赤（Red）、緑（Green）、青（Blue）の3つの光を組み合わせていろいろな色を表現する手法ですが、この手法は直感的にもわかりやすいのでコンピュータの世界でも広く使用されています。スタイルでも、3つの原色を使って色を指定することが可能です。赤、緑、青のそれぞれの色は、0～255の256階調の中から選べます。その数値を16進数に変換すると2桁になるので、「#RRGGBB」という文字列にあてはめて指定します。なお、アルファベットは大文字でも小文字でもかまいません。

16進数

10進数では0～9までの文字を使って数値を表現しますが、16進数では0～Fまでの文字を使用します。10進数と16進数の対応表を以下に示します。

10進数と16進数の対応

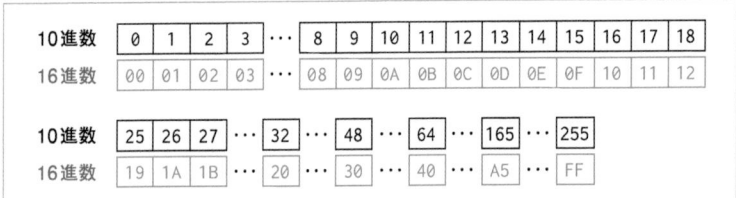

10進数から16進数の変換

10進数では、8、9、10、11……と数値が増えていきますが、16進数では8、9、A、B……と数値が増えていきます。16進数では、Fが一番大きな文字なので、そこから1つ増えると10となります。

10進数の165から16進数のA5への変換は以下のように、16で割った商と余りから簡単に求めることができます。コンピュータの世界では16進数は多用されるので、慣れていない方はこれを機に16進数に親しむようにしてください。

10進数から16進数の変換

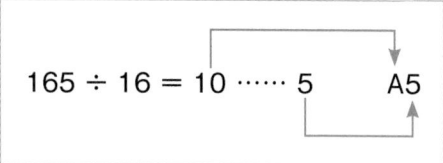

RGBを16進数に変換するとともに色を設定する例を以下に示します。まだJavaScriptの説明をしていないので、中身はわからなくても気にしないでください。

RGBを16進数に変換　　　　　　　　　　　　　　　**SAMPLE** 1.HTML-CSS/css-rgb-color.html

```html
<!DOCTYPE html>
<html>
  <head>
    <meta charset="UTF-8">
    <script>
      function setRGB() {
        let r = document.getElementById("r").value;
        let g = document.getElementById("g").value;
        let b = document.getElementById("b").value;
        let c = "#" + hex(r) + hex(g) + hex(b);
        document.body.style.backgroundColor = c;
        document.getElementById("hex").textContent = c;
      }
      function hex(v) {                          数値を2桁の16進数文字列に変換
        v = parseInt(v);
        let hex = v.toString(16);               16進数へ
        if (v < 16) {
          hex = "0" + hex;                       一桁の場合は0を追加
        }
        return hex;
      }
    </script>
  </head>
  <body>
    <h1 style="background-color: white">RGB:<span id="hex"></span></h1>
    <p>
      R:<input type="range" min="0" max="255" id="r" onchange="setRGB()">
      <br>
```

```
      G:<input type="range" min="0" max="255" id="g" onchange="setRGB()">
      <br>
      B:<input type="range" min="0" max="255" id="b" onchange="setRGB()">
    </p>
  </body>
</html>
```

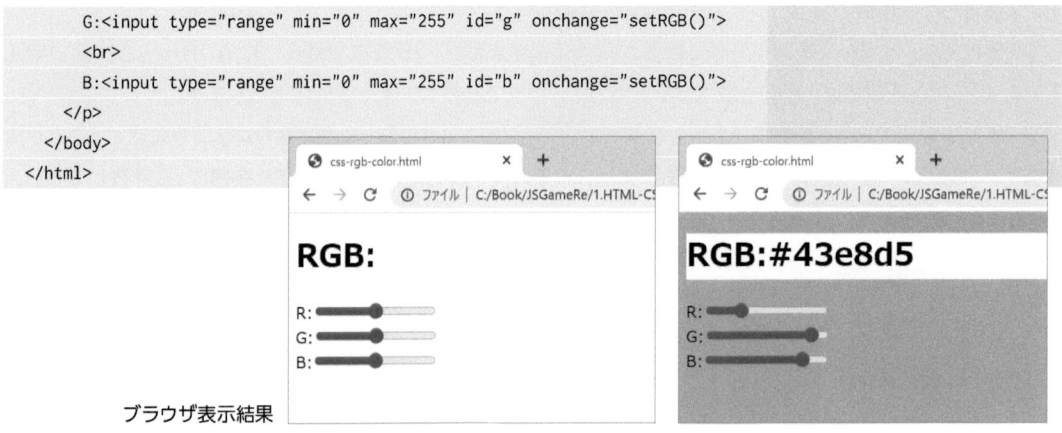

ブラウザ表示結果

ここまでのまとめとして、CSSプロパティを使って1-5-3項で作成したカレンダーを装飾してみました。

カレンダーの装飾例　　　　　　　　　　　　　**SAMPLE** 1.HTML-CSS/css-calendar.html

```
<!DOCTYPE html>
<html>
  <head>
    <meta charset="UTF-8">
    <style>
      h2 {
        color: #0094ff;
        text-align: center;
      }
      img {
        box-shadow: 10px 10px 10px rgba(0, 0, 0, 0.4);
        width: 500px;
      }
      td {
        font-size: 28px;
        text-align: center;
        border: 1px solid #cccccc;
      }
      .red {
        color: red;
      }
      tr:nth-child(2) {
        font-weight: bold;
        text-decoration: underline;
      }
      td:first-child {
        color: red;
      }
      table {
        margin: 20px;
      }
    </style>
```

```
</head>
<body>
  <h2>2025年1月カレンダー</h2>
  <table>
    <tr>
      <td colspan="7">
        <img src="winter.jpg">
      </td>
    </tr>
    <tr>
      <td>日</td>
      <td>月</td>
      <td>火</td>
      <td>水</td>
      <td>木</td>
      <td>金</td>
      <td>土</td>
    </tr>
    <tr>
      <td></td>
      <td></td>
      <td></td>
      <td class="red">1</td>
      <td>2</td>
      <td>3</td>
      <td>4</td>
    </tr>
    <tr>
      <td>5</td>
      <td>6</td>
      <td>7</td>
      <td>8</td>
      <td>9</td>
      <td>10</td>
      <td>11</td>
    </tr>
    <tr>
      <td>12</td>
      <td class="red">13</td>
      <td>14</td>
      <td>15</td>
      <td>16</td>
      <td>17</td>
      <td>18</td>
    </tr>
    <tr>
      <td>19</td>
      <td>20</td>
      <td>21</td>
      <td>22</td>
      <td>23</td>
```

```
            <td>24</td>
            <td>25</td>
          </tr>
          <tr>
            <td>26</td>
            <td>27</td>
            <td>28</td>
            <td>29</td>
            <td>30</td>
            <td>31</td>
            <td></td>
          </tr>
        </table>
      </body>
    </html>
```

ブラウザ表示結果

 チャレンジ! ▶ HTMLで自分のページを作ってみよう

要素、セレクタ、スタイル、この章で学習したことを活用して、時間割、ToDoリストなど、好きなページを作ってみてください。本書で紹介したCSSスタイルはごく一部です。ほかの書籍やネットの情報を参考にしながら、いろいろなスタイルを試してみましょう。

SAMPLE 1.HTML-CSS/challenge-book.html

JavaScriptの基本

JavaScriptは数あるプログラミング言語の1つです。ブラウザさえあれば試してみることができます。Webサイト制作では一番利用されている言語でもあり、動的な（動きのある）ページを作るにはある程度の知識は必須といえるでしょう。

プログラミング言語JavaScript

2-1

JavaScriptは1995年にブレンダン・アイク（Brendan Eich）によって開発されました。名前が似ているためにJavaと混同されることもありますが、まったく別の言語です。さぁ、JavaScriptの冒険の旅に出かけましょう!

2-1-1 | プログラミング言語とは

そもそもプログラミング言語とは何でしょうか? いろいろな定義がありますが、ここでは「コンピュータに命令するための言葉」と考えましょう。英語を話せると世界中の多くの人とコミュニケーションできるように、プログラミング言語をマスターするとコンピュータに命令できるようになります。

たとえば、一般的なリアルタイムゲームの処理手順は以下のようになります。

① いろいろな用意（初期化）をする
② キャラクターの移動
     ア）敵の移動
     イ）自分の移動（マウス、タッチ、キーボードの入力をチェック）
     ウ）衝突判定（衝突時はゲームオーバー）
③ 画面の更新
     ア）画面をクリア
     イ）背景、キャラクター、敵などを画面に描画する
④ 手順②に戻る

上の処理手順は日本語で書かれていますが、これをコンピュータにわかるようにプログラミング言語で表現すると、実際にゲームがコンピュータ上で実行されます。

世の中にはたくさんのプログラミング言語が存在しますが、動的ページを実現するための言語として広く使用されていること、どのOSでも手軽に試すことができることなどから、本書ではJavaScriptという言語を選択し、学習していきます。

プログラミング言語を駆使すると複雑な処理ができますが、1つ1つの命令は非常にシンプルです。主な処理命令は以下のとおりです。

処理命令	概要	ゲームでの利用例
代入	「変数」という箱に数値や文字を格納する	スコアに0という値を入れる
演算（計算）	四則演算（足算、引算、掛算、割算）を行う	敵を倒すとスコアが＋10加算される
比較	2つの値が同じかどうか、大小関係を比べる	スコアが1000を超えたか調べる
条件分岐	比較した結果で処理の手順を変える	もしスコアが1000を超えていたら次のステージへ移動する
繰り返し	同じ処理を繰り返す	敵10機をそれぞれ順番に移動させる

　次節から、これらの基本的な命令をJavaScriptではどのように記述するか見ていきますが、その前にまず、全体的な処理の流れを把握しておきましょう。

2-1-2 | JavaScriptのプログラム実行の流れ

　基本的にプログラムは記述された順に、すなわち、上の行から下の行へと順番に実行されていきます。

命令は順番に実行される

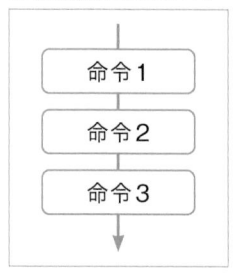

　さらに、JavaScriptの場合、ユーザーからのマウスクリックを処理したり、一定時間ごとに実行されるタイマー処理を実行したりなど、何らかの出来事（イベント）が起きたときの処理を事前に記述しておきます。
　例を使って説明しましょう。ToDoリストですべての仕事を管理している人がいたとします。出張や会議など業務が発生したら、その業務はToDoリストに追加されます。その人はToDoリストに追加された順に、1つ1つ業務をこなしていきます。それぞれの業務には手順書が用意されており、その人は忠実にその手順を実行します。ある業務が終わったら、ToDoリストにある次の仕事に取りかかります。ToDoリストが空になったらやっと休憩です。

プログラムの流れはToDoリストを順番に処理するのと似ている

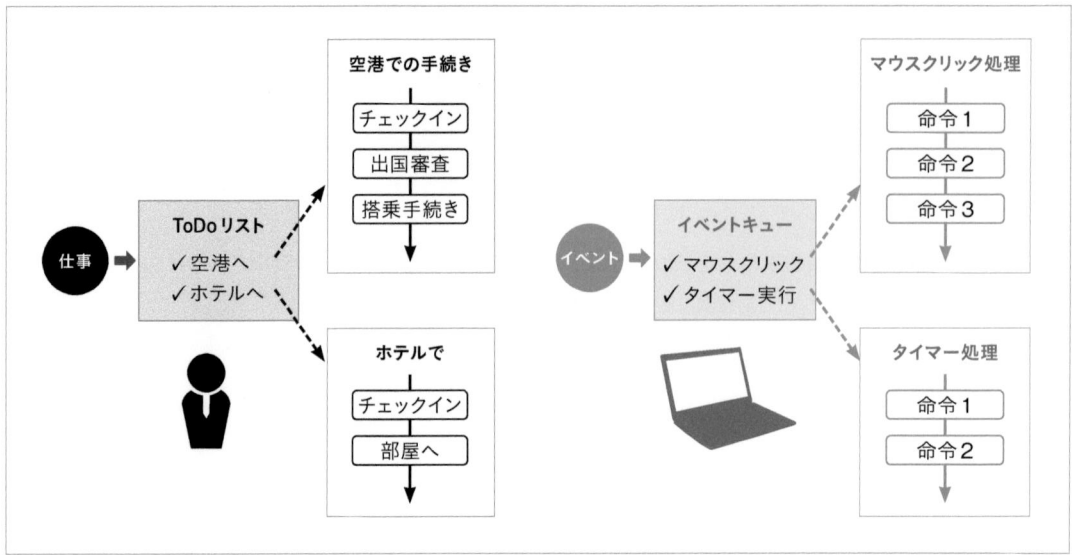

　JavaScriptのプログラムもこれと同じように処理されていきます。ユーザーからの入力、タイマー実行などの出来事（イベント）はイベントキューというToDoリストに追加されます。ブラウザは、イベントキューに追加された順に1つ1つの仕事をこなしていきます。それぞれのイベントには関数と呼ばれる手順書が用意されており、ブラウザはその関数を実行します。関数の実行が終わったら、次のイベントの処理に取りかかります。もし、手順書が見つからなかった場合、そのイベントは単に無視されます。イベントキューが空になったらやっと休憩です。

　JavaScriptでは、関数はfunctionというキーワードで記述します。つまり、これがJavaScriptでの手順書となります。functionの外側の部分は、最初にページが読み込まれたときに1回だけ上から順番に実行されます。functionの内側の部分はイベントが処理されるとき、先の例でいえばToDoリストの仕事を実行するときに実行されます。そのイメージを次の図に示します。

functionの外側は最初に1回だけ、functionの内側はイベントに応じて実行される

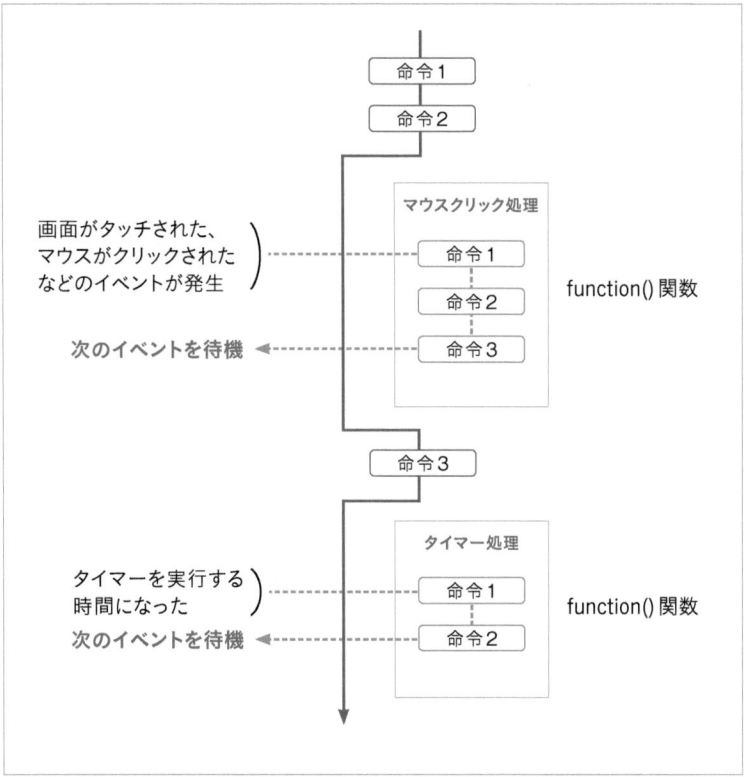

ちなみに、イベントに対応付けられた関数はイベントハンドラと呼ばれます。

　いきなり、イベント、関数、functionなどの用語が出てきたので、とまどった人もいるかもしれません。これらは、のちほど詳しく説明するため心配はいりません。ここでは、

- JavaScriptのプログラムではイベントに対応する関数functionを記述しておく
- 新しい出来事（イベント）はToDoリストに追加される
- ブラウザはToDoリストに追加された仕事を順番に取り出し、イベントに対応する手順書functionがある場合にはそれを実行する

ということを理解してください。

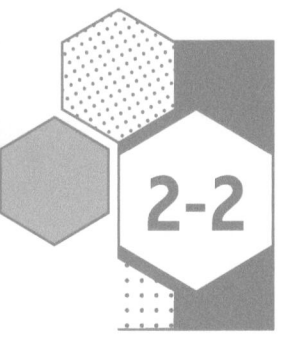

変数と演算

2-2

コンピュータ（Computer）は「計算機」と日本語訳されることもあるくらい、計算は最も得意とするところです。プログラミングでも計算は欠かすことができません。変数に値を格納し、その変数に対して演算子を使うことで加減乗除といった計算を行います。直観的でわかりやすい処理なので、実際に試してみましょう。

2-2-1 | 変数の宣言

変数とは、値を格納する入れものです。入れものには名前を付けられますが、それを「変数名」と言います。中学校の数学でxやyを使って方程式を解きましたが、このxやyこそが変数そのものです。

変数は値を格納する入れもの

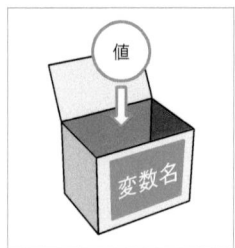

JavaScriptでは変数を使用する前に、どんな変数を使用するのか事前に宣言する必要があります。そのためには、letというキーワードのあとに空白を挿入し、次に変数の名前を書きます。複数の変数を指定する場合は、変数名をカンマで区切ります。これを「変数の宣言」と言います。

```
let s;                          変数sを宣言
let r, score, point;            カンマ区切りで複数の変数を宣言
```

NOTE

JavaScriptでは以前、変数宣言のキーワードとしてvarが使われていましたが、「var宣言を省略しても動作する（グローバル変数のプロパティとして登録される）」「varはスコープ（変数の利用範囲）の解釈が関数になる」などの問題があり、代わりにletが使われるようになってきました。最近はletに対応するブラウザが一般的になったこともあり、本書では変数宣言時にletを使います。
varとletの違いは、p.093「変数のスコープ」で後述します。

変数を宣言するときに、「＝ 値」と書くことで、最初の値（初期値）を設定することができます。あとで見直すときのことを考えて、変数名にはわかりやすい名前を付けるよう心がけてください。

JavaScriptの変数には、数値、文字などいろいろなものを格納することができます。数値はそのまま数を記述しますが、文字列（文字の並び）は " " もしくは ' ' で囲みます。

変数の宣言と四則演算の例　　　　　　　　　　　　　　　　　　**SAMPLE** 2.JavaScript/Basic/calculation.html

`let a = 3;`	変数aを宣言し、「3」を格納
`let b = 6;`	変数bを宣言し、「6」を格納
`let c = a + b;`	加算　c = 9
`let d = a - b;`	減算　d = -3
`let e = a * b;`	乗算　e = 18
`let f = a / b;`	除算　f = 0.5
`let x = "hello";`	
`let y = "world";`	
`let z = x + y;` ←2	z = "helloworld"

（`let d`〜`let f` の行に ←1 の注記あり）

変数に数値が入っている場合は、■1 のように四則演算が可能です。文字列の場合、足し算をすると ■2 のように文字列が連結されます。

数値の足し算

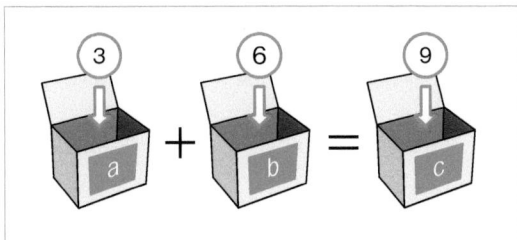

文字列の足し算

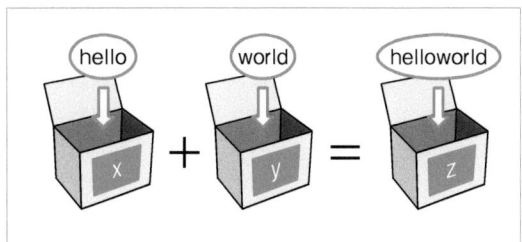

変数の値を変更しないときは、letではなくconstを使用します。constを使って宣言した変数は、値を変更できない「定数」として扱われます。

`const a = 3;`	変数aを定数3で初期化
`a = 5:`	定数に値を代入できないのでエラー

コメント

コメントは文字通り「注釈」という意味です。プログラムの実行には影響を与えません。ほかの人への説明だったり、自分が忘れないためのメモ書きだったり、いろいろな用途に利用できます。JavaScriptでのコメントの書き方は以下の2通りがあります。

1行コメント「//」

スラッシュ「/」を2つ続けて記述すると、//から行末までがコメントになります。

```
let a = 3;     // この後ろから行末までがコメントになります
```

コメント

複数行コメント「/* ～ */」

「/*」（スラッシュとアスタリスク）から「*/」までの部分がコメントとなります。

```
/*
    ここに複数行にわたるコメントを書きます。
    ここに複数行にわたるコメントを書きます。
    ここに複数行にわたるコメントを書きます。
*/
```

　コメントは非常に便利な機能です。しかし、コメントを濫用しないよう注意してください。シンプルで誰が見てもよくわかる、コメントがなくてもその意図がはっきり伝わる、そんなコードが理想です。当たり前のことをコメントで記述したり、コメントがないと理解不能だったり、というような状況に陥らないように心がけましょう。

2-2-2 | 演算

　加算は「+」記号、減算は「−」記号、これらは直感的にわかりますよね。ここで注意したいのは、プログラムでは、掛け算の×は「*」（アスタリスク）、割り算の÷は「/」（スラッシュ）という記号を使う点です。「=」は値を代入するときに使います。

```
let a = 6, b = 2;
let c = a * b;                              c = 12
let d = a / b;                              d = 3
```

　余りを求める場合は「%」を使用します。

```
let a = 5, b = 2;
let c = a % b;                              c = 1  5÷2の余りは1
```

　また、プログラムでは値を1増やしたり、逆に1減らしたりすることをよく行います。そこで、専用の書き方が用意されています。++（1増やす）をインクリメント、--（1減らす）をデクリメントと言います。

```
let a = 5, b = 3;
a++;                                        aの値を1増やす→aは6になる
b--;                                        bの値を1減らす→bは2になる
```

　ほとんどの場合、計算結果は変数に代入することになります。

```
let a = 3;
a = a + 2;                                  この行を実行したあと、aは5となる
```

　この「a = a + 2;」という記述に違和感を覚える人もいるかもしれません。方程式として考えると、この式は成立しません。プログラミング言語の場合は、イコールの右辺を計算して、その結果を左辺に代入する、という

処理手順になります。

　この例の場合、aは3で初期化されています。よって、右辺のa + 2は5となり、それが再びaに代入されます。つまり、この行の実行が終わるとaの値は5になります。

　変数自身の値を使って計算し、その結果を自身に代入するという処理は頻繁に行われるので、以下のように簡便な記法が用意されています。

`let a = 3, b = 3, c = 3, d = 3;`	
`a += 2;`	a = a + 2; aは5になる
`b -= 1;`	b = b - 1; bは2になる
`c *= 4;`	c = c * 4; cは12になる
`d /= 2;`	d = d / 2; dは1.5になる

式と値

　式というと「2＋3＝5」といった計算式が思い浮かぶでしょう。しかし、プログラミング言語では、計算式だけではなく、実行した結果、最終的に値が求まるもの全般を意味し、たとえば、単なる値や変数だったり、一定の処理を実行したりすることまで式に含まれます。

　最後に、計算式でよく使う演算子をまとめておきます。

四則演算でよく使う演算子

演算子	意味	例
+	足し算	3 + 5
-	引き算	5 - 3
*	掛け算	3 * 5
/	割り算	5 / 3
%	割り算の余り	5 % 3
+=	元の変数に値を加算する	a += 3
-=	元の変数から値を減算する	a -= 3
*=	元の変数に値をかける	a *= 3
/=	元の変数を値で割り算する	a /= 3

比較と条件式

2-3

比較とは文字通り2つの値を比べることです。条件式とはその比較結果に応じて処理の流れを変えるための命令です。比較と条件式はプログラミングにおいて最も基本的で大切な内容の1つです。ぜひしっかりと習得してください。

2-3-1 | 比較した結果に応じて処理を変える

　ゲームを実行していると毎回いろいろなことが起こります。たとえば、神経衰弱ゲームでは、同じ数字のカードを開いたらそのカードは開いたままになりますが、違う数字だったらカードは再び裏返しです。シューティングゲームで自分の弾が敵に当たったら敵を撃破します。外れたときは何も起こりません。落ちモノ系ゲームで同じ色のブロックが3個以上つながったらそれらを消去しますが、3個未満のときは何もしません。

ゲームの処理判断の例

ゲーム	神経衰弱	シューティング	ブロック
比較するもの（条件）	2つのカードの数字が同じかどうか？	自分の弾が敵に当たったかどうか？	3つ以上同じ色が並んだか？
条件成立時の処理	開いたまま	敵を撃破	ブロックを消去
条件不成立時の処理	元の裏返し	弾の位置をすすめる	何もしない

　このように、ゲームでは時々刻々変化する状況に応じて処理を変えていく必要があります。
　これらの例に共通しているのは、

- 何らかの比較をして
- その結果に応じて処理を変える

ということです。「比較して、その結果に応じて処理を変える」、これはプログラミングにおいて最も基本的な処理の1つです。ゲームにおいても同じです。いつも決まったことが起きるようではゲームにならないですよね。

条件式

　では、比較処理から見ていきましょう。比較処理を行うための命令を「条件式」と呼びます。条件式を実行するとtrue（条件が成立した場合）かfalse（条件が不成立の場合）が結果として返されます。主な条件式は以下のとおりです。

条件式

条件式	説明	a = 3、b = 3 の場合	a = 3、b = 5 の場合
a == b	aとbの値が同じ	true	false
a != b	aとbの値が違う	false	true
a < b	aよりbのほうが大きい	false	true
a > b	aのほうがbより大きい	false	false
a <= b	aはb以下	true	true
a >= b	aはb以上	true	false

条件式の挙動を実際に確認するページを作ってみました。

条件式を利用した例　　　　　　　　　　　　　**SAMPLE** 2.JavaScript/Basic/condition.html

```html
<!DOCTYPE html>
<html>
  <head>
    <meta charset="UTF-8">
    <script>
     function check() {
       let a = document.getElementById("i0").value;      ←1
       let b = document.getElementById("i1").value;
       document.getElementById("r0").textContent = a == b;   ←2
       document.getElementById("r1").textContent = a != b;
       document.getElementById("r2").textContent = a < b;
       document.getElementById("r3").textContent = a > b;
       document.getElementById("r4").textContent = a <= b;
       document.getElementById("r5").textContent = a >= b;
      }
    </script>
  </head>
  <body>
    a:<input id="i0" value="3">
    b:<input id="i1" value="5">
    <button onclick="check()">check</button>
    <ul>
     <li>a == b : <span id="r0"></span></li>
     <li>a != b : <span id="r1"></span></li>
     <li>a < b : <span id="r2"></span></li>
     <li>a > b : <span id="r3"></span></li>
     <li>a <= b : <span id="r4"></span></li>
     <li>a >= b : <span id="r5"></span></li>
    </ul>
  </body>
</html>
```

ブラウザ表示結果

HTMLにおいて、\<input>要素に入力された値を取得するには **1** のように

```
let 変数 = document.getElementById("<input>要素のID").value;
```

という命令を使います。結果を画面に表示するには **2** のように

```
document.getElementById("表示する要素のID").textContent = 表示内容;
```

という命令を実行します。\<button>要素がクリックされると、その要素のonclick属性で指定された内容、前ページの例ではfunction checkが実行されます。上記命令の記述方法の詳細については、p.112「2-7-3 JavaScriptからHTMLを操作する」で改めて説明します。ここでは「要素のID」「表示内容」などの条件を指定することで、要素から値を取得して画面に表示していることがわかれば十分です。今は、条件式について慣れることを優先してください。

 チャレンジ! ▶ プログラムを入力して実行してみよう

p.073「条件式を利用した例（condition.html）」を入力して実行してみてください。いろいろな数値を入れて条件式の評価結果がどうなるか実際に試してみましょう。

2-3-2 │ 条件式 ── if文

条件式を評価するとtrueかfalseが返されることを見てきました。次に、その結果に応じて処理を切り替える「制御式」について見ていきましょう。最もよく使われるのがif文です。if文は以下のように記述します。

if文の書式
```
if (条件式) {
  命令文1;
} else {
  命令文2;
}
```

if文は、条件に応じて制御を変えるときに使います。たとえば、「もし自分の弾丸が敵に当たったら、敵を消去してスコアを10増やす」という具合です。疑似的なコードで書くと、以下のようなイメージです。

利用イメージ
```
if (弾丸が敵に当たる？) {
  敵を消去する;
  スコアを10増やす;
}
```

条件式がtrueのときに命令文1を実行し、falseのときに命令文2を実行します。命令文2の実行が不要なときはelse以降を省略してもかまいません。以下の例では、条件式がtrueのときに命令文1が実行されます。

```
if (条件式) {
  命令文1;
}
```

利用イメージ

```
if (爆弾をクリックする) {
  ゲームオーバーの画面を出す
}
```

`let r = Math.floor(Math.random()*2)`	乱数を生成する
`if (r % 2 == 0) {`	偶数なら
`  信号を赤にする`	
`} else {`	それ以外（奇数）なら
`  信号を緑にする`	
`}`	

また、「Aの場合は命令1、Bの場合は命令2、Cの場合は命令3」……といったように条件が複数ある場合には、else ifを使って条件式と命令文のペアを必要なだけ連続して記述することが可能です。

```
if (条件式1) {
  命令文1;
} else if (条件式2) {
  命令文2;
} else {
  命令文3;
}
```

この場合、条件式1がtrueのときは命令文1が、条件式2がtrueのときは命令文2が、それ以外のときは命令文3が実行されます。簡単な例を見てみましょう。

if文を利用した例　　　　　　　　　　　　　　　**SAMPLE** 2.JavaScript/Basic/ifelse.html

```
<!DOCTYPE html>
<html>
  <head>
    <meta charset="UTF-8">
    <script>
      function check() {
        let a = document.getElementById("i0").value;
        let b = document.getElementById("i1").value;
        if (a == b) {
          document.getElementById("result").textContent = "同じ！";
        } else {
          document.getElementById("result").textContent = "はずれ";
        }
      }
```

```
        </script>
      </head>
      <body>
        <h2>神経衰弱</h2>
        カード１:<input id="i0" value="3">
        カード２:<input id="i1" value="5">
        <button onclick="check()">check</button>
        <p id="result"></p>
      </body>
    </html>
```

ブラウザ表示結果

　ボタンを押すと２つのカードの比較結果が表示されます。同じ数字なら「同じ!」と、違う数字なら「はずれ」と表示されます。非常に原始的な例ですが、実際の神経衰弱ゲームでも同じような処理を行っています。

✏️ **チャレンジ!** ▶ 身長と体重から肥満度を判断する

身長と体重を入力値として受け取り、BMIを計算し、その判定結果を表示するページを作ってください。BMIは「体重kg/（身長m）²」という計算式で求められ、18.5未満の場合には痩せすぎ、25以上は肥満気味、その中間は標準とされています。

SAMPLE 2.JavaScript/Basic/BMI.html

```
<!DOCTYPE html>
<html>
  <head>
    <meta charset="UTF-8">
    <script>
      function calcBMI() {
        // ここにコードを記述してください
      }
    </script>
  </head>
  <body>
    <h2>BMI計算機</h2>
    身長(m):<input id="i0" value="1.7">
    体重(kg):<input id="i1" value="65">
    <button onclick="calcBMI()">check</button>
    <p id="result"></p>
  </body>
</html>
```

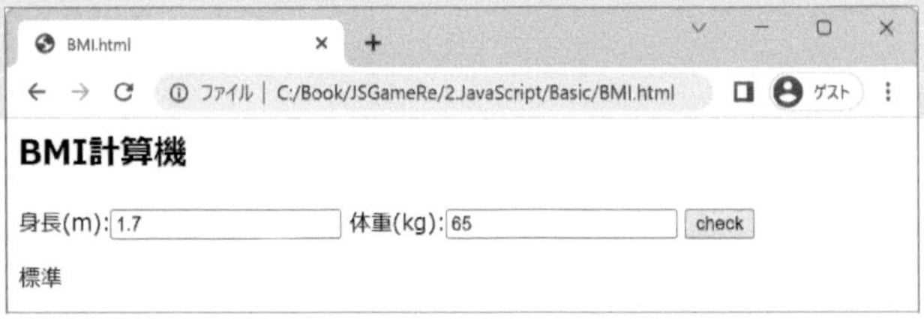

ブラウザ表示結果

2-3-3 | 複数の条件式を組み合わせる —— ANDとOR

条件式を1つ以上組み合わせる必要に迫られることもあるでしょう。

- 「残り1機 **かつ** 敵の弾が当たった」という条件のときにゲームオーバーにする
- 「スペード **もしくは** クローバ」という条件のときにカードをオープンする
- 「ある数値が100以上 **かつ** 200未満」のときに当たりとする

ゲームによっていろいろな状況が考えられるでしょう。個々の条件式は複数組み合わせることができます。

- AND条件式　　　条件式1 && 条件式2 && 条件式3 …
- OR条件式　　　条件式1 || 条件式2 || 条件式3 …

AND条件式は「かつ」です。すべての条件式がtrueのときに全体がtrueとなります。一方、OR条件式は「もしくは」です。個々の条件式のどれかがtrueのときに全体がtrueとなります。例を見てみましょう。

```
let a = true && true && true;          a = true
let b = true && false && true;         b = false
let c = true && true && false;         c = false

let d = true || false || false;        d = true
let e = false || true || false;        e = true
let f = false || false || false;       f = false
```

以下のようにANDとORを組み合わせることも可能です。

```
(条件式1 && 条件式2) || (条件式3 && 条件式4)
```

この例では、条件式1と条件式2がともにtrueか、もしくは、条件式3と条件式4がともにtrueのときに全体がtrueとなります。

AND条件とOR条件をテストするページを次に示します。

AND条件とOR条件をテストするページ　　　　　　　　　　**SAMPLE** 2.JavaScript/Basic/andor.html

```
<!DOCTYPE html>
<html>
  <head>
    <meta charset="UTF-8">
    <script>
      function update() {
        let a = document.getElementById("a").checked;
        let b = document.getElementById("b").checked;
        let c = document.getElementById("c").checked;
        document.getElementById("r0").textContent = a && b && c;
        document.getElementById("r1").textContent = a || b || c;
```

```
        }
      </script>
    </head>
    <body>
      <h2>AND/ORテスト</h2>
      A:<input id="a" type="checkbox" onchange="update()">
      B:<input id="b" type="checkbox" onchange="update()">
      C:<input id="c" type="checkbox" onchange="update()">
      <p>
         A && B && C => <span id="r0"></span><br>
         A || B || C => <span id="r1"></span><br>
      </p>
    </body>
</html>
```

ブラウザ表示結果

複数の条件式の判断

以下のような条件式があったとします。

```
if (条件式1 && 条件式2 && 条件式3 && 条件式4) {
```

条件式が組み合わされた場合、左から右へ順番に評価が行われます。すなわち、条件式1→条件式2→条件式3→……と実行されます。ここで、条件式2がfalseだったとします。この時点で、全体の条件式はfalseとなり、条件式3や4が評価されることはなくなります。いったいなぜでしょうか？ &&で複数の条件を組み合わせた場合、どれか1つでもfalseだと全体がfalseになりましたね。つまり、1つでもfalseがあると、その時点で全体の結果が決まってしまい、それ以降の条件式を実行することは無駄になるからです。一方、

```
if (条件式1 || 条件式2 || 条件式3 || 条件式4) {
```

という条件式の組み合わせがあったとします。この場合も条件式1→条件式2→……と左から評価が行われます。どれか1つでも結果がtrueになった場合には、その時点で条件式の評価は中止され、条件式の組み合わせ結果はtrueとなります。

JavaScriptを見ていると、以下のような記述を見かけることがあります。

```
let a = b || 3;
```

一見すると何がしたいのかわかりづらい記述ですが、条件式の挙動をうまく利用した一例です。bに何らか値が入っていれば、aにはbの値が代入されます。bに値があるということは条件式の評価ではtrueとみなされ、|| より右は実行されません。

一方、bに値が何も入っていない場合、条件式bはfalseとみなされ、|| より右の条件式の評価が行われます。この場合は、評価結果は3となり、aには3が代入されます。つまり、デフォルトの値を簡単に設定することができるのです。知っていると便利な小技の1つです。

たとえば、以下は税込みの価格を計算する関数です。「calcTax(価格，税)」と呼び出しますが、この税が省略された場合、taxには値が入っていないため、||の右側の値1.1がtaxに代入されます。

```
function calcTax(price, tax){
    tax = tax || 1.1;
    price *= tax;
    return price;
}
```

このようにデフォルト値を使用するときなどに使われることがあります。

```
calcTax(1000, 1.08);                        1080が返る
calcTax(1000);                              1100が返る
```

2-3-4 | 条件式 — switch文

条件のパターンが多いときに、else ifを連続して使いたくなるかもしれません。

else ifで複数の条件を表現　　　　　　　　　**SAMPLE** 2.JavaScript/Basic/elseifelseif.html

```
<!DOCTYPE html>
<html>
  <head>
    <meta charset="UTF-8">
    <script>
    window.onload = function () {
      let str = "";
      let day = new Date().getDay();    ←1
      if (day == 0) {
        str = "日";
      } else if (day == 1) {
        str = "月";
      } else if (day == 2) {
        str = "火";
      } else if (day == 3) {
        str = "水";
      } else if (day == 4) {
        str = "木";
      } else if (day == 5) {
        str = "金";
      } else if (day == 6) {
        str = "土";
      }
```

```
                document.getElementById("day").textContent = str;
        };
    </script>
    </head>
    <body>
        <h1>今日は<span id="day"></span>曜日</h1>
    </body>
</html>
```

ブラウザ表示結果

■のgetDay()は曜日を返す関数です。「new Date().getDay()」で今日の曜日が取得できます。この程度の例であれば、else ifが連続しても見通しはそれほど悪くありませんが、条件式が複数行になってくると、一目では何をしているのかわかりにくくなります。

ある変数や式の取り得る値が複数パターンあり、それぞれに別の処理が必要な場合は、else ifではなくswitch文を使うことができます。switch文は以下のように記述します。

switch文の書式

switchの直後のカッコ()の中に変数もしくは式を記述します■。その値が値1だったときに命令文1が②、値2だったときに命令文2が④……というようにパターンごとに適切な命令が実行されます。

case値の後ろは「;」(セミコロン)ではなく「:」(コロン)であることに注意してください。

それぞれのパターンの命令文の終わりにはbreakを挿入し③⑤、処理がそこで終了する旨を明記します。breakを入れ忘れると、次のcaseも続けて実行されてしまいます。この動きを意図的に使う人もいますが、わかりにくいバグにつながるので、各caseの処理が終了したときには必ずbreakを挿入する習慣をつけたほうがよいでしょう。

値がどれにも該当しない場合もカバーしたい場合はcaseの代わりにdefaultを記述します。先ほどの例(elseifelseif.html)をswitchで書き換えた例を以下に示します。

switch文を利用した例（elseifelseif.htmlをswitchで書き換え）　

```html
<!DOCTYPE html>
<html>
  <head>
    <meta charset="UTF-8">
    <script>
      window.onload = function () {
        let str = "";
        let day = new Date().getDay();
        switch (day) {
          case 0:
            str = "日";
            break;
          case 1:
            str = "月";
            break;
          case 2:
            str = "火";
            break;
          case 3:
            str = "水";
            break;
          case 4:
            str = "木";
            break;
          case 5:
            str = "金";
            break;
          case 6:
            str = "土";
            break;
        }
        document.getElementById("day").textContent = str;
      };
    </script>
  </head>
  <body>
    <h1>今日は<span id="day"></span>曜日</h1>
  </body>
</html>
```

少し見通しがよくなった気がしませんか？

チャレンジ! ▶ 西暦から干支（十干と十二支）を表示する

以下に示すページを元に、西暦から干支（十干と十二支）を表示するページを作ってください。十干は西暦を10で割った余りからなり、余りが0から順に庚、辛、壬、癸、甲、乙、丙、丁、戊、己となります。十二支は西暦を12で割った余りからなり、余りが0から順に申、酉、戌、亥、子、丑、寅、卯、辰、巳、午、未となります。

SAMPLE 2.JavaScript/Basic/switch-eto.html

```html
<!DOCTYPE html>
<html>
  <head>
    <meta charset="UTF-8">
    <script>
      function jikkan(year) {
        // ここにコードを記述してください（十干）
      }

      function junishi(year) {
        // ここにコードを記述してください（十二支）
      }

      function calc() {
        let y = document.getElementById("year").value;
        // ここにコードを記述してください
      }
    </script>
  </head>
  <body>
    <h2><span id="y"></span>年の干支は<span id="e"></span></h2>
    <p>
      <input id="year" value="2023">
      <button onclick="calc()">計算</button>
    </p>
  </body>
</html>
```

ブラウザ表示結果

2023年の干支は癸卯

2025年の干支は乙巳

2-3-5 | 条件式 ── 三項演算子

　複雑なelse ifは、switchでシンプルになる場合もあることを見てきました。逆に「trueのときは値A、falseのときは値Bを代入する」というように非常に単純な条件分岐が必要になることもあります。もちろんif文を使っても記述できますが、JavaScriptを含む多くの言語では、単純な条件分岐をより簡潔に記述するために三項演算子というものが用意されています。次のように記述します。

三項演算子の書式

条件式 ? 命令文1 : 命令文2

　条件式がtrueのときに命令文1が実行され、falseのときに命令文2が実行されます。3つの要素（1つの条件と2つの命令文）を「?」と「:」という演算子で関連付けるので「三項演算子」と呼ばれます。

　例を見てみましょう。

```
document.getElementById("info").textContent = (v % 2 == 0) ? "even" : "odd";
```

　変数vの値が偶数であれば画面に「even」と表示され、奇数であれば「odd」と表示されます。

　%は余りを求める演算子です。2で割った余りが0なら条件式がtrueとなり、最初の命令文が実行されます。上の例では単なる「even」という文字列なので、その値が「info」という<id>属性を持つ要素のtextContentに代入されます。

　if文を使ってこの例を記述すると2〜3行は必要になるでしょう。単純な条件処理であれば三項演算子を使うと簡便に記述できます。

　ちなみに、「++」「−−」のような演算子を「単項演算子」と呼びます。「+」「-」「*」「/」「%」といった演算子は2つの数値の演算を行うので「二項演算子」と呼ばれます。

JavaScriptの基本

配列と繰り返し

2-4

ここでは、複数の値を一括して管理する配列と、それらを繰り返して処理する方法について学びます。配列は、どのプログラミング言語でも基本となる要素です。しっかりマスターしましょう。

2-4-1 | 配列の使い方

同じ種類のものがたくさんある場合、それらを順番に並べると扱いやすくなります。実生活でも、出席番号順に生徒を整列させる、テストの平均点を計算するなど、さまざまな状況で行っている作業でしょう。プログラミングでも同じです。敵キャラクター、落ちてくるブロック、敵の弾（座標や速度／向き）、トランプカードなど、同じ種類のものがたくさんある場合に、それらを並べて管理します。

たとえば、5人の点数の平均を計算する必要があったとします。

```
let scoreA = 50, scoreB = 70, scoreC = 37, scoreD = 90, scoreE = 67;
let average = (scoreA + scoreB + scoreC + scoreD + scoreE) / 5;
```

5人位なら、なんとかなります。しかし、これが100人になったらどうでしょうか？　100個も変数を宣言するのは大変ですよね。ミスをする可能性も高くなります。修正も面倒です。

このような場合に、配列という機能を使用します。JavaScriptでは[ ]でくくられた部分が配列となります。配列の中のデータはカンマ区切りで並べます。データの種類は数値でも文字列でも何でもかまいません。

配列は箱の中に複数のデータを格納できる

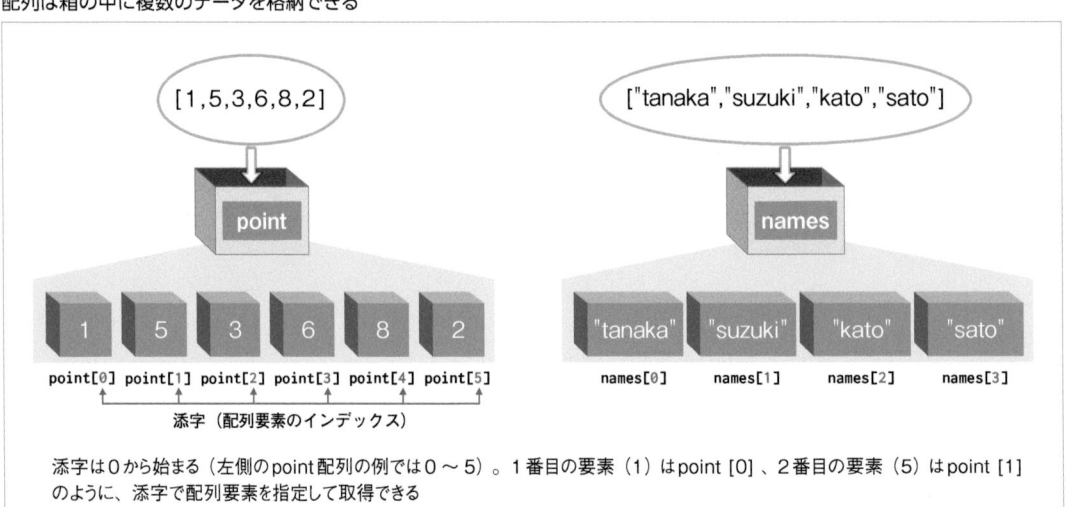

添字は0から始まる（左側のpoint配列の例では0〜5）。1番目の要素（1）はpoint [0]、2番目の要素（5）はpoint [1]のように、添字で配列要素を指定して取得できる

配列の宣言

```
let point = [1, 5, 3, 6, 8, 2];
let names = ["tanaka", "suzuki", "kato", "sato"];
```

　配列の中の個々の要素にアクセスするときは、変数名の後ろに添字（[先頭からの順番]）を指定します。この数値は、0から始まることに注意してください。

`let a = point[0];`	a = 1
`let b = point[1];`	b = 5
`let c = point[2];`	c = 3
`let x = names[0];`	x = "tanaka"
`let y = names[1];`	y = "suzuki"
`let z = names[2];`	z = "kato"

　配列に含まれている要素の個数は、「配列の変数名.length」とすると取得できます。

配列の要素数を取得

`let p = point.length;`	p = 6
`let q = names.length;`	q = 4

　配列を使って先ほどの平均点の例を表現すると以下のようになります。

```
let scores = [50, 70, 37, 90, 67];
let average = (scores[0] + scores[1] + scores[2] + scores[3] + scores[4]) / scores.length;
```

　たくさんの変数を宣言しなくても済むようになりました。ただ、これだけだとありがたみは感じられません。しかし、次に説明する繰り返し文と組み合わせると配列はその威力を発揮します。

 チャレンジ! ▶ 配列を定義してみよう

どんな内容でもかまいません。自分で配列を定義してみましょう。

配列の定義例　　　　　　　　　　　　　　　**SAMPLE** 2.JavaScript/Basic/array.html

```
let subjects = ["数学", "英語", "国語", "社会", "理科"];
let jikkan = ["庚", "辛", "壬", "癸", "甲", "乙", "丙", "丁", "戊", "己"];
```

2-4-2 │ 繰り返し —— for 文

　配列を使うと同じ種類のデータを並べて管理できます。何のために並べたのでしょうか？　順番に何らかの処理をするためです。でなければ配列にする意味がありません。ここではfor文の定義と、for文を使って配列の要素を順番に処理する方法をご紹介しましょう。「配列」と「for文」の組み合わせ、これは「条件式」と「if文」の組み合わせに優るとも劣らない、プログラミングにおける最強タッグといっても過言ではありません。あらゆるところで使用されるテクニックなのでぜひとも慣れるようにしてください。

　for文は、ある条件下で処理を繰り返すときに使用します。英語のループ（loop）は輪を意味しますが、処理を繰り返すことを「ループ」と呼びます。

for文の書式

```
for (初期化式 ; ループ継続の条件式 ; カウンタ変数の更新) {
    命令文        ◀ 3
}
```

for文は以下のような順序で実行します。

1 初期化式を実行
2 ループ継続の条件式がtrueであればステップ 3 へ、falseであればfor文終了
3 命令文の実行
4 カウンタ変数の更新
5 ステップ 2 に戻る

for文を使って先ほどの点数の平均を求める部分を書き直すと以下のようになります。

```
let scores = [50, 70, 37, 90, 67];
let total = 0, average;

for (let i = 0 ; i < scores.length ; i++) {
    total += scores[i];        ◀ 3
}
average = total / scores.length;
```

ループ1回目は次のようになります。

1 for文でカウンタ変数iを0で初期化
2 配列のlengthプロパティで配列に含まれる個数を取得。scoresには5個データが含まれているので、scores.lengthは5となる。「i<scores.length」は0 < 5なので条件式はtrue、よって、命令文が実行される

3 命令文「total += scores[i]」はiが0なので、「total += scores[0]」となる。scoresの先頭の値は50なので、変数の値は「total = 0 + 50 = 50」となる

4 i++を実行することでiの値が1増加して0から1になる

5 ステップ 2 に戻り、条件式の評価から処理が継続される

ループ2回目以降の各値は以下のようになります。

ループ2回目以降の値

ループ	i	条件式	命令文（totalの値）
2回目	1	1＜5はtrue	total += scores[1]で total = 50 + 70 = 120
3回目	2	2＜5はtrue	total += scores[2]で total = 120+ 37 = 157
4回目	3	3＜5はtrue	total += scores[3]で total = 157+ 90 = 247
5回目	4	4＜5はtrue	total += scores[4]で total = 247+ 67 = 314
6回目	5	5＜5はfalse	命令文は実行されず、for文の次へ

チャレンジ! ▶ 1から指定した数までの合計を求める

1からNまでの数値の合計を求めるページを作ってみましょう。以下のコメント部分にコードを記入してください。

SAMPLE 2.JavaScript/Basic/1-to-N.html

```html
<!DOCTYPE html>
<html>
  <head>
    <meta charset="UTF-8">
    <script>
      function calcSum() {
        let max = document.getElementById("max").value;
        // ここにコードを記述してください
        document.getElementById("val").textContent = max;
        document.getElementById("sum").textContent = total;
      }
    </script>
  </head>
  <body>
    <h2>1から<span id="val"></span>の合計は<span id="sum"></span></h2>
    <input id="max" value="10">
    <button onclick="calcSum()">合計</button>
  </body>
</html>
```

ブラウザ表示結果

1から10の合計は55

2-4-3 | 繰り返し —— while 文

while文は、for文とよく似ています。ループ継続の条件式がtrueである間、命令文の実行を繰り返します。

while 文の書式

```
while (ループ継続の条件式) {
    命令文
}
```

 チャレンジ! ▶ for文の演習のプログラムをwhile文を使って書き直してみよう

while文を使ってp.087のチャレンジ!「1から指定した数までの合計を求める」ページを書き直してみましょう。

SAMPLE 2.JavaScript/Basic/1-to-N-while.html

ちなみに、for文の初期化式とカウンタ更新を省略すると、while文とまったく同じ動きになります。そのため、while文は、for文で代用することも可能です。事前に繰り返しの回数が決まっているときはfor文、そうでないときはwhile文というのが使い分けの目安になります。

以下は同じ

```
while (ループ継続の条件式) {
  ...
}
```

```
for (;ループ継続の条件式;) {
  ...
}
```

2-4-4 | 繰り返し —— continue 文、break 文

continueとbreakは、for文やwhile文といったループ処理において、その流れを変えるための命令です。

while文の場合

```
while (条件式1) {
  ...
  if (条件式2) {
      continue;    ←条件式1へ
  }
  ...
  if (条件式3) {
      break;     ←ループを抜ける
  }
  ...
}
```

while 文で continue が呼び出されると、continue 文以降の処理は実行されることなく、「条件式 1」の評価に戻り、while 文の処理が継続されます。

break 文が呼び出されると、ループの処理が終わり、制御が while 文の次に移動します。

for 文の場合

```
for (初期化式; 条件式1; カウンタ更新) {
    ...
    if (条件式2) {
        continue;          ←─ カウンタ更新へ
    }
    ...
    if (条件式3) {
        break;             ←─ ループを抜ける
    }
    ...
}
```

一方、for 文の場合は、continue が呼び出されると、continue 文以降の処理は実行されることなく、カウンタ更新に処理が移動し、そのあと条件式 1 の評価が行われ、for 文の処理が継続されます。break 文が呼び出されると、ループの処理が終わり、制御が for 文の次に移動します。このように continue 〜 break を使うと、ループ処理の中で細かい制御ができるようになります。

for 文または while 文で continue/break 文が呼び出された場合

	for	while
continue	ループの先頭へ戻る。その際にカウンタ（ループ変数）更新処理が行われ、条件式の評価が行われる。条件が成立している場合はループの処理が実行される	ループの先頭へ戻る。条件式の評価が行われる。条件が成立している場合はループの処理が実行される
break	for ループを抜けて次の処理へ進む	while ループを抜けて次の処理へ進む

このほかにも do 〜 while 文などを使って繰り返し処理の制御を行うことができますが、当面はこれだけ覚えていれば十分でしょう。

while 文は、事前に回数が決まっていない場合に便利です。たとえば、数当てゲームで正解を出すまで繰り返すような場合です。

```
while(1) {
    if (正解) {
        break;
    }
}
```

対して for 文は、事前に繰り返す回数がわかるときに適しています。たとえば、20 個の敵を順番に動かすような場合です。

```
for(let i = 0 ; i < 20 ; i++ ){
    emeny[i]. move();
}
```

チャレンジ! ▶ for文で回文を表示するページを作ろう

for文を使って回文を表示するページを作りましょう。文字列の長さは「文字列変数.length」で、文字列のN番目の文字は「文字列.charAt(N)」で取得できます。

SAMPLE 2.JavaScript/Basic/kaibun.html

```html
<!DOCTYPE html>
<html>
  <head>
    <meta charset="UTF-8">
    <script>
      function kaibun() {
        // ここにコードを記述してください
      }
    </script>
  </head>
  <body>
    <input id="source">
    <button onclick="kaibun()">回文</button>
    <p id="result"></p>
  </body>
</html>
```

ブラウザ表示結果

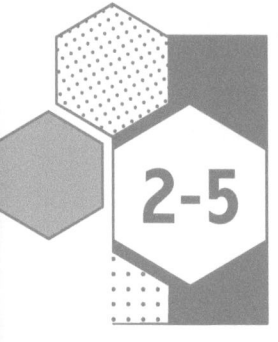

関数

2-5

関数とは、「ある程度まとまった処理を1つの機能として抽象化する」という働きをするものです。プログラミングの発展の歴史は、抽象化を進めてきた歴史といってもよいでしょう。関数は、最初のレベルの抽象化にあたります。

2-5-1 | 関数の定義

　中学数学で、一次関数「y=ax+b」、二次関数「y =ax^2+bx+c」というように関数について学習しましたよね。関数は変数xに値を入れるとyの値が決まるので、「y=f(x)」とも表記されます。このように、関数は、入力値を受け取って、何らかの処理を行い、その結果を出力として返すものでした。プログラミングにおける関数も同じです。関数とは、引数（ひきすう）と呼ばれる入力値を受け取って、何らかの処理を行い、その結果を戻り値として返すものです。たとえば、Math.max()という関数は、2つの引数から大きいほうの値を返します。

関数は引数を処理して戻り値を返す

　JavaScriptでは、以下のようにfunctionというキーワードを使って関数を定義します。戻り値を返すときにはreturn文を使います。戻り値が不要なときはreturn文を省略できます。

関数の定義

```
function 関数名(引数1, 引数2, ……) {
    何らかの処理    ←引数（受け取った値）を使った処理を記述する
    return 戻り値;  ←処理の結果（関数が戻す値）
}
```

　関数は一度定義してしまえば、何度でも気軽に呼び出せます。内部構造や動作原理を理解していなくても利用できる装置や機構のことを「ブラックボックス」といいますが、関数もまさにブラックボックスと同じです。
　簡単な例を示しましょう。2つの数値を引数として受け取り、それらを足した結果を返す関数add()は、次のようになります。

```
function add(a, b) {
    return a + b;
}

let f = add(2, 5);                        f = 7
```

関数を呼び出す場合は、関数名の直後に「（引数1, 引数2,……）」というように、カッコの中に引数を指定します。引数の個数は自由に指定できますが、呼び出される側が意図している引数を設定しましょう。

　たとえば、上の例にある関数add()は2個の引数が渡されることを前提としています。したがって、呼び出し側も2個の引数を指定してください。引数を0個、1個、3個と違った個数で呼び出すと、正しい足し算の結果は取得できません。関数が正しく動作するためには適切な引数が必要になりますが、適切な引数を指定するのは呼び出し側の責任です。ちなみに、関数によっては引数がないものや戻り値がないものもあります。

 チャレンジ! ▶ 摂氏を華氏に変換する関数を定義してみよう

摂氏（celsius）から華氏（fahrenheit）に変換する関数c2f()を定義してください。計算結果が小数点になるかもしれません。「Math.floor(小数点を含む任意の数値)」を使うと、小数点以下を切り捨てた整数値を得ることができます。

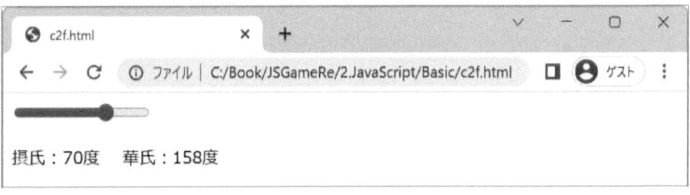

SAMPLE 2.JavaScript/Basic/c2f.html

```html
<!DOCTYPE html>
<html>
  <head>
    <meta charset="UTF-8">
    <script>
      function c2f(c) {
        // ここにコードを記述してください
      }

      function convert() {
        let c = document.getElementById("celsius").value;
        let f = c2f(c);
        let s = "摂氏：" + c + "度　華氏：" + f + "度";
        document.getElementById("result").textContent = s;
      }
    </script>
  </head>
  <body>
    <input id="celsius" type="range" min="0" max="100" onchange="convert()">
    <p id="result"></p>
  </body>
</html>
```

変数のスコープ

変数が使える範囲を**スコープ**と呼びます。変数はどこで宣言するかによって、使用できる範囲が変わってきます。関数の中で宣言した変数は関数の中からしか使用できません。一方、関数の外で宣言した変数は、どこからでも使用することができます。このような変数を**広域変数**もしくは**グローバル変数**と呼びます。

変数のスコープ　　　　　　　　　　　　　　　　　　**SAMPLE** 2.JavaScript/Basic/scope.html

```
<script>
  let count = 0;

  function test(e) {
    let a = "hello";
    for (let i = 0; i < 3; i++) {
      console.log("count=" + count + " i=" + i);     ← 変数iのスコープ     ← 変数eとaのスコープ
      console.log(a)
    }
    count++;
  }
  function init() {
    count = 10;
  }
</script>
```

（左側に「グローバルスコープ」の縦書きラベルと上下矢印）

変数 count は、関数の外で宣言されています。つまり、広域変数でグローバルスコープとなり、どこからでも参照することができます。上記の例でも、関数 test() や関数 init() の中で count を参照しています。一方、let で宣言された変数や関数の引数は、その変数を囲む直近の { } の中でしか使用できません。たとえば、関数 test() の引数 e や変数 a は、関数 test() の中でしか使用できません。for 文のループ変数 i は、for 文で繰り返し処理を行う { } の中でしか使用できません。

var で宣言された変数は、その変数が宣言された関数全体がスコープとなりますが、let で宣言された変数はブロックスコープ（直近の {} の範囲）となります。

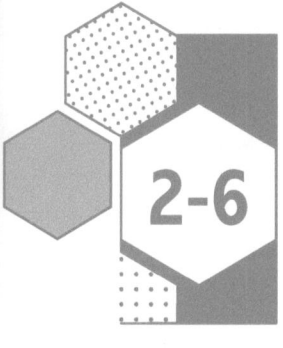

プログラムのバグをとる作業（デバッグ）

2-6

予想した通りにプログラムが動けばよいのですが、現実はそれほど甘くありません。一般的に、デバッグとは問題を特定して修正する作業を意味しますが、他人の書いたコードを理解する場合にもとても有用なスキルとなります。

2-6-1 ブラウザのデバッガ

　デバッグとはプログラムの不具合を特定して、その問題を修正することです。デバッグをするためのツールをデバッガと呼びます。最初に書いたプログラムがそのまま問題なく動作するということはまずありません。開発をしているとほぼ例外なくデバッグというプロセスが必要になります。デバッガを使うとプログラムを1行ずつ実行できるので、不具合の特定はもちろん、プログラムの動作理解にもとても役に立ちます。デバッガを制するものはプログラミングを制するといっても過言ではありません。そのくらいデバッガの習得は重要なスキルです。ぜひ、この機会にデバッガに慣れるようにしてください。

　最近のブラウザには開発ツールが付属しており、その中からデバッガを起動することができます。ブラウザのバージョンアップサイクルは早いため、本書の画面と実際の様子は異なるかもしれません。しかし、デバッグの基本的な操作手順は変わりません。以下は多くのブラウザに備わっている主なデバッグ機能です。

- **ブレークポイントの設定／解除**
  プログラムを一時停止させる場所をブレークポイントと呼びます。その場所を設定したり、解除したりする機能です。

- **ステップ実行**
  1行ずつ実行していく機能です。
  ステップイン：次の行を実行します。次の行が関数の場合、その関数の最初の行へ制御を移します。
  ステップオーバー：次の行を実行します。次の行が関数の場合、その関数を実行したあとで、関数の外で止まります。
  ステップアウト：現在の関数を最後まで実行し、呼び出し元の関数に戻ります。

- **変数の確認**
  変数にどんな値が格納されているか確認する機能です。広域変数とローカル変数を整理して表示したり、自分で変数を指定したりすることができます。「ウォッチ」機能とも呼ばれます。

- **コールスタックの確認**
  ある関数Aが関数Bを呼び出し、関数Bが関数Cを呼び出し、と関数呼び出しがどんどん深くなっていくことがあります。その関数呼び出しの履歴をコールスタックと呼びます。「呼び出し履歴」と翻訳されることもあります。

例として、p.092のチャレンジ！で作った摂氏から華氏に変換するページ（c2f.html）でデバッガを使ってみましょう。

摂氏から華氏に変換 (p.092のチャレンジ!)　　　　　　　　　**SAMPLE** 2.JavaScript/Basic/c2f.html

```html
<!DOCTYPE html>
<html>
  <head>
    <meta charset="UTF-8">
    <script>
      function c2f(c) {
        let f = (9 / 5) * c + 32;
        return Math.floor(f);
      }

      function convert() {
        let c = document.getElementById("celsius").value;
        let f = c2f(c);
        let s = "摂氏：" + c + "度　華氏：" + f + "度";
        document.getElementById("result").textContent = s;
      }
    </script>
  </head>
  <body>
    <input id="celsius" type="range" min="0" max="100" onchange="convert()">
    <p id="result"></p>
  </body>
</html>
```

Google Chrome の場合

　ページを表示中にキーボードの［F12］キーを押下（あるいは、メニューの ⋮ →［その他のツール］→［デベロッパーツール］を選択）すると、デバッグツール（DevTools）が起動します（下図）。「Sources（ソース）」タブを選択し（❶）、左側の「Page（ページ）」タブに表示されているHTMLファイル（c2f.html）を選択すると（❷）、画面にHTMLファイルのコードが行番号とともに表示されます。そこで、関数convert()の1行目（行番号12）の左側の空き領域をクリックして（❸）、関数にブレークポイントを設定します。正しく設定されると、行番号の部分が強調表示されます。その状態で、画面左側に表示されているスライダバー（❹）を操作すると、関数が呼び出され、ブレークポイントで実行が一時停止します。

Chromeのデバッガ（DevTools）

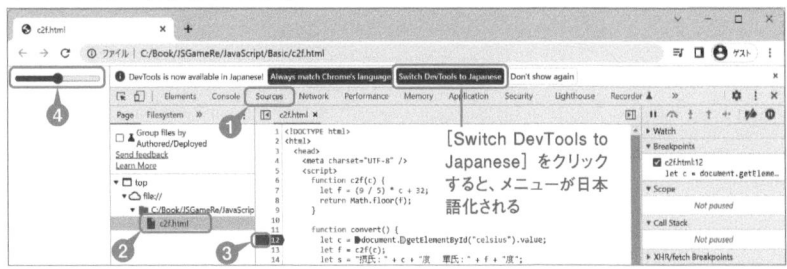

現在、p.095「Chrome のデバッガ（DevTools）」画面のように、実行が停止されている行番号がハイライトして表示されているはずです。画面右のScope（範囲）ウィンドウで、ローカル変数や広域変数、そのほか任意の変数の値を見ることができます。

ここでツールバーにある3つのボタンを使って処理を進めていきます。ブラウザのバージョンによってアイコンが異なりますが、どこかにこの3つの機能を持つボタンがあるはずです。

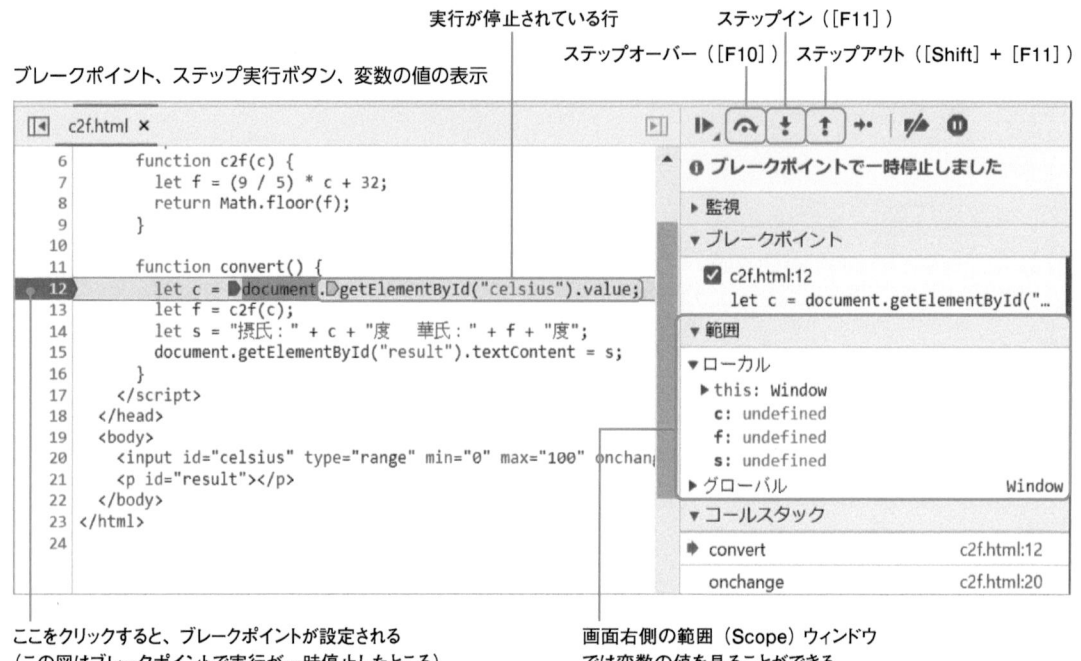

ここをクリックすると、ブレークポイントが設定される
（この図はブレークポイントで実行が一時停止したところ）

画面右側の範囲（Scope）ウィンドウ
では変数の値を見ることができる

ステップ実行の機能概要

機能	実行方法	概要
ステップオーバー	または [F10]	処理を1行進める。実行した行に関数が記述されていても関数には移動しない
ステップイン	または [F11]	処理を1行進める。実行した行に関数が記述されている場合、関数へ移動する
ステップアウト	または [Shift] + [F11]	現在の行の呼び出し元の関数の処理が終わるまで実行し、関数から抜ける

※実行方法の機能アイコンはChromeのもの。

上記の状態でステップオーバーアイコン をクリック（もしくは [F10] キーを押下）すると、以下のように「let f = c2f(c);」の行にフォーカスが移動します。

ステップオーバー（13行目へ移動）

```
10
11       function convert() {
12         let c = document.getElementById("celsius").value;  c = "63"
13         let f = c2f(c);
14         let s = "摂氏：" + c + "度　華氏：" + f + "度";
15         document.getElementById("result").textContent = s;
16       }
```

続けて、ステップイン ↕ を実行すると、以下のようになります。

ステップイン (7行目へ移動)

```
 6        function c2f(c) {  c = "63"
 7            let f = (9 / 5) * c + 32;
 8            return Math.floor(f);
 9        }
10
11        function convert() {
12            let c = ▶document.▶getElementById("celsius").value;
13            let f = c2f(c);
14            let s = "摂氏：" + c + "度　華氏：" + f + "度";
15            document.getElementById("result").textContent = s;
16        }
```

関数c2f()の中に制御が移動していることがわかります。その後、ステップアウト ↑、ステップオーバー ⌒と実行すると、以下のようになります。

ステップアウト→ステップオーバー (15行目)

```
10
11        function convert() {
12            let c = ▶document.▶getElementById("celsius").value;  c = "63"
13            let f = c2f(c);  f = 145
14            let s = "摂氏：" + c + "度　華氏：" + f + "度";  s = "摂氏：63度　華氏：145度"
15            document.getElementById("result").textContent = s;
16        }
```

Microsoft Edge の場合

ページを表示中にキーボードの [F12] キーを押下（あるいは、メニューの … → [その他のツール] → [開発者ツール] を選択）すると、デバッグツール（開発者ツール）が起動します（下図）。

「ソース」タブを選択し（❶）、左側の「ページ」タブでHTMLファイル（c2f.html）を選択すると（❷）、HTMLファイルのコードが行番号とともに表示されます。そこで、関数convert()の1行目（行番号12）の左側の空き領域をクリックして（❸）、関数にブレークポイントを設定します。正しく設定されると、行番号の部分が強調表示されます。その状態で、画面左側に表示されているスライダバー（❹）を操作すると、関数が呼び出され、ブレークポイントで実行が一時停止します。

Edgeのデバッガ（開発者ツール）

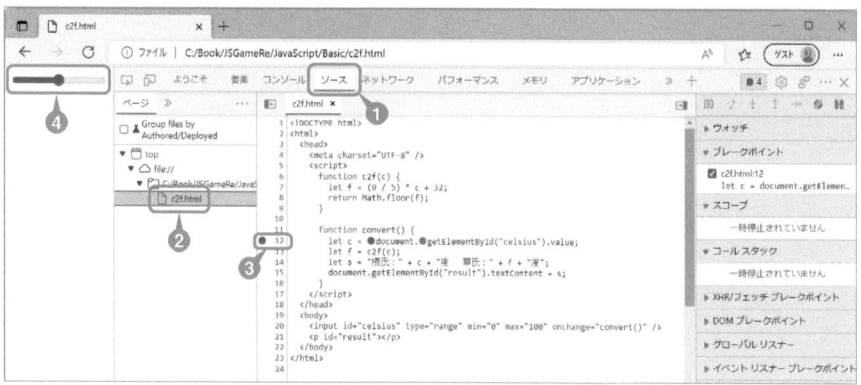

現在、p.097「Edge のデバッガ（開発者ツール）」画面のように、実行が停止されている行番号がハイライトして表示されているはずです。画面右のスコープウィンドウで、ローカル変数や広域変数、そのほか任意の変数の値を見ることができます。

ここでツールバーにある3つのボタンを使って処理を進めていきます。ブラウザのバージョンによってアイコンが異なりますが、どこかにこの3つの機能を持つボタンがあるはずです。各機能の概要はp.096「ステップ実行の機能概要」を参照してください。

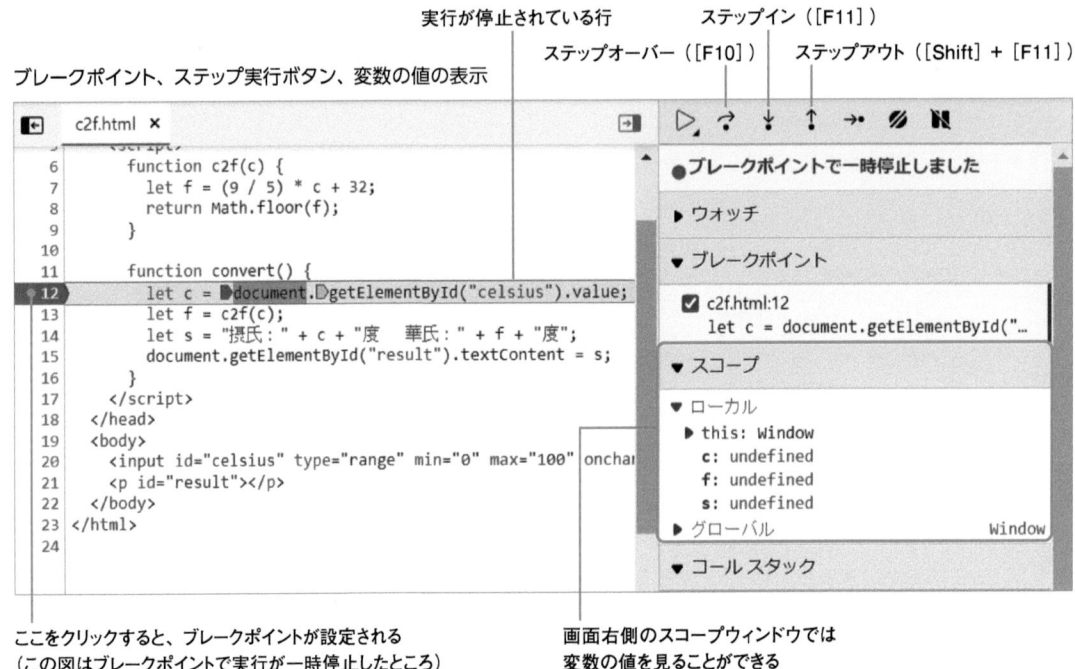

ここをクリックすると、ブレークポイントが設定される
（この図はブレークポイントで実行が一時停止したところ）

画面右側のスコープウィンドウでは
変数の値を見ることができる

上記の状態でステップインアイコン ↓ をクリック（もしくは [F11] キーを押下）すると、以下のように「let f = c2f(c);」の行にフォーカスが移動します。

ステップイン1（13行目へ移動）

```
10
11        function convert() {
12          let c = ▶document.▶getElementById("celsius").value;  c = "77"
13          let f = c2f(c);
14          let s = "摂氏:" + c + "度　華氏:" + f + "度";
15          document.getElementById("result").textContent = s;
16        }
```

このあと、さらにステップイン ↓ を実行すると、次のようになります。

ステップイン2（7行目へ移動）

```
 6          function c2f(c) {  c = "77"
 7              let f = (9 / 5) * c + 32;
 8              return Math.floor(f);
 9          }
10
11          function convert() {
12              let c = ▶document.▷getElementById("celsius").value;
13              let f = c2f(c);
14              let s = "摂氏：" + c + "度　華氏：" + f + "度";
15              document.getElementById("result").textContent = s;
16          }
```

関数c2f()の中に制御が移動していることがわかります。その後、ステップアウト ⬆️ 、ステップオーバー ⬆️ と実行すると、以下のようになります。

ステップアウト→ステップオーバー（15行目へ移動）

```
10
11          function convert() {
12              let c = ▶document.▷getElementById("celsius").value;  c = "77"
13              let f = c2f(c);  f = 170
14              let s = "摂氏：" + c + "度　華氏：" + f + "度";  s = "摂氏：77度　華氏：170度"
15              document.getElementById("result").textContent = s;
16          }
```

✏️ **チャレンジ！** ▶ デバッガを使ってみよう

今まで入力したサンプルプログラムでデバッガを使ってみましょう。いろいろな場所にブレークポイントを設定し、ステップイン、ステップアウト、ステップオーバーでどのように動くか確認してください。その際に変数の値（ローカル変数、広域変数）がどうなるか、コールスタック（呼び出し履歴）がどうなっているかも合わせて確認してください。

▌動かないときは

正しく入力したはずなのに動かない …… おそらく多くの人はそのような状況に遭遇することでしょう。詳しい人に聞くのもよいですが、それは最後の手段として取っておきましょう。試行錯誤する過程で多くのことを学ぶことができるからです。まずは自分である程度解決する努力をすることが大切です。

* **何度も見なおす**

  当然のことですが、自分の書いたコードと本に掲載されているコードを丁寧に見比べてください。きっとどこかに間違いがあるはずです。

* **デバッグをする**

  開発者ツールを使って、どこに問題があるか調べてみましょう。コンソールに何らかのエラーが表示されている可能性も高いので、それにも注意します。いろいろなところにブレークポイントを設定し、どこで何が起きているのか把握することは非常に良い勉強になるはずです。

- **バグを確実に再現する手順を見つける**

  何らかのきっかけで動作がおかしくなることもあるでしょう。そんなときはその不具合を確実に再現できる手順を見つけるとバグの特定が早くなります。その手順に該当する箇所にブレークポイントを設定し、何が起きているか理解しながら実行していくとよいでしょう。

- **コンソールに情報を出力してみる**

  タイミングの問題でデバッガを使うとバグが再現しないということもあるでしょう。そのような場合は、console.log()を使って各種情報をコンソールに出力し、何が起きているか調べてみましょう。

- **ほかのブラウザ、OSで試してみる**

  HTML5で標準化が進んだとはいえ、まだまだブラウザやOSによって挙動が異なる場合があります。特に新しい機能では挙動が異なることが少なくありません。もしかするとあなたのプログラムではなく、ブラウザの挙動の違いが原因なのかもしれません。行き詰まったときはほかの環境で試してみましょう。

  たとえば、よくあるミスには、以下のようなものがあります。

[よくあるミス] チェックリスト

> ☐ スペルが違う
> ☐ カッコの対応がとれていない
> ☐ 全角文字を使っている

- **スペルが違う**

  実際には一番多いミスの1つです。以下は実際によくあるケースです。何が問題かすぐにわかりますか？

`lat a = 3;`	NG
`let a = 3;`	OK
`document.getElementById("info").textContent = "hello";`	OK
`document.getElementByid("info").textContent = "hello";`	NG

よく見るとletがlatになっている、Idの「i」が小文字になっている、という間違いがあることがわかります。「このくらいのミスは見逃してくれよ」と思われるかもしれませんが、コンピュータはどんな些細なミスも許してくれないのでご注意ください。

- **カッコの対応がとれていない**

  これもよくあるケースです。デバッガでブレークポイントを設定できない場合、これが原因のことがほとんどです。カッコの対応に応じてきちんとソースコードの体裁を整えてくれる統合開発環境を使うことで、このミスを激減させることができます。以下は誤った例です。

```
function init() {
    for (let i = 0 ; i < 10 ; i++) {
        document.getElementById("id"+i).textContent = "";
    }
```

関数が定義されているように見えますが、これは関数として不正です。なぜならカッコの対応がとれていないからです。

```
function init() {  ←──── これに対応するカッコ}がない
    for (let i = 0 ; i < 10 ; i++) {
        document.getElementById("id"+i).textContent = "";
    }
```

- **全角文字を使っている**
  非常に見つけにくいバグです。セミコロンが半角の「;」ではなく、全角の「；」だったり、全角スペースが紛れてしまうこともあります。この手のバグは目視だけでは見つけることが困難です。ブラウザのデバッガを使って不具合の箇所を特定する必要があります。

　頭をかきむしりながら「なぜ動かないんだ!」とイライラすることもあるでしょう。「PCが悪いに違いない」と思ったり、「何でこんなバカなミスをして半日も浪費してしまったんだ!」と落胆することもあるでしょう。みんなそのようなプロセスを経て学習をしていくのです。試行錯誤した分だけ報われるので頑張ってください。

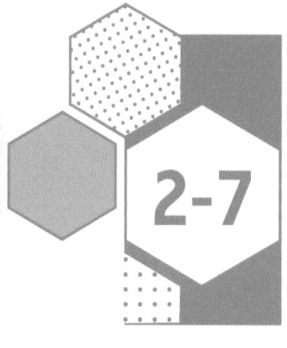

オブジェクト

2-7

今日使われる言語のほとんどは、オブジェクト指向という概念をサポートしています。プログラミング学習を進めるうえで、オブジェクトに慣れることは大きな壁の1つです。最初はとっつきにくいかもしれませんが、何度も繰り返して慣れるよう頑張ってください。

2-7-1 | オブジェクトとは

　辞書で「オブジェクト」を調べると、「物、物体、目的」などと説明されています。実は身の回りの「物」はすべてオブジェクトなのです。物に共通する特徴を捉え、それをプログラムで表現することで問題の解決を図ろうとするのがオブジェクト指向プログラミングの考え方です。

　「オブジェクト」は、数字や文字のようにわかりやすい概念ではないので、最初はとっつきにくい内容です。ただし、プログラミングをするうえで、オブジェクトを避けて通ることはできません。以降の説明を何度も読み返し、慣れるように頑張ってください。

▌プロパティ、メソッド、インターフェース

　オブジェクト指向プログラミングの学習を始める前に、特に重要な概念について最初に説明しておきます。

- **オブジェクト**

  「もの」です。あなたが見るもの、触るもの、すべてがオブジェクトです。ゲームにおける自分、敵、仲間、弾丸……これらもオブジェクトと考えることができます。

- **プロパティ**

  家の中を見回してみましょう。掃除機、炊飯器、テレビ、照明、コタツ、ドライヤーなどいろいろな家電製品がありますが、これらも当然オブジェクトです。では、なぜ掃除機と炊飯器を区別できるのでしょうか？それは掃除機には掃除機の、炊飯器には炊飯器の特徴があるからです。色、大きさ、重さ、機能といったオブジェクトの個々の特徴をプロパティと呼びます。

- **メソッド**

  オブジェクトは何らかの方法で操作できます。テレビなら電源を入れて、チャンネルを変えて、音量を調節して、という具合です。車なら、エンジンをかけて、アクセルを踏んで、ブレーキを踏んで、と操作するでしょう。このようにオブジェクトに対して働きかける個々の操作をメソッドと呼びます。

- **インターフェース**

  新しくテレビを買ったとします。どのメーカーのテレビでも説明書を読まなくても使えるのは、テレビの使い方を知っているからです。新しい車を買ったとしましょう。どのメーカーの車でもすぐに運転できるのは、車の運転方法を知っているからです。テレビの操作、車の運転といった操作には共通点があります。アクセル

とブレーキの位置が車によって違うということはありません。この意味のある操作方法のまとまりのことをインターフェースと呼びます。テレビのインターフェースには、電源のオン／オフ、音量のアップ／ダウンという操作があり、車のインターフェースにはエンジンのオン／オフ、ブレーキ、アクセル、ハンドル操作といったものがあります。前述したように、個々の操作のことを「メソッド」と呼びますが、意味のあるメソッドの集合が「インターフェース」となります。

- **カプセル化**

  私たちがテレビのチャンネルを変えると、テレビの中では、受信周波数を変える、パケットを取り出す、画像をデコードする、というように、非常に複雑な処理が行われます。車も、アクセルを踏むと、ガソリンがエンジンに送られ燃焼系でピストンが動いてと、こちらも大変な作業が行われます。しかし、ユーザーの立場からすると、このようにテレビや車の中で起きていることを意識する必要はありません。このように中で起きていることを隠すことをカプセル化と呼びます。

ここまでの説明をまとめると、以下のような図になります。

プロパティ、メソッド、インターフェース

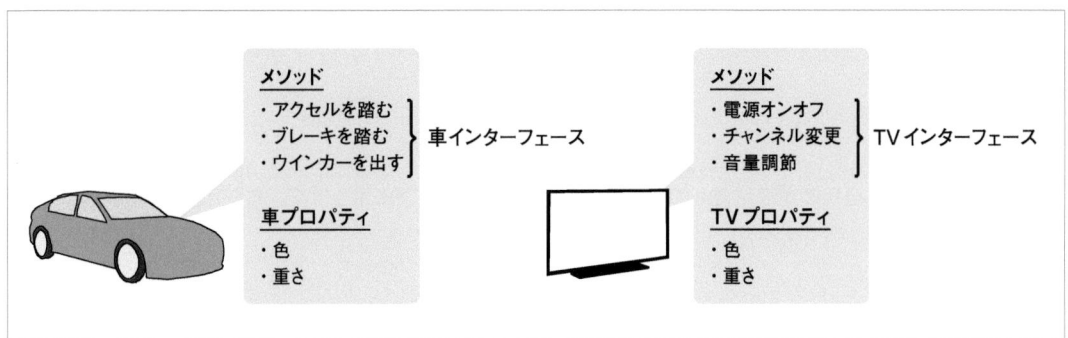

　例が日常的過ぎて、プログラムの話とはうまく結びつかなかったかもしれません。しかし、これらの概念はオブジェクト指向プログラミングで非常に大切です。

　JavaやC#といったプログラミング言語では、言語仕様としてインターフェースが用意されています。一方、JavaScriptの言語仕様には用意されていません。しかし、プログラミング学習を進めるうえで把握してほしい概念だったので、ここで説明しました。

 チャレンジ！ ▶ 身の回りのものから、オブジェクト、プロパティ、メソッドを考えてみよう

　身の回りから適当にオブジェクトを選び、そのオブジェクトにはどのようなプロパティがあり、どんなメソッドがあるか考えてみましょう。また、そのオブジェクトのインターフェースはどのようなものでしょうか？

では、実際のプログラムで、オブジェクト指向的な考え方がどのように利用されるのかを見てみましょう。

2-7-2 | JavaScriptでのオブジェクトの定義方法

JavaScriptでオブジェクトを定義する方法は簡単です。単に{}の間にプロパティを宣言するだけです。

■ オブジェクトの定義

JavaScriptでは、波カッコ{}でオブジェクトを定義します。具体的なものをオブジェクトで表現してみましょう。たとえば、長さ5cmの赤の色鉛筆があったとします。プロパティとしては、色と長さが考えられます。JavaScriptでは、以下のように定義します。

```
let pen = {
    color: "red",
    length: 5
}
```

文法的には以下のように、波カッコの中に「プロパティ名：プロパティ値」と記述することでプロパティを宣言します。複数ある場合はカンマで区切ります。

オブジェクトの定義

```
オブジェクト = {プロパティ名1:プロパティ値1,プロパティ名2:プロパティ値2,……}
```

時速30kmで走る白色の車を定義してみましょう。その一例を以下に示します。燃料がない自動車はないので、fuel（燃料）プロパティも追加してみました。

```
let car = {
    color: "white",
    speed: 30,
    fuel: 100
}
```

 チャレンジ! ▶ オブジェクトをJavaScriptで表現してみよう

p.103のチャレンジ!で考えたものなど、自分で考えたオブジェクトをJavaScriptで表現してみましょう。

オブジェクトのプロパティを参照するには、オブジェクトの後ろに「.」ドットを付け、その後ろにプロパティ名を記述します。

オブジェクトのプロパティを参照

```
オブジェクト.プロパティ名
```

penオブジェクトのlengthプロパティを参照する例を以下に示します。

オブジェクトのプロパティを参照　　　　　　　　　SAMPLE　2.JavaScript/Object/object-pen1.html

```html
<!DOCTYPE html>
<html>
  <head>
    <meta charset="UTF-8">
    <script>
      let pen = {
        color: "red",
        length: 5,
      };
      function checkLength() {
        document.getElementById("length").textContent = pen.length;
      }
    </script>
  </head>
  <body>
    <button onclick="checkLength()">長さチェック</button>
    <p>鉛筆の長さは<span id="length"></span>cm</p>
  </body>
</html>
```

逆に、penオブジェクトのlengthプロパティに値を代入するには以下のようにします。

```js
pen.length = 3;
```

オブジェクトのプロパティというと難しく聞こえるかもしれませんが、単なる変数と同じように扱うことができます。

 チャレンジ！ ▶ carオブジェクトのプロパティをページに表示してみよう

carオブジェクトのスピードとガソリンの量を表示するページを作ってください。

SAMPLE　2.JavaScript/Object/object-car1.html

メソッドの定義

　色鉛筆は、書くことができます。自動車は、加速／減速／運転することができます。それらをメソッドとして定義してみましょう。まずは色鉛筆です。「書く」という操作をdrawメソッドとして定義してみましょう。色鉛筆は、書くと短くなるところがポイントです。

```
let pen = {
    color: "red",
    length: 5,
    draw: function () {
        this.length -= 0.01;
    }
}
```

メソッドの宣言方法は、colorやlengthといったプロパティ値と同じです。ただし、プロパティ値に関数を指定する点が異なります。実は、JavaScriptのオブジェクトではメソッドもプロパティも同じように扱います。メソッドというと難しそうに聞こえますが、値が関数のプロパティをメソッドと呼んでいるだけなのです。

ところで、drawメソッドの中にthisというキーワードがあります。このthisはオブジェクト自身を示すとても重要なキーワードです。世の中にはたくさんの色鉛筆がありますが、このthisは今自分が手に持っている色鉛筆を示しています。オブジェクトのプロパティは「オブジェクト. プロパティ名」で参照できると説明しました。よって、this.lengthは「自分が手に持っている色鉛筆の長さ」を参照することになります。drawメソッドでは、書くたびに長さを0.01cm短くしています。ほかの鉛筆の長さを短くしているのではなく、自分自身の長さを短くしていることに注意してください。

ちなみに、0.01を繰り返し引いていくと、まるめ誤差が発生して4.8800000003cmのような値になることがあります。まるめ誤差とは、コンピュータが計算を行うときに使う2進数において、小数点の数を厳密に正確に表現できない場合に発生する誤差のことです。

penオブジェクト（色鉛筆）にdrawメソッドを追加した例を以下に示します。

メソッドの定義例　　　　　　　　　　　　　　　SAMPLE 2.JavaScript/Object/object-pen2.html

```
<!DOCTYPE html>
<html>
  <head>
    <meta charset="UTF-8">
    <script>
      let pen = {
        color: "red",
        length: 5,
        draw: function () {
          this.length -= 0.01;
        }
      };
      function stroke() {
        pen.draw();
        document.getElementById("length").textContent = pen.length;
      }
    </script>
  </head>
  <body>
    <button onclick="stroke()">書く</button>
    <p>鉛筆の長さは<span id="length"></span>cm</p>
  </body>
</html>
```

ブラウザ表示結果

　[書く] ボタンが押されると、「pen.draw()」という行が実行されます。オブジェクトのプロパティ参照は「オブジェクト．プロパティ名」でした。オブジェクトのメソッド呼び出しは「オブジェクト．メソッド名()」となります。プロパティの値が関数なので、カッコを付けることでその関数を実行しているのです。draw()メソッドの中では、自分の長さをthis.lengthで参照し、その長さを0.01cm短くしています。

　ちなみに、メソッドには引数を渡すこともできます。たとえば、描画する長さを引数で渡し、それに合わせて鉛筆の長さを短くする場合は、

```
draw: function (d) {
    this.length -= 0.01 * d;
}
```

のように、メソッドの関数に引数を宣言し、その引数をメソッドの中で使用します。

　呼び出し側は、「pen.draw(5);」のようにメソッド呼び出し時に引数を渡します。通常の関数呼び出しと同じなので、すぐに慣れるでしょう。

 チャレンジ! ▶ carオブジェクトにメソッドを定義してみよう

carオブジェクトに加速（accelerate）、減速（decelerate）、ドライブ（drive）といったメソッドを定義し、それらの操作を可能にすると同時に、スピードとガソリンの量を表示するページを作ってください。drive()メソッドは、運転する距離を引数としてとるものとします。

SAMPLE 2.JavaScript/Object/object-car2.html

コンストラクタによるオブジェクトの作成

　赤色の色鉛筆（pen）に加えて、青色、緑色の色鉛筆が欲しくなりました。以下のようにそれぞれ個別の色鉛筆についてオブジェクトを宣言することも可能です。

```
let penR = {
    color: "red",
    length: 5,
    draw: function () {
        this.length -= 0.01;
    }
}
let penG = {
    color: "green",
    length: 15,
    draw: function () {
        this.length -= 0.01;
    }
}
let penB = {
    color: "blue",
    length: 7,
```

```
    draw: function () {
        this.length -= 0.01;
    }
}
```

面倒ですよね。色鉛筆が100本になったら対応できません。そこで、同じ種類のオブジェクトを簡単に生成するための方法が用意されています。以下のように記述することができます。

```
function Pen(color, length) {
    this.color = color;
    this.length = length;
    this.draw = function () {
        this.length -= 0.01;
    }
}
let penR = new Pen("red", 5);
let penG = new Pen("green", 15);
let penB = new Pen("blue", 7);
```

関数Pen()は、鉛筆オブジェクトを生成するためのものです。このように特定のオブジェクトを作るために定義された関数をコンストラクタと呼びます。これは、たい焼きの金型とたい焼きの関係に似ています。コンストラクタは金型にあたります。これをもとにたくさんのたい焼きが製造されます。たい焼きがオブジェクトに相当します。小豆、クリーム、チョコといった中身のあんはプロパティに相当します。

たい焼きの金型はコンストラクタ（またはクラス）、たい焼きはオブジェクト

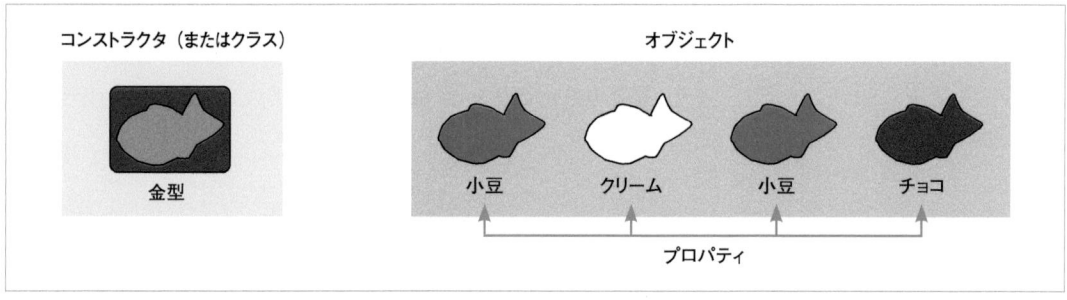

たい焼きを大量に生産する場合、金型は必須です。オブジェクトも大量に作る場合は、コンストラクタ（またはクラス）を用意するのが一般的です。

オブジェクトは、クラス（class構文）で作成することもできます。クラスについては、p.110「クラスによるオブジェクトの作成」で説明します。

上記の関数Pen()は普通の関数のようにも見えます。では、普通の関数とコンストラクタはどうやって区別したらよいのでしょうか？　残念ながら関数の宣言を見ただけは、厳密に区別することはできません。区別は、呼

び出し側で行われます。関数を呼び出す際に、newというキーワードを付けるとコンストラクタとして、newが
ない場合は通常の関数として実行されます。上の例で、

```
let penR = new Pen("red", 5);
```

とnewを付けて呼び出しているので、関数Pen()はコンストラクタだということがわかるのです。コンストラ
クタは、以下のように引数をとることができます。たい焼きオブジェクトなら、あんの種類が引数となります。
個々のオブジェクトのプロパティを初期化する値を指定するのが一般的です。

```
function Pen(color, length) {
    this.color = color;
    this.length = length;
```

　また、コンストラクタの中にthisがありますが、これは先ほど説明したように自分自身のオブジェクトを参照し
ます。この例では、引数として受け取ったcolorを自分自身のプロパティcolorに設定するという動きになりま
す。このthisを付け忘れるミスが非常に多いので注意してください。
　コンストラクタを使ってオブジェクトを作成する例を以下に示します。

コンストラクタによるオブジェクト作成例　　　　　　　　　**SAMPLE** 2.JavaScript/Object/object-pen3.html

```html
<!DOCTYPE html>
<html>
  <head>
    <meta charset="UTF-8">
    <script>
      function Pen(color, length) {
        this.color = color;
        this.length = length;
        this.draw = function () {
          this.length -= 0.01;
        };
      }
      let penR = new Pen("red", 5);
      let penG = new Pen("green", 15);
      let penB = new Pen("blue", 7);
      let pen = penR;

      function stroke() {
        pen.draw();
        document.getElementById("color").textContent = pen.color;
        document.getElementById("length").textContent = pen.length;
      }

      function pickR() {
        pen = penR;
      }
```

```
      function pickG() {
        pen = penG;
      }
      function pickB() {
        pen = penB;
      }
    </script>
  </head>
  <body>
    <button onclick="pickR()">赤を選ぶ</button>
    <button onclick="pickG()">緑を選ぶ</button>
    <button onclick="pickB()">青を選ぶ</button>
    <button onclick="stroke()">書く</button>
    <p>
      鉛筆の色は<span id="color"></span>、 長さは<span id="length"></span>cm
    </p>
  </body>
</html>
```

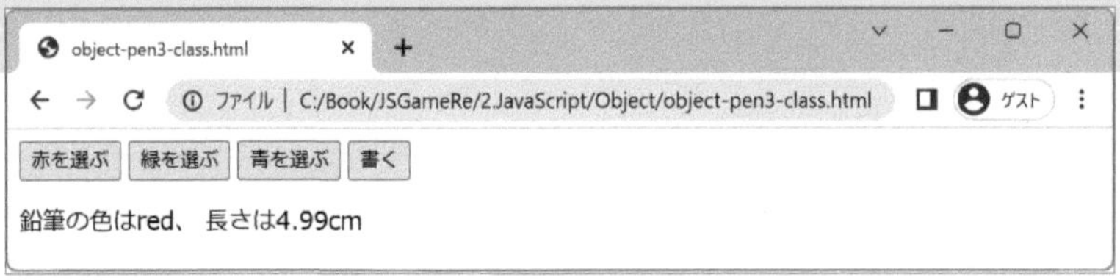

ブラウザ表示結果

クラスによるオブジェクトの作成

このようにnewを付けて関数を実行することでオブジェクトを作成できますが、普通の関数呼び出しと区別しにくく、直感的ではありません。そのため、現在のJavaScriptではclass構文という記述方法が導入され、他の言語に近い形式でクラスを定義できるようになりました（クラスとは、オブジェクトを作成するためのテンプレートです）。以下のような構文を使用します。

class構文の書式

```
class クラス名 {
    constructor(引数) {
        ... 初期化処理
    }

    メソッド() {
        ...
    }
}
```

つまり、次に示した左側のようなコードを、右側のように記述できるようになりました。

```
function Pen(color, length) {
  this.color = color;
  this.length = length;
  this.draw = function () {
    this.length -= 0.01;
  };
}
```

```
class Pen {
  constructor(color, length) {
    this.color = color;
    this.length = length;
  }
  draw(){
    this.length -= 0.01;
  }
}
```

　関数を流用する形ではなく、クラスの定義という意味がより明確に伝わるでしょう。この構文を使用して、p.109「コンストラクタによるオブジェクト作成例（object-pen3.html）」を書き換えると、以下のようになります。

クラス（class）によるオブジェクト作成例　　　　　SAMPLE 2.JavaScript/Object/object-pen3-class.html

```
<!DOCTYPE html>
<html>
  <head>
    <meta charset="UTF-8">
    <script>
      class Pen {
        constructor(color, length) {
          this.color = color;
          this.length = length;
        }
        draw(){
          this.length -= 0.01;
        }
      }
      let penR = new Pen("red", 5);
      let penG = new Pen("green", 15);
      let penB = new Pen("blue", 7);
      let pen = penR;

      function stroke() {
        pen.draw();
        document.getElementById("color").textContent = pen.color;
        document.getElementById("length").textContent = pen.length;
      }

      function pickR() {
        pen = penR;
      }
      function pickG() {
        pen = penG;
      }
      function pickB() {
        pen = penB;
      }
    </script>
```

```
  </head>
  <body>
    <button onclick="pickR()">赤を選ぶ</button>
    <button onclick="pickG()">緑を選ぶ</button>
    <button onclick="pickB()">青を選ぶ</button>
    <button onclick="stroke()">書く</button>
    <p>
      鉛筆の色は<span id="color"></span>、 長さは<span id="length"></span>cm
    </p>
  </body>
</html>
```

 チャレンジ! ▶ プログラムを入力して確認してみよう

これまでの2つのサンプルプログラム「コンストラクタによるオブジェクト作成例（object-pen3.html）」「クラス（class）によるオブジェクト作成例（object-pen3-class.html）」を入力して実行し、動作を確認してみましょう。

2-7-3 | JavaScriptからHTMLを操作する

オブジェクトについてだいぶ慣れてきたでしょうか。そろそろ、JavaScriptとHTMLの連携について触れていきましょう。

document.getElementById()の正体

これまで、細かいことは気にせず、構文として、

```
document.getElementById( 表示する要素のid ).textContent = 表示する値;
```

で画面の表示を更新し、

```
let 取得する値 = document.getElementById( 入力要素のid ).value
```

で入力値を取得すると説明してきました。

オブジェクト、プロパティ、メソッドについて説明が終わったので、これらのコードの記述内容を理解する準備が整いました。HTML文書をブラウザで実行すると、ブラウザはHTML文書全体を示すオブジェクトを作成し、そのオブジェクトへの参照を広域変数documentに格納します。これはHTMLブラウザの約束事であり、どのブラウザでも同じ動きとなります。documentオブジェクトは文字通り「文書」を表すオブジェクトで、今ブラウザで表示されている文書を操作／管理するために使用されます。documentオブジェクトには、さまざまなプロパティ／メソッドが用意されています。getElementById()メソッドはその1つで、引数で指定されたid属性を持つ要素を返します。

getElementById() は document オブジェクトのメソッドで要素を返す

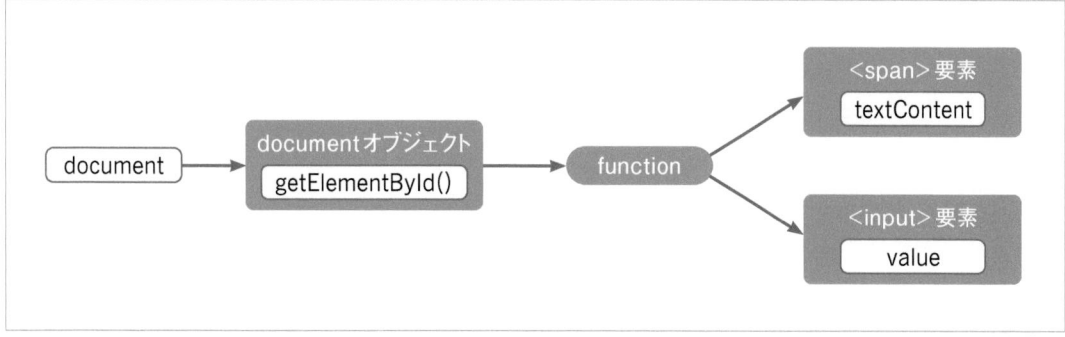

　getElementById() メソッドから返される値は引数によって異なります。<span>要素のidを指定したら<span>要素が、<input>要素のidを指定したら<input>要素が返されます。<span>要素の場合は画面に表示する内容はtextContentプロパティで、<input>要素の場合は入力値はvalueプロパティで参照できます。
　ここまでの説明を整理しましょう。

① **document** ── document オブジェクトへの参照を保持する広域変数
② **document.getElementById(id)** ── document オブジェクトのメソッド呼び出し。引数に渡されたidの要素オブジェクトを返す
③ **document.getElementById(id).textContent=表示する値** ── document.getElementById(id) が返したオブジェクトのプロパティに値を代入することで画面の表示を更新

　これまで1行で記述していましたが、2行で記述したほうがわかりやすいかもしれません。どちらも同じことなので、好みの書き方を使ってください。

```
let obj = document.getElementById( 表示する要素のid );
obj.textContent = pen.length;
```

　返された要素によって、使えるプロパティが異なる点に注意してください。たとえば、<audio>要素にはplay()メソッドがありますが、<span>要素にはplay()メソッドはありません。これは要素の働きを考えると納得できるでしょう。
　では、どの要素にどのようなプロパティ、メソッドがあるのか知りたくなりますよね。残念ながらプロパティやメソッドの数は非常に多いので全部覚えるのは現実的ではありません。デバッガを使ってください。ブレークポイントを設定し、実行を一時停止した状態で、監視（ウォッチ）ウィンドウ（呼び方はブラウザによって異なります）に「document.getElementById("id値")」のように入力することで、その要素のプロパティやメソッドを確認することができます。プロパティ名とその値、メソッドの名前から、自分が必要な情報がどこにあるか予想して試してみてください。最初は試行錯誤するかもしれませんが、そのプロセスこそが大切なのです。

＋を押して、「document.getElementById("distance")」と入力

Chromeのデバッガでプロパティやメソッドを調べる

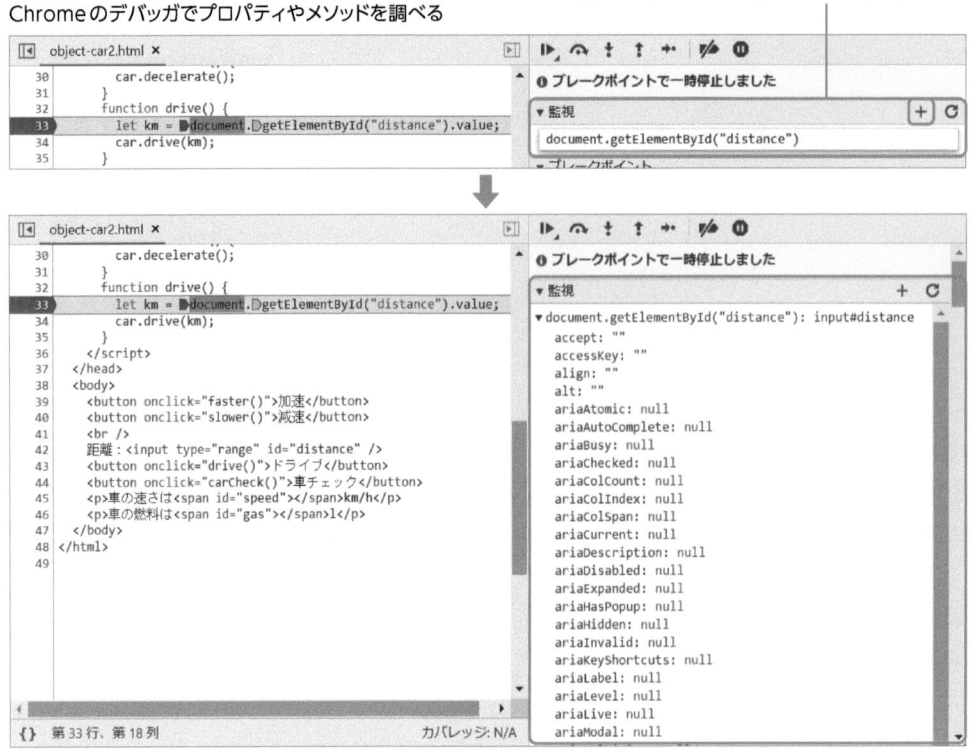

チャレンジ! ▶ オブジェクトのメソッド、プロパティを調べてみよう

documentオブジェクトにはどんなメソッド／プロパティがあるか見てみましょう。また、HTMLの中の適当な要素を参照し、どんなメソッド／プロパティがあるか見てみましょう。

2-7-4 │ JavaScriptからCSSを操作する

　これまで、JavaScriptを利用して文字を表示したり、値を取得したりする方法を説明してきました。次にCSSのプロパティをJavaScriptから操作する方法について説明しましょう。

CSSのプロパティを操作（変更）する例　　　　　　　　　**SAMPLE** 2.JavaScript/Object/object-pen4.html

```
<!DOCTYPE html>
<html>
  <head>
    <meta charset="UTF-8">
    <script>
      function Pen(color, length) {
        this.color = color;
        this.length = length;
```

```
        this.draw = function () {
            this.length -= 1;
        };
    }
    let penR = new Pen("red", 15);
    let penG = new Pen("green", 20);
    let penB = new Pen("blue", 8);
    let pen = penR;

    function stroke() {
        pen.draw();
        let pencil = document.getElementById("pencil");
        pencil.style.width = pen.length + "cm";                    ←1
        pencil.style.backgroundColor = pen.color;
        pencil.textContent = "色=" + pen.color + " 長さ=" + pen.length;
    }

    function pickR() {
        pen = penR;
    }
    function pickG() {
        pen = penG;
    }
    function pickB() {
        pen = penB;
    }
    </script>
  </head>
  <body>
    <button onclick="pickR()">赤を選ぶ</button>
    <button onclick="pickG()">緑を選ぶ</button>
    <button onclick="pickB()">青を選ぶ</button>
    <button onclick="stroke()">書く</button>

    <p id="pencil" style="background-color: red; width: 5cm"></p>        ←2
  </body>
</html>
```

ブラウザ表示結果

　[書く] ボタンを押すと、色と長さが変化します。これはJavaScriptからCSSの値を操作しているからです。その動作手順について見ていきましょう。まず、HTMLでは2のように色と長さを初期化しています。

```
<p id="pencil" style="background-color:red; width:5cm;"></p>
```

　次に、1の関数stroke()を見てください。

```
function stroke() {
    pen.draw();
    let pencil = document.getElementById("pencil");    ←3
    pencil.style.width = pen.length + "cm";
    pencil.style.backgroundColor = pen.color;
    pencil.textContent = "色=" + pen.color + " 長さ=" + pen.length;
}
```

3 で「id="pencil"」という要素、すなわち<p>要素のオブジェクトを取得しています。要素のCSS特性は
styleプロパティで参照されるオブジェクトに格納されています。そのオブジェクトの中の個々のCSS特性の値
を参照すれば現在のCSS特性の値が取得でき、値を代入するとCSS値が更新されます。その様子を以下の
図に示します。

要素のプロパティはstyleオブジェクトでまとめて管理されている

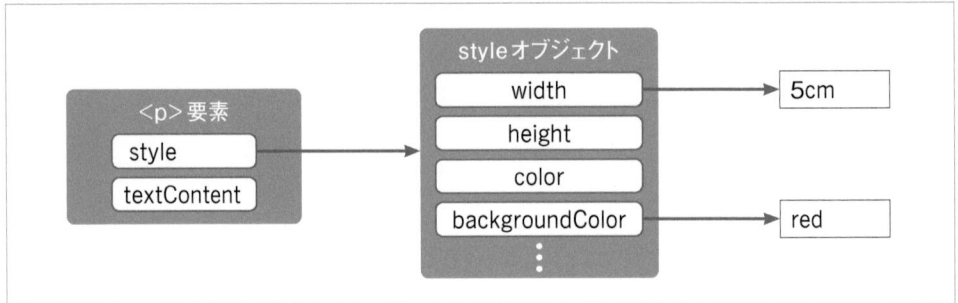

　ここで一点注意してほしいのは、CSS特性の名前と、JavaScriptでのプロパティ名の対応関係です。width
やheightといった1単語からなる名前の場合は、どちらも同じ名前を使用します。しかしながら、「CSS特性
名に「−」（ハイフン）が含まれる場合、JavaScriptではハイフンを削除して、その次の文字を大文字にする」
というルールがあります。例を見てみるのが一番わかりやすいでしょう。
　これは、JavaScriptではハイフンはマイナス演算子として予約されているためです。

CSS特性の名前とJavaScriptでのプロパティ名

CSS特性名	JavaScriptのプロパティ名
background-color	backgroundColor
border-color	borderColor
margin-left	marginLeft

2-7-5 | DOM（Document Object Model）

　最後に、JavaScriptから要素を作ったり、削除したりする方法について見ていきましょう。ちなみに、DOM
とはDocument Object Modelの略で、HTML文書をオブジェクトとして操作する方法を定めたものです。
難しく聞こえますが、単にJavaScriptからHTML文書を更新する方法だと思ってください。

　HTMLやCSSの章で、HTML文書は\<html\>要素をトップとする階層構造をとるという説明をしました。これ
まで、document.getElementById()メソッドを使い、文書中に宣言されている要素への参照を取得してきまし
た。実は、documentオブジェクトにはgetElementById()以外にもさまざまなメソッドが用意されています。

┃ 要素を生成するcreateElement()、子要素を挿入するappendChild(child)

　document.createElement()メソッドを使うと、要素をJavaScriptから生成することができます。例を見て
みましょう。

JavaScriptから要素を生成する例　　　　　　　　　　**SAMPLE**　2.JavaScript/Object/object-create1.html

```
<!DOCTYPE html>
<html>
  <head>
    <meta charset="UTF-8">
    <script>
      let colors = ["red", "blue", "green", "yellow", "purple"];
      let index = 0;
      function insert() {
        let parent = document.getElementById("mylist");      ←1
        let item = document.createElement("li");             ←2
        item.textContent = colors[index];
        item.style.color = colors[index];
        index = ++index % colors.length;
        parent.appendChild(item);   ←3
      }
    </script>
  </head>
  <body>
    <button onclick="insert()">挿入</button>
    <ol id="mylist"></ol>      ←4
  </body>
</html>
```

　関数insert()の中で起きていることに着目してください。変数parent **1** はmylistというidを持つ要素 **4**、
すなわち\<ol\>への参照を保持します。

　次の **2** 「let item = document.createElement("li")」で、\<li\>要素を作成し、その参照を変数itemに代
入しています。これで、JavaScriptからHTML要素が作成できました。

　しかし、この段階ではまだ画面上に\<li\>要素は表示されません。なぜなら、画面上のどこに表示してよいかわか
らないからです。HTMLは階層構造だったことを思い出してください。今回作成した\<li\>要素も、階層構造の
どこかに挿入しなくてはなりません。その処理を実行しているのが **3** の文です。

```
parent.appendChild(item)
```

　appendChild()は、子ども（子要素）を追加するメソッドです。parentは\<ol\>要素への参照を保持してい
ました。itemは新規に作成した\<li\>要素です。つまり、\<ol\>要素に対して、\<li\>を子要素として追加せよと命令

しているのです。この行を実行することで、新しく作成した<li>要素が、<ol>要素に挿入され、画面が更新されることになります。その様子を以下の図に示します。

要素を作成して子要素として挿入する

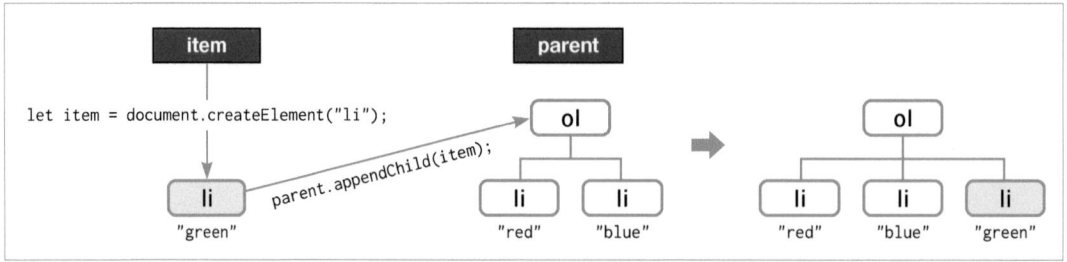

appendChildは文字通り「追加する」という意味なので、最後の子要素として追加されます。

 チャレンジ! ▶ プログラムを入力して確認してみよう

先ほどのサンプルプログラム「JavaScriptから要素を生成する例（object-create1.html）」を入力して実行し、要素が追加される様子を確認してみましょう。

同じような要素を数多く記述するような場合に、この手法が威力を発揮します。たとえば、8×8のリバーシ（オセロ）盤を考えてみましょう。HTMLの<table>要素を使って記述すると以下のようになります。

8×8のリバーシ盤

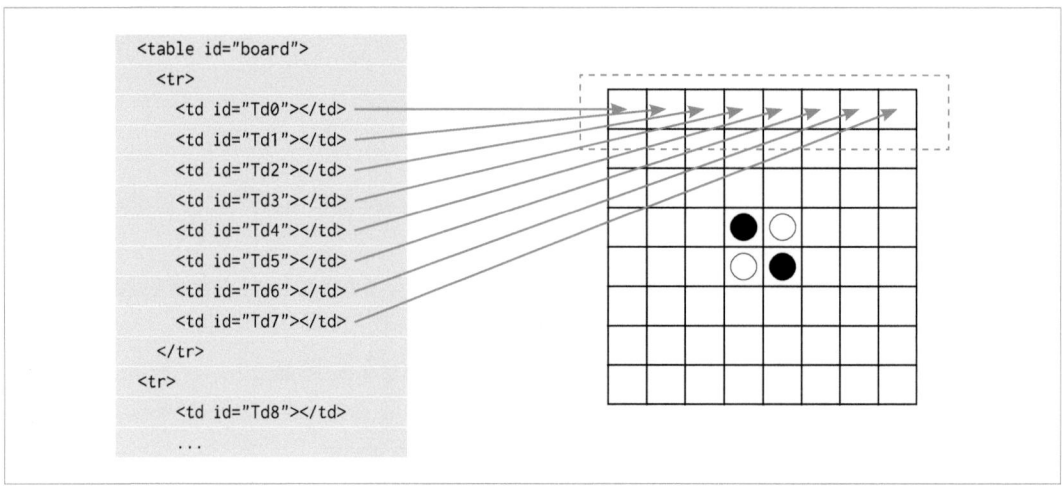

8個の<tr>要素、それぞれについて8個の<td>要素、合計64個の<td>要素を繰り返し記述しなくてはなりません。こういった単純な繰り返し作業こそコンピュータに任せるべきです。

```html
<!DOCTYPE html>
<html>
  <head>
    <meta charset="UTF-8">
    <style>
      #board {
        background-color: black;
      }
      td.cell {
        background-color: green;
        width: 30px;
        height: 30px;
      }
    </style>
    <script>
      function init() {
        let b = document.getElementById("board");
        for (let i = 0; i < 8; i++) {
          let tr = document.createElement("tr");          ← 1
          for (let j = 0; j < 8; j++) {
            let td = document.createElement("td");          ← 2
            td.className = "cell";
            td.id = "cell" + i + j;                          ← 4 ← 5
            td.onclick = clicked;
            tr.appendChild(td);                             ← 3
          }
          b.appendChild(tr);                                ← 6
        }
      }
      function clicked(e) {
        document.getElementById("info").textContent = e.target.id + " clicked";
      }
    </script>
  </head>
  <body onload="init()">
    <table id="board"></table>
    <h2 id="info"></h2>
  </body>
</html>
```

ブラウザ表示結果

1 「let tr = document.createElement("tr")」で<tr>要素を作り、変数trに格納しています。

その後、2 の「let td = document.createElement("td")」で要素を作り、3 の「tr.appendChild(td)」で<tr>の子要素に挿入しています。これを内側のfor文 4 で8回繰り返すことで1行の要素を作っています。

さらに、外側のfor文 5 で8行分の要素を作り、それぞれの行を 6 の「b.appendChild(tr)」で<table>に挿入しています。盤面を作るためのコード量を大幅に削減できました。

なお、HTMLで、ID属性、CSSクラス属性、クリック時のイベントハンドラを設定する場合は、

```
<td id="cell15" class="cell" onclick="clicked()"></td>
```

のように記述しましたが、JavaScriptでは

```
let td = document.createElement("td");
td.className = "cell";
td.id = "cell15";
td.onclick = clicked;
```

のように記述します。クリック時には要素のonclickプロパティに登録した関数が呼び出されます。この関数をイベントハンドラと呼びます。イベントハンドラの中では、クリックされた要素への参照を e.target で取得しています。イベントハンドラは後ほど、関数オブジェクトでより詳しく説明しますので、ここでは「そのようなものがある」という程度の理解でかまいません。

チャレンジ! ▶ 3×3の○×ゲーム盤を作ってみよう

兄弟で○×ゲームがやりたいと駄々をこね始めました。勝敗の判定は自分たちでできるので、クリックすると○と×が表示されれば満足なようです。先ほどのサンプルプログラム「8×8のリバーシ盤の作成例(ReversiMock.html)」などを参考に、3×3の盤面を作り、マス目をクリックすると交互に○×が表示されるページを作ってください。

SAMPLE 2.JavaScript/Object/TicTacToe.html

2-7-6 | タイマー関連のメソッド

本節の最後に、一定時間後に処理を実行したり、一定間隔で処理を実行したりする、タイマー関連の主なメソッドを紹介しましょう。

タイマー関連のメソッド

メソッド	説明
`setTimeout(func, msec)`	msec ミリ秒後に関数 func を 1 回呼び出す。戻り値として timerId を返す
`clearTimeout(tid1)`	setTimeout の処理を停止する。tid1 は setTimeout の戻り値
`setInterval(func, msec)`	msec ミリ秒間隔で関数 func を繰り返し呼び出す。戻り値として timerId を返す
`clearInterval(tid2)`	setInterval の処理を停止する。tid2 は setInterval の戻り値

　実は、これらの関数は window オブジェクトのメソッドです。よって、厳密には「window.setTimeout(関数名 , ミリ秒)」と書くのが正しい書き方ですが、window オブジェクトは省略することができます。ゲームでよく使うのは、setInterval() と clearInterval() です。

タイマー関連のメソッドの利用例　　　　　　　　　　　**SAMPLE** 2.JavaScript/Object/timer.html

```html
<!DOCTYPE html>
<html>
  <head>
    <meta charset="UTF-8">
    <script>
      let timerId = NaN;
      let count = 0;
      function startTimer() {
        timerId = setInterval(tick, 1000);
      }
      function stopTimer() {
        clearInterval(timerId);
      }
      function tick() {
        count++;
        document.getElementById("counter").textContent = count;
      }
    </script>
  </head>
  <body>
    <button onclick="startTimer()">スタート</button>
    <button onclick="stopTimer()">ストップ</button>
    <h2 id="counter"></h2>
  </body>
</html>
```

ブラウザ表示結果

［スタート］ボタンを押すと、

```
timerId = setInterval(tick, 1000);
```

が実行され、1 秒ごとに関数 tick() が呼び出され、数字のカウントが始まります。［ストップ］ボタンを押すと、

```
clearInterval(timerId)
```

が実行され、止まります。きちんと動いているように見えますが、［スタート］ボタンを連打すると、カウンタ
増加のスピードが速くなり、［ストップ］ボタンを押しても止まらなくなります。なぜだかわかりますか？

［スタート］ボタンを連打するとストップが効かなくなる

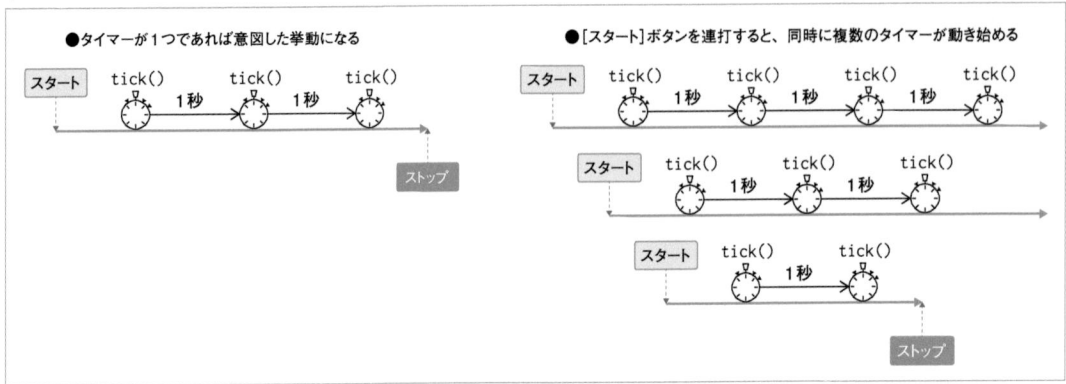

　［スタート］ボタンが押されると、タイマーが開始されます。タイマーが1つであれば、意図した挙動になりま
す。しかし、［スタート］ボタンを連打すると、同時に複数のタイマーが動き始めます。［ストップ］ボタンを押し
てクリアされるのは、最後のタイマーだけです。このような理由でカウンタが止まらなかったのです。このような
状況を回避するために、タイマーを開始するときは最初にタイマーをクリアする習慣をつけるとよいでしょう。

```
function startTimer() {
    clearInterval(timerId);
    timerId = setInterval(tick, 1000);
}
```

 最近では、requestAnimationFrame()関数を使う場合も多いです。以下のサンプルを参考にしてください。

SAMPLE 2.JavaScript/Object/requestAnimationFrame.html

　ところで、ときどきsetInterval()で関数を呼び出す間隔を、10msec（10ミリ秒）や5msec（5ミリ秒）と
いった非常に小さな値にしているケースを見かけます。これは残念ながらあまりお勧めできません。多くの液晶
ディスプレイの更新間隔は60ヘルツです。すなわち1秒間に60回画面が書き換えられるということになりま
す。1/60 = 16.666msecなので、これ以上高い頻度でタイマーを更新しても無意味なことが多いからです。
呼び出し間隔を短くするほどCPUに負荷がかかります。むやみに更新間隔を短くするのではなく、適当な更新
間隔を見つけることが大切です。

組み込みオブジェクト

2-8

これまで自分でオブジェクトを作る方法や、HTML文書の要素をオブジェクトとして操作する方法について見てきました。実は、JavaScriptにはあらかじめいくつかのオブジェクトが用意されています。このようなオブジェクトを組み込みオブジェクトと呼びます。

2-8-1 | Dateオブジェクト

日付や時刻を扱うためのオブジェクトです。日時／時刻の取得や設定のために数多くのメソッドを提供しています。

Dateオブジェクトの利用例 **SAMPLE** 2.JavaScript/Object/date0.html

```html
<!DOCTYPE html>
<html>
  <head>
    <meta charset="UTF-8">
    <script>
      function update() {
        let now = new Date();
        document.getElementById("year").textContent = now.getFullYear();
        document.getElementById("month").textContent = now.getMonth() + 1;
        document.getElementById("date").textContent = now.getDate();
        document.getElementById("hour").textContent = now.getHours();
        document.getElementById("min").textContent = now.getMinutes();
        document.getElementById("sec").textContent = now.getSeconds();
        document.getElementById("msec").textContent = now.getMilliseconds();
      }
    </script>
  </head>
  <body onload="update()">
    <p>
      <span id="year"></span>年 <span id="month"></span>月
      <span id="date"></span>日 <span id="hour"></span>時
      <span id="min"></span>分 <span id="sec"></span>秒
      <span id="msec"></span>ミリ
    </p>
    <button onclick="update()">更新</button>
  </body>
</html>
```

date0.html

ファイル | C:/Book/JSGameRe/2.JavaScript/Object/date0.html ゲスト

2022年 10月 10日 21時 35分 8秒 911ミリ

更新

ブラウザ表示結果

「let now = new Date()」とすると、現在時刻のDateオブジェクトが生成されます。主なメソッドに以下のようなものがあります。

Dateオブジェクトの主なメソッド

メソッド	説明
getFullYear()	西暦の年を返す
getMonth()	月を返す。1月は0、2月は1……のように0から始まることに注意
getDate()	日を返す
getHours()	時を返す
getMinutes()	分を返す
getSeconds()	秒を返す
getMilliseconds()	ミリ秒を返す
getTime()	1970年1月1日00:00:00UTCからの経過ミリ秒を返す

チャレンジ! ▶ ストップウォッチで経過時間を表示するページを作ってみよう

ストップウォッチで10秒ちょうどを計る遊びをしたことがあるでしょうか。［スタート］ボタン、［ストップ］ボタンを用意し、［スタート］ボタンを押してからストップボタンを押すまでの経過時間を表示するページを作ってください。それぞれのボタンを押したときに、別々のDateオブジェクトを作成し、それぞれのgetTime()メソッドの戻り値の差分を計算することで経過時間を求めることができます。

SAMPLE 2.JavaScript/Object/date1.html

2-8-2 | Mathオブジェクト

各種計算を行うためのメソッドを提供しています。主なメソッドに以下のようなものがあります。

Mathオブジェクトの主なメソッド

メソッド	説明
Math.min(a, b)	aとbの小さいほうを返す
Math.max(a, b)	aとbの大きいほうを返す
Math.random()	0以上1未満の乱数を発生させる
Math.floor(n)	小数点以下の値を切り捨てた値を返す
Math.ceil(n)	小数点以下の値を切り上げた値を返す

ゲームに乱数は欠かせません。サイコロなら0〜5まで、トランプなら0〜12までのランダムな数値を生成する必要があるでしょう。Mathオブジェクトにはrandom()というメソッドがありますが、生成される値は0か

ら1未満の小数です。これをある一定の範囲の整数にマッピングするためには Math.floor(n) を利用します。
0〜5までの6つの乱数を生成する例を以下に示します。

 0〜5（サイコロの目が1〜6）、0〜12（トランプの枚数は13枚）の乱数を生成するのは、p.084〜085で説明したように配列の添字が0から始まるからです。コンピュータの世界では、0オリジン（0が原点）という専門用語があるように、「0から始まる」という考えが一般的です。

乱数の生成例　　　　　　　　　　　　　　　　　　**SAMPLE** 2.JavaScript/Object/random0.html

```html
<!DOCTYPE html>
<html>
  <head>
    <meta charset="UTF-8">
    <script>
      function random() {
        let r = Math.floor(Math.random() * 6);
        document.getElementById("value").textContent = r;
      }
    </script>
  </head>
  <body>
    <button onclick="random()">乱数:<span id="value"></span></button>
  </body>
</html>
```

ブラウザ表示結果

 チャレンジ! ▶ 2〜5の乱数を生成してみよう

上記サンプルプログラムは0〜5の乱数を生成しました。上のプログラムに1行追加して、いったん生成した乱数rが2から5の範囲に収まるようにしてください。

SAMPLE 2.JavaScript/Object/random1.html

2-8-3 | Array オブジェクト

JavaScriptで配列を作った場合、それらは必ずArrayオブジェクトとなります。よって、Arrayオブジェクトのプロパティやメソッドがもれなく利用できます。たとえば、どんな配列でもlengthプロパティで配列のサイズが取得できますが、これは配列がArrayオブジェクトだからです。
主なメソッドを以下に列挙します。

Arrayオブジェクトの主なメソッド

メソッド	説明
push(a)	配列の最後に要素aを追加する
pop()	配列の最後の要素を削除して返す
shift()	先頭の要素を削除して返す
indexOf(検索対象)	引数の検索対象を先頭から探し、その番号を返す。ない場合は-1を返す
lastIndexOf(検索対象[, 検索位置])	引数の検索対象を後ろから探し、その番号を返す。ない場合は-1を返す
splice(index, howMany)	indexからhowMany個分の古い要素を取り除く

　これらのメソッドの動きを確認するページを以下に示します。

Arrayオブジェクトのメソッドの利用例　　　　**SAMPLE** 2.JavaScript/Object/array0.html

```html
<!DOCTYPE html>
<html>
  <head>
    <meta charset="UTF-8">
    <script>
      let data = [1, 8, 5, 7, 2, 6, 7, 4, 0];

      function push() {
        let v = Math.floor(Math.random() * 10);
        let r = data.push(v);
        update(r);
      }
      function pop() {
        let r = data.pop();
        update(r);
      }
      function shift() {
        let r = data.shift();
        update(r);
      }
      function splice() {
        let r = data.splice(3, 2);
        update(r);
      }
      function update(rval) {
        document.getElementById("data").textContent = data;
        document.getElementById("length").textContent = data.length;
        document.getElementById("rval").textContent = rval;
        let v0 = data.indexOf(7);
        let v1 = data.lastIndexOf(7);
        document.getElementById("i0").textContent = v0;
        document.getElementById("i1").textContent = v1;
      }
    </script>
  </head>
```

```
<body>
  <button onclick="push()">push()</button>
  <button onclick="pop()">pop()</button>
  <button onclick="shift()">shift()</button>
  <button onclick="splice()">splice(3, 2)</button>

  <ul style="font-size: 20px">
    <li>配列データ：<span id="data"></span></li>
    <li>lengthプロパティ：<span id="length"></span></li>
    <li>戻値：<span id="rval"></span></li>
    <li>indexOf(7)：<span id="i0"></span></li>
    <li>lastIndexOf(7)：<span id="i1"></span></li>
  </ul>
</body>
</html>
```

ブラウザ表示結果

 チャレンジ! ▶ プログラムを入力して実行してみよう

上記サンプルプログラムを入力して実行し、それぞれのメソッドの働きと戻り値を確認してください。

2-8-4 | String オブジェクト

　配列がArrayオブジェクトであったように、JavaScriptでの文字列はStringオブジェクトとなります※。また、配列の要素数をlengthプロパティで取得できたのと同様に、文字列の長さもlengthプロパティで取得できます。主なメソッドを以下に列挙します。

> ※ 厳密には単なる文字列とオブジェクトは異なります。しかしながら、暗黙的な型変換が行われるため、文字列もオブジェクトのように扱うことができます。

String オブジェクトの主なメソッド

メソッド	説明
charAt(i)	i番目の文字を返す
indexOf(c)	引数の検索対象cを先頭から探し、その番号を返す。ない場合は-1を返す
lastIndexOf(c)	引数の検索対象cを後ろから探し、その番号を返す。ない場合は-1を返す
startsWith(str)	引数で指定された文字列で開始されているかを返す
substr(start, length)	指定した位置からlength文字数分返す

文字列オブジェクトを使った例を以下に示します。動いている様子を実際に確認するのが一番です。

Stringオブジェクトの利用例　　　　　　　　　　　　　**SAMPLE** 2.JavaScript/Object/kaibun.html

```html
<!DOCTYPE html>
<html>
  <head>
    <meta charset="UTF-8">
    <script>
      let data = [
        { str: "タケヤブ ヤケタ", jpn: "竹藪焼けた" },
        { str: "タケムラタケコ コケタラムケタ", jpn: "竹村武子こけたら剥けた" },
        { str: "ナタデココデタナ", jpn: "ナタデココ出たな" },
        { str: "リカガカリ", jpn: "理科係" },
        { str: "イカノダンスハスンダノカイ", jpn: "烏賊のダンスは済んだのかい" },
        { str: "ヨノナカネ カオカオカネカナノヨ", jpn: "世の中ね顔かお金かなのよ" },
      ];
      let timerId = NaN;
      let index = 0;
      let pos = 0;

      function start() {
        pos = 0;
        document.getElementById("jpn").textContent = "";
        index = (index + 1) % data.length;
        clearInterval(timerId);
        timerId = setInterval(tick, 200);
      }

      function tick() {
        let str = data[index].str;
        document.getElementById("str").textContent = str.substr(0, pos);
        if (++pos > str.length) {
          clearInterval(timerId);
          document.getElementById("jpn").textContent = data[index].jpn;
        }
      }
    </script>
  </head>
  <body>
    <button onclick="start()">スタート</button>
    <h2 id="str"></h2>
    <h2 id="jpn"></h2>
  </body>
</html>
```

ブラウザ表示結果

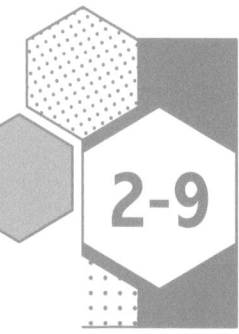

プロトタイプ

多くのオブジェクト指向言語では「継承」という仕組みを使って、オブジェクトを再利用しますが、JavaScriptでは「プロトタイプ」という仕組みを使います。プロトタイプはJavaScriptの学習において大きな壁の1つです。本書では、類書とはちょっと違った視点から説明します。

2-9-1 | プロトタイプの利点

プロトタイプ（prototype）とは、JavaScriptのオブジェクトの機能を継承するための仕組みです。なぜこのような仕組みが用意されたのでしょうか？　どんな利点があるのでしょうか？　プロトタイプがない場合と比較しながら、その理由を考えてみましょう。

過去の資産を活用できる

英語の言い回しに「Reinventing the wheel」という表現があります。「車輪の再発明」とも訳されますが、すでにあるものを作り直すのは無駄ですよね？　プログラミングの世界でも、過去に作ったものは積極的に再利用することが推奨されます。関数による処理の抽象化、ライブラリの導入、オブジェクト指向言語における「継承」、これらはまさに過去の資産を活用するための仕組みです。プロトタイプも同じです。たとえば、Animalという動物を表すクラスを作って、eat()、sleep()というメソッドを定義したとします。

Animalクラスでeat()、sleep()メソッドを定義

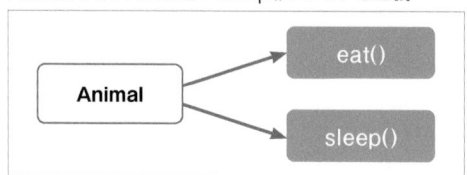

その後、Humanという人間を表すクラスを作る必要が出てきました。話すことは人間の特権です。よって、eat()、sleep()に加えてspeak()というメソッドが必要になりました。

これら3つのメソッドを持つHumanクラスを新たに作成することも可能です。

Humanクラスでeat()、sleep()、speak()メソッドを定義

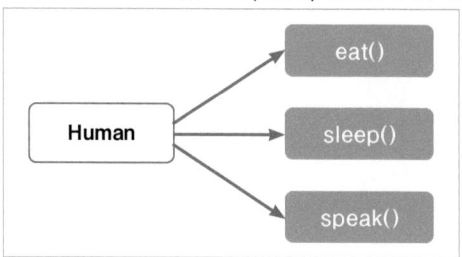

人間も動物の一種です。話すだけでなく食べたり眠ったりします。せっかくAnimalというクラスがあるのであれば、それを活用しない手はありません。Humanでは人間独自の機能だけを実装し、それ以外の機能は既存のAnimalを継承する方法もあります。このように、JavaScriptで既存の機能を継承することをプロトタイプ継承と呼びます。

Humanオブジェクトのプロトタイプとして Animal を参照

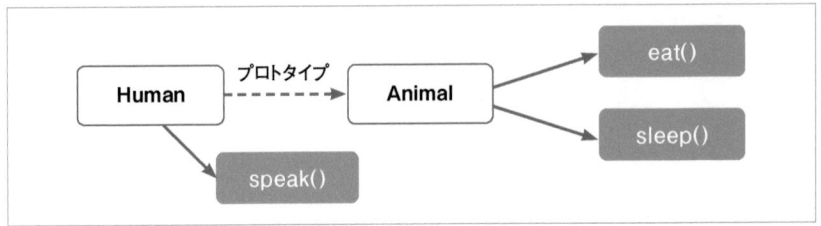

　プロトタイプを活用すれば、新規に実装する必要があるのはspeak()というメソッドだけになるので、おそらく実装負担は軽くなるでしょう。

┃ メモリ消費量が少ない

　「Hello」「World」「Welcome」という3つのStringオブジェクトを作ったとします。それぞれのオブジェクトに対してcharAt()、charCodeAt()、concat()といったメソッドを呼び出せるようにするには、各オブジェクトにメソッドを作成／登録しなくてはなりません。オブジェクトを生成すると、その分メモリが消費されます。メソッドの数が多い場合は、メモリ消費量が膨大になってしまいます。

オブジェクトごとに同じメソッドを作るのはメモリの無駄

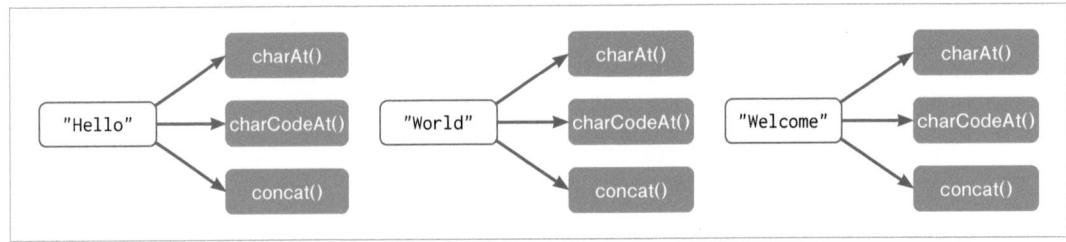

　一方、プロトタイプを使った場合、オブジェクトの様子は以下のようになります。

プロトタイプを利用するとメソッドを共用できる

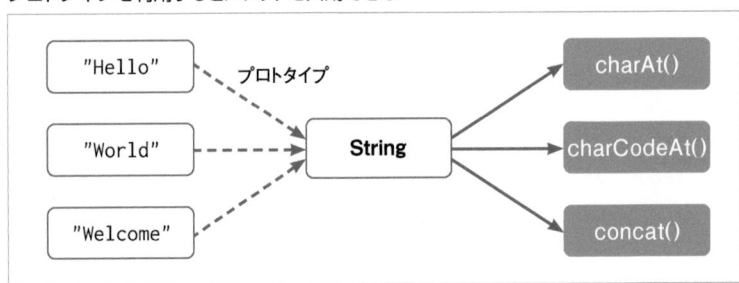

プロトタイプを使ったほうが、メモリの消費量が少ないことがわかります。その効果はメソッドの数が増えるにつれ、作成するオブジェクトが増えるにつれ顕著になっていきます。

■ 修正箇所を限定できる

JavaScriptでは、実行中にメソッドの内容を変更することが可能です。たとえば、charCodeAt()メソッドはUnicodeの文字コードの数値を返しますが、何らかの理由でShift_JISの文字コード値を返すように修正したくなったと仮定しましょう。プロトタイプがなかったとすると、全部のStringオブジェクトのcharCodeAt()メソッドの内容を修正する必要があります。一方、プロトタイプがある場合、修正箇所は1か所で済みます。

2-9-2 │ プロトタイプの挙動

JavaScriptで文字列を作ると、charAt()メソッドを使って該当する場所の文字が取得できます。

```
let str = "Hello world";          文字列オブジェクトを作成
let c0 = str.charAt(0);           c0は'H'
let c1 = str.charAt(1);           c1は'e'
```

一方、配列を作ると、push()/pop()といったメソッドを利用してデータの出し入れができます。

```
let data = [];                    配列オブジェクトを作成
data.push(1);                     '1'を追加
let d1 = data.pop();              d1は'1'
```

しかし、配列に対してcharAt()メソッドを呼び出すことはできません。反対に、文字列に対してpush()やpop()といったメソッドを呼び出すこともできません。なぜでしょうか?

```
let str = "Hello world";          文字列オブジェクトを作成
str.push(2);                      エラー
```

ほかのオブジェクト指向言語をご存じの方であれば「型が違うから呼び出せるメソッドが違うのは当たり前でしょ?」と考えるかもしれません。しかし、JavaScriptには厳密な型はないので、この答えは正しくありません。この挙動を理解する鍵がプロトタイプなのです。

JavaScriptでオブジェクトを生成すると、そのオブジェクトにはprototypeという見えないプロパティが暗黙のうちに追加され、そのプロパティは別のオブジェクトを参照します。たとえば、以下のように文字列オブジェクトを作成したとします。

```
let str0 = new String("Hello");
```

すると、このstr0オブジェクトには、暗黙のプロパティprototypeが設定され、別のオブジェクトを参照します。

暗黙のプロパティprototypeが別のオブジェクトを参照する

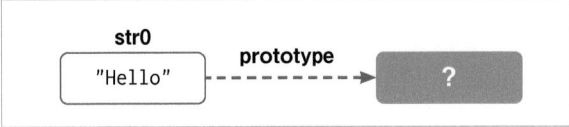

ここで、もう1つ別の文字列オブジェクトを作ってみます。

```
let str1 = new String("World");
```

オブジェクトの関係は以下のようになります。str0とstr1はまったく別のオブジェクトなのに、prototype
の参照先は同一であることに着目してください。

prototypeの参照先は同一

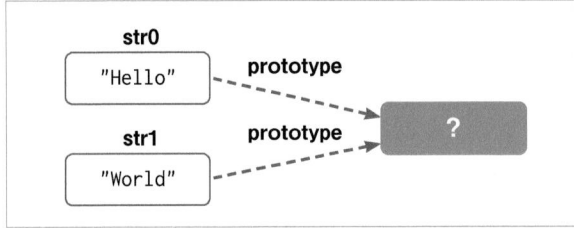

このprototypeの参照先オブジェクトがどのようなものか気になりますよね？　しかし、

```
p0 = str0.prototype;                          p0はundefined
```

としても参照先にたどり着くことはできません。当初、JavaScriptにおいて、prototypeは「暗黙の参照先」
として設計されたこともあり、プログラムで明示的にたどることはできませんでした。とはいうものの、やはり
このprototypeにアクセスしたいという強い需要があったため、prototypeへの参照をたどるためのメソッド
が正式に規定されました。以下のように記述することで、prototypeへの参照が取得できます。

```
p0 = Object.getPrototypeOf(str0);
```

str0とstr1のprototypeが同じオブジェクトを参照しているか確認してみましょう。

```
let str0 = new String("Hello");
p0 = Object.getPrototypeOf(str0);

let str1 = new String("World");
p1 = Object.getPrototypeOf(str1);

let isIdentical = (p0 === p1);                trueになる
```

「===」は厳密な比較をする演算子です。オブジェクトの比較に使用した場合、左辺と右辺が同じオブジェクトか否かを比較します。上記の例では、p0もp1も同じオブジェクトを参照しているので、isIdenticalはtrueとなります。

prototypeの参照先であるp0オブジェクトが取得できました。では、これにどのようなプロパティがあるかデバッガを使って見てみましょう。監視（ウォッチ）ウィンドウで「p0」を確認します。

Chromeのデバッガでp0オブジェクトのメソッドを確認

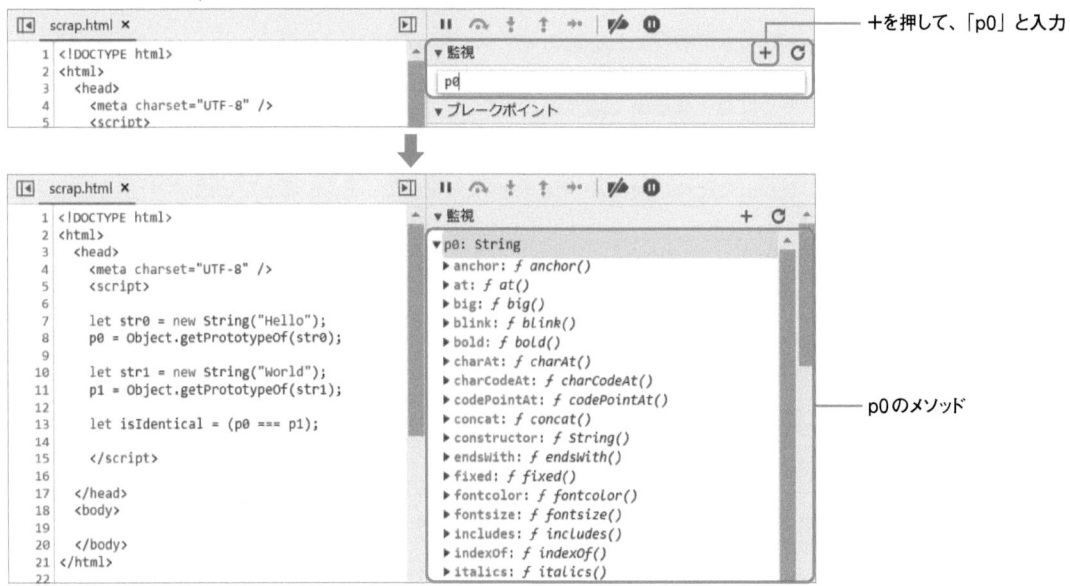

画面右側にp0のメソッド一覧が表示されています。charAt()、charCodeAt()、concat()などStringオブジェクト固有のメソッドが定義されていることがわかります。

つまり、文字列オブジェクトを作成した場合、charAt()などのメソッドを呼び出すことができたのは、prototypeで参照されるオブジェクトにcharAt()メソッドが定義されていたからなのです。

でもちょっと待ってください。前の例では、文字列オブジェクトstr0に対してcharAt()メソッドを呼び出しました。prototypeオブジェクトにcharAt()メソッドがあることは確認できましたが、str0オブジェクトにcharAt()メソッドがないことに変わりはありません。

charAt()メソッドはprototypeオブジェクトにはあるがstr0オブジェクトにはない

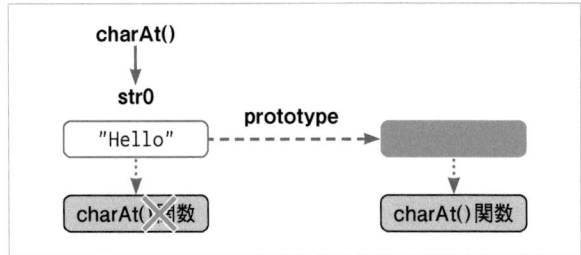

2-9-3 | プロトタイプ継承

なぜstr0.charAt(0)のように、str0に対してcharAt()メソッドが呼び出せたのでしょうか? これこそが、JavaScriptのプロトタイプ継承なのです。

JavaScriptではプロパティが参照されたとき、

- プロパティがそのオブジェクトで定義されていれば、そのプロパティを参照する
- 定義されていなければprototypeで参照される先のオブジェクトで同じことを行う

という動作をprototypeがたどれなくなるまで繰り返します。

今回の場合、str0オブジェクトのcharAt()メソッドが参照されました。しかし、str0オブジェクトにはそのようなメソッドが定義されていなかったため、prototypeの参照先を見て、そこにあったcharAt()が呼び出されたのです。

別の例でさらに詳しく見てみましょう。ObjectAに対してstart()、sayHello()、startPlay()といったメソッドを呼び出したとします。

ObjectAに対してstart()、sayHello()、startPlay()を呼び出す

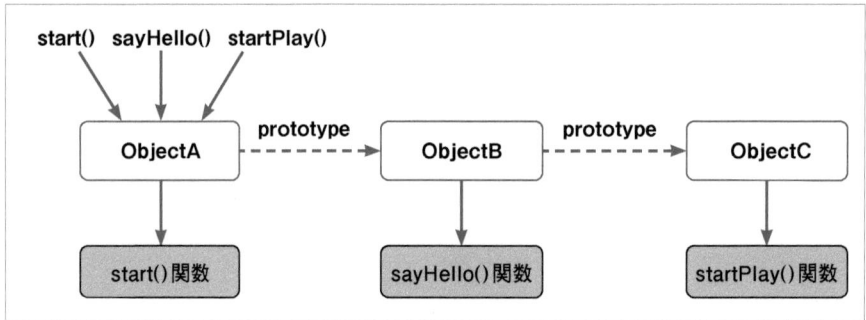

start()から始めましょう。ObjectAにはstart()メソッドがあるので、普通に呼び出すことができます。では、sayHello()メソッドはどうでしょうか? ObjectAにはそのようなメソッドはありません。そこで、ObjectAのprototypeを参照します。参照先のObjectBにはsayHello()メソッドが定義されているので、この関数が実行されます。一方、startPlay()はどうでしょうか? ObjectAにメソッドがないので、prototypeをたどります。しかし、startPlay()はObjectBにも定義されていません。そこで、さらにprototypeをたどり、ObjectCにたどり着きます。ここでstartPlay()メソッドが見つかるので、この関数が実行されます。

2-9-4 | プロトタイプの設定方法

ここまで「プロトタイプとはどのようなものか」といった概念について説明してきました。次に、JavaScriptでプロトタイプを使うには具体的にどのようにしたらよいか見ていきましょう。

ここでポイントとなるのは「プロトタイプは暗黙の参照であり、プログラマが明示的に設定するものではない」ということです。すなわち、以下のような考え方は正しくありません。

```
let str0 = new String("Hello");
str0.prototype = someOtherObject;                    prototypeを自分で明示的に設定するのは正しくない
```

確かにstr0オブジェクトにはprototypeというプロパティが追加され、その参照先がsomeOtherObject
となります。しかし、この例でのprototypeは単なるプロパティの1つに過ぎず、呼び出されたときに参照先を
たどっていくというプロトタイプとしての働きはしてくれません。

そもそも、この例のようにオブジェクトを生成するたびにプログラマがプロトタイプを設定するのは面倒です。
プロトタイプの設定を忘れて、意図しない挙動になることもあるでしょう。ご安心ください。JavaScriptでは
もっとよい方法が用意されています。

JavaScriptでオブジェクトを作る際にはコンストラクタが使われます。new演算子を付けてfunctionを呼
び出すと、それは関数として実行されるのではなく、オブジェクトを作成するためのコンストラクタとして動作
します。そのコンストラクタに明示的にprototypeを設定しておくと、そのコンストラクタを使って作られたオブ
ジェクトは暗黙のprototypeを参照するようになるのです。

コンストラクタを使って作られたオブジェクトはコンストラクタのprototypeを参照する

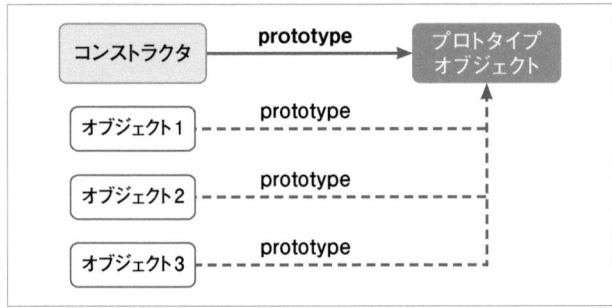

具体例を見てみましょう。

```
let myProto = {
  sayHello: function () { console.log("hello") }        1    プロトタイプオブジェクト
}


function myObject() {
}                                                        2    コンストラクタ


myObject.prototype = myProto;                    3           コンストラクタにprototypeを設定


let a = new myObject();
let b = new myObject();                          4           オブジェクトの作成


a.sayHello();                                                プロトタイプのメソッド呼び出し


let p0 = Object.getPrototypeOf(a);
let p1 = Object.getPrototypeOf(b);               5
let isSame0 = (p0 === p1);                                   p0とp1は同一（isSame0はtrue）
let isSame1 = (p0 === myProto);                              p0とmyProtoは同一（isSame1はtrue）
```

1のmyProtoがプロトタイプオブジェクトです。sayHello()というメソッドを1つだけ持つシンプルなオブジェクトです。

2で定義されている関数myObject()はコンストラクタです。

3の「myObject.prototype = myProto」で、myObjectオブジェクトのプロトタイプを設定しています。

4にあるように、aとbはmyObjectのオブジェクトです。

5で、それぞれのプロトタイプオブジェクトを「Object.getPrototypeOf()」で取得しています。

aの暗黙のプロトタイプがp0で、bの暗黙のプロトタイプがp1となります。p0、p1、myProtoという3つのオブジェクトがまったく同じものであることがわかります。

プロトタイプの例

ゲームプログラミングをしていると、カードゲームでカードをシャッフルしたり、地雷の位置を変更したりと、配列の並び順をランダムにしたいという状況に出くわすことがあるでしょう。残念ながらもともとの配列オブジェクトArrayにそのようなメソッドは用意されていません。そのような場合に便利なメソッドを実装してみましょう。

配列の並び順をランダムにするメソッド　　　　　　　**SAMPLE**　2.JavaScript/Object/array-shuffle.html

```html
<!DOCTYPE html>
<html>
  <head>
    <meta charset="UTF-8">
    <script>
      Array.prototype.shuffle = function(){    ← 1
        let i = this.length;
        while(i){
          let j = Math.floor(Math.random() * i);
          let t = this[--i];
          this[i] = this[j];
          this[j] = t;
        }
        return this;
      }

      function shuffle(){
        let cards = [1,1,2,2,3,3,4,4,5,5,6,6];
        cards.shuffle();        ← 2
        document.getElementById("result").innerText = cards.join(",");
      }
    </script>
  </head>
  <body>
    <button onclick="shuffle()">shuffle</button>
    <p id="result"></p>
  </body>
</html>
```

メソッドの中身はFisher-Yatesというアルゴリズムを実装したものですが、今はその内容を理解しなくてもかまいません。今はプロトタイプの理解を深めることに集中しましょう。

　Arrayは配列型のコンストラクタです。上記のコードでは、■で配列Arrayのコンストラクタのprototypeにshuffle()というメソッドを追加しています。そうすることで、すべての配列型オブジェクトに対してshuffle()メソッドを呼び出すことが可能になります。

配列Arrayのコンストラクタのprototypeにshuffle()というメソッドを追加

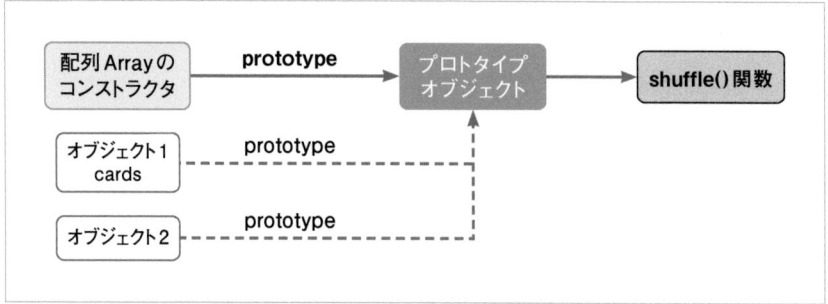

　ここでは、②でcardsという配列を定義して、cards.shuffle()としてメソッドを呼び出しています。そうすると配列の要素がランダムに並べ替えられます。もともと配列型にはshuffle()というメソッドはありません。しかし、これが動作するのは、cardsという配列型にshuffle()というメソッドはなくても、cardsの暗黙のprototype参照の先にshuffle()という関数オブジェクトが登録されているからなのです。

イベント

2-10

「JavaScriptのプログラミングはイベントハンドラを記述すること」といっても過言ではありません。それくらいイベントとイベントハンドラは重要な位置を占めます。ここでは、いろいろなイベントとそのイベントを処理する方法について説明します。

2-10-1 | イベント、イベントハンドラ

イベントとは何らかの事象のことです。人生には、誕生日、入学式、運動会、卒業式、就職といったさまざまなイベントがありますが、JavaScriptにとってのイベントは、文書が読み込まれた、マウスがクリックされた、マウスが移動した、キーが押された、タイマーの時間が来た、といったものです。JavaScriptのプログラミングとは「イベントが発生したときにどのような処理を行うか記述すること」といっても過言ではありません。それだけに、イベントについて正しい理解を持つことはとても重要です。

イベントハンドラ

イベントが発生したときに実行される関数をイベントハンドラと呼びます。たとえば、誕生日というイベントにとっては、誕生日パーティーがイベントハンドラに該当するでしょう。JavaScriptでは「プロパティに関数を代入する」という方法でイベントハンドラを設定します。言葉による説明よりも例を見たほうが直感的にわかりやすいので、さっそく具体例を見てみましょう。

2-10-2 | 文書の読み込みイベント

人生最初のイベントが誕生であるように、JavaScriptの最初のイベントは文書読み込みのイベントです。このイベントの処理方法を見てみましょう。

単純なHTML　　　　　　　　　　　　　　　**SAMPLE** 2.JavaScript/Event/eventload0.html

```
<!DOCTYPE html>
<html>
  <head>
    <meta charset="UTF-8">
  </head>
  <body>
    <h1>こんにちは</h1>
  </body>
</html>
```

ブラウザ表示結果

イベントハンドラの使用例　　　　　　　　　　　　**SAMPLE** 2.JavaScript/Event/eventload1.html

```html
<!DOCTYPE html>
<html>
  <head>
    <meta charset="UTF-8">
    <script>
      window.onload = init;     ←1

      function init() {
        let h = document.getElementById("title");     ←2
        h.textContent = "はじめまして";
      }
    </script>
  </head>
  <body>
    <h1 id="title">こんにちは</h1>
  </body>
</html>
```

ブラウザ表示結果

> eventload1.html × +
> ← → C ① ファイル | C:/Book/JSGameRe/2.JavaScript/Event/eventload1.html ゲスト ⋮
>
> # はじめまして

1 で、windowオブジェクトのonloadプロパティにイベントハンドラinitを登録しています。こうすると、文書の読み込み完了後に関数init()が呼び出されます。2 のイベントハンドラ関数init()の中では、「id="title"」という要素を取得し、そのtextContentプロパティに文字列を代入することで、表示を「はじめまして」に更新しています。ちなみに、以下のように無名関数を使うことも可能です。

無名関数　　　　　　　　　　　　　　　　　　　**SAMPLE** 2.JavaScript/Event/eventload2.html

```javascript
window.onload = function () {
  let h = document.getElementById("title");
  h.textContent = "はじめまして";
};
```

また、以下のように<body>要素のonload属性に記述しても、ほぼ同じ挙動（文書読み込み後に関数init()が実行される）となります。

```html
<body onload="init()">
```

昔は<body>要素のonload属性にイベントハンドラを記述するのが一般的でしたが、最近ではwindowオブジェクトのonloadハンドラに登録する手法や、以下のようにDOMContentLoadedイベントにハンドラを登録する手法も見られるようになりました。

DOMContentLoadedイベントにハンドラを登録　　**SAMPLE** 2.JavaScript/Event/eventload3.html

```
<!DOCTYPE html>
<html>
  <head>
    <meta charset="UTF-8">
    <script>
      document.addEventListener("DOMContentLoaded", function () {
        let h = document.getElementById("title");
        h.textContent = "はじめまして";
      });
    </script>
  </head>
  <body>
    <h1 id="title">こんにちは</h1>
  </body>
</html>
```

いずれも、文書を読み込み時のイベントを処理するものです。ただ、厳密にいうとwindowオブジェクトのonloadとdocumentオブジェクトのDOMContentLoadedイベントは発生するタイミングが異なります。

DOMContentLoadedとonload

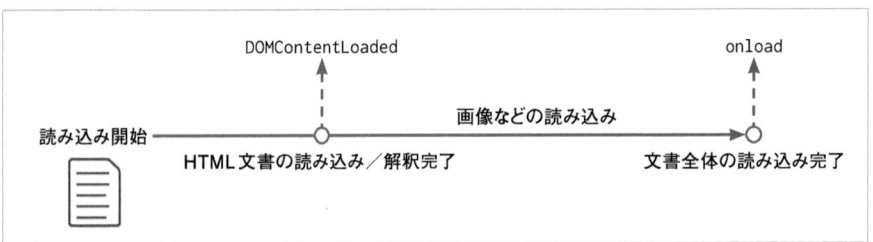

ブラウザはHTMLを読み込むと、まず文書がどのような構造かを解釈をします。この解釈が完了した段階でDOMContentLoadedが発生し、その後で画像などの読み込みが行われます。画像などの読み込みがすべて完了した時点でonloadが発生します。実際に試してみましょう。<script>要素に以下のように記述してみます。

読み込み処理で発生するイベントの確認　　**SAMPLE** 2.JavaScript/Event/eventload4.html

```
document.addEventListener("DOMContentLoaded", function () {
  console.log("called: DOMContentLoaded");
});
window.onload = function () {
  console.log("called: window.onload");
};
```

開発者ツールのコンソールを見てみると、DOMContentLoadedが先に呼び出されていることがわかります。

Chromeのデバッガのコンソールで確認

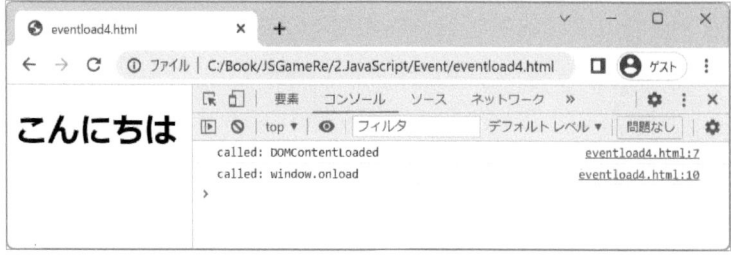

　画像の読み込みなどに時間がかかるページで、早い段階でJavaScriptの処理を行いたい場合は
DOMContentLoadedを、特にこだわりがない場合は好きなほうを使えばよいでしょう。

2-10-3 | ボタンのクリック

　次にボタンをクリックしたときに発生するイベントハンドラを見てみましょう。

ボタンクリック時に発生するイベントの確認　　　　　　　　**SAMPLE** 2.JavaScript/Event/mouseclick0.html

```html
<!DOCTYPE html>
<html>
  <head>
    <meta charset="UTF-8">
    <script>
      window.onload = function () {
        document.getElementById("yes").onclick = yeshandler;
        document.getElementById("no").onclick = nohandler;
      };
      function yeshandler(e) {
        document.getElementById("status").textContent = "はいが選ばれました";
      }
      function nohandler(e) {
        document.getElementById("status").textContent = "いいえが選ばれました";
      }
    </script>
  </head>
  <body>
    <button id="yes">はい</button>
    <button id="no">いいえ</button>
    <h2 id="status"></h2>
  </body>
</html>
```

ブラウザ表示結果

［はい］［いいえ］ボタンを押すと、画面の表示が更新されます。window.onloadでは、それぞれのボタンを
document.getElementById()で取得し、そのonclickプロパティに専用のハンドラを登録しています。その
様子を以下の図に示します。

各ボタンにハンドラを登録

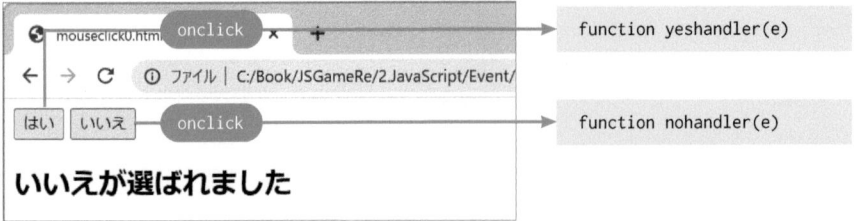

このアプローチでは、それぞれのイベントに専用のイベントハンドラを割り当てるので直感的でわかりやすい
でしょう。しかし、どちらのハンドラでも同じような処理を行うので、都度記述するのは無駄ですよね。以下のよ
うにすれば、1つのハンドラで同じ効果を実現できます。

1つのハンドラで確認　　　　　　　　　　　　　　　**SAMPLE** 2.JavaScript/Event/mouseclick1.html

```javascript
window.onload = function () {
  document.getElementById("yes").onclick = myhandler;
  document.getElementById("no").onclick = myhandler;
};
function myhandler(e) {
  document.getElementById("status").textContent =
    e.target.textContent + "が選ばれました";
}
```

ブラウザ表示結果

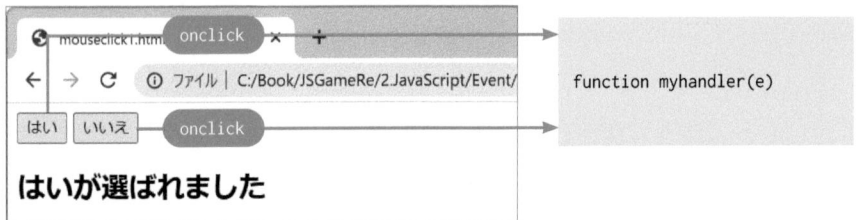

なぜ1つのハンドラでそれぞれのボタンに対応できたのでしょうか？　ここで注目してほしいのは、
myhandler()の中にあるe.targetです。変数eはイベントハンドラが呼び出されるときの引数で、ブラウザが
値を設定してくれます。変数eのtargetプロパティにはイベントを発生させた要素、すなわち<button>要素
への参照が格納されます。つまり、このプロパティを見ればどのボタンが押されたかがわかるのです。あとは、
要素のtextContentプロパティからボタンのラベル文字列を取得し、その内容を設定しています。

2-10-4 | イベントハンドラの引数

ここまで、

- イベントハンドラが呼ばれるときにはブラウザが引数をセットしてくれる
- その引数のtargetプロパティを見るとイベントを発生させた要素がわかる

と説明しました。しかし、一口にイベントといっても多くのバリエーションがあり、それぞれに付随する情報は異なります。たとえば、\<input\> 要素でスライダバーが操作されたときは、値が変化した旨の情報があれば十分ですが、\<canvas\>要素などでマウスが操作されたのであれば座標情報も必要となるでしょう。少し実験をしてみましょう。

\<canvas\>要素（Canvas）は、文字／図形／画像などを描画する対象となるHTML要素です。Canvasの登場で、Webページの表現は飛躍的に高まりました。Canvasの使い方は、第3章で解説します。

発生するイベントの確認　　　　　　　　　　　　**SAMPLE** 2.JavaScript/Event/eventarg1.html

```
<!DOCTYPE html>
<html>
  <head>
    <meta charset="UTF-8">
    <script>
    window.onload = function () {
      let nodes = document.getElementsByClassName("target");
      for (let i = 0; i < nodes.length; i++) {
        nodes[i].onclick = myhandler;
        nodes[i].onmousedown = myhandler;
        nodes[i].onmouseup = myhandler;
        nodes[i].onchange = myhandler;
        nodes[i].onfocus = myhandler;
      }
    };
    function myhandler(e) {
      console.log(e.type + ": tagName=" + e.target.tagName);
      console.log(
        "  clientX=" +
          e.clientX +
          " screenX=" +
          e.screenX +
          " pageX=" +
          e.pageX +
          " offsetX=" +
          e.offsetX
      );
    }
    </script>
  </head>
```

```
  <body>
    <button class="target">ボタン</button>
    <input class="target" type="range">
    <p class="target">パラグラフ</p>
    <h3>
      デベロッパーツール（デバッガ）を起動してコンソール出力をご覧ください
    </h3>
  </body>
</html>
```

［左］ブラウザ表示結果、［右］デバッガのコンソール（「ボタン」押下時）　※Chromeの場合

<button>要素、<input>要素、<p>要素に対して、onclick、onmousedown、onmouseup、onchange、onfocusといったイベントのハンドラを設定しています。イベントハンドラmyhandlerでは、引数で与えられたイベントに関する情報をコンソールに出力しています。

　初期化関数onload()の中にdocument.getElementsByClassName()という見慣れない命令があります。このgetElementsByClassName()は、引数で指定されたクラス名を持つ要素をまとめて返す関数です。document.getElementById()は、引数で指定されたidを持つ要素を返す関数でした。これと働きは似ています。ただ、idは文書中で同じ値を複数指定できませんが、class属性には同じ値を割り当てられるので、複数の要素を抽出できます。覚えておくと便利です。

　コンソール出力を見ると、どのようなイベントが発生するかがわかります。発生する順序や内容はブラウザによって異なりますが、さまざまなイベントが発生していることが確認できます。Chromeの場合は、以下のようなイベントが発生していました。

イベントの種類と発生順

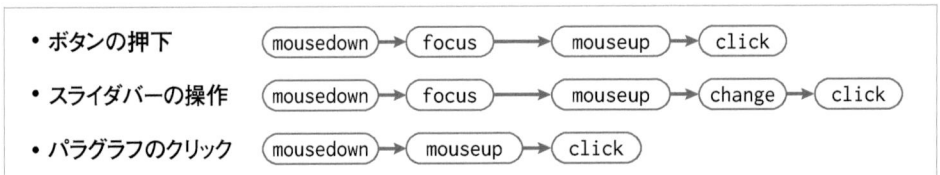

　また、focus、changeといったイベントのときは、clientX、screenX、pageXといったマウス座標に関連する情報が設定されていない（undefined）こともわかります。

　このようにイベントハンドラに渡された引数を参照することで、どの要素でどのような操作が行われたか、マウスの場合はどの座標でイベントが発生したのか、ということがわかるようになります。

　ところで、前の例ではマウスカーソルの座標値を取得するために、clientX、screenX、pageXといったプロパティを使用していました。これらはX座標（横方向）の値を取得するためのものですが、Y座標の値を取得するためにclientY、screenY、pageYといったプロパティも用意されています。では、これらのプロパティはいったい何が違うのでしょうか？　以下の図をご覧ください。

マウスカーソルの座標値　　　　　　　　　　　　　　　SAMPLE　2.JavaScript/Event/eventarg2.html

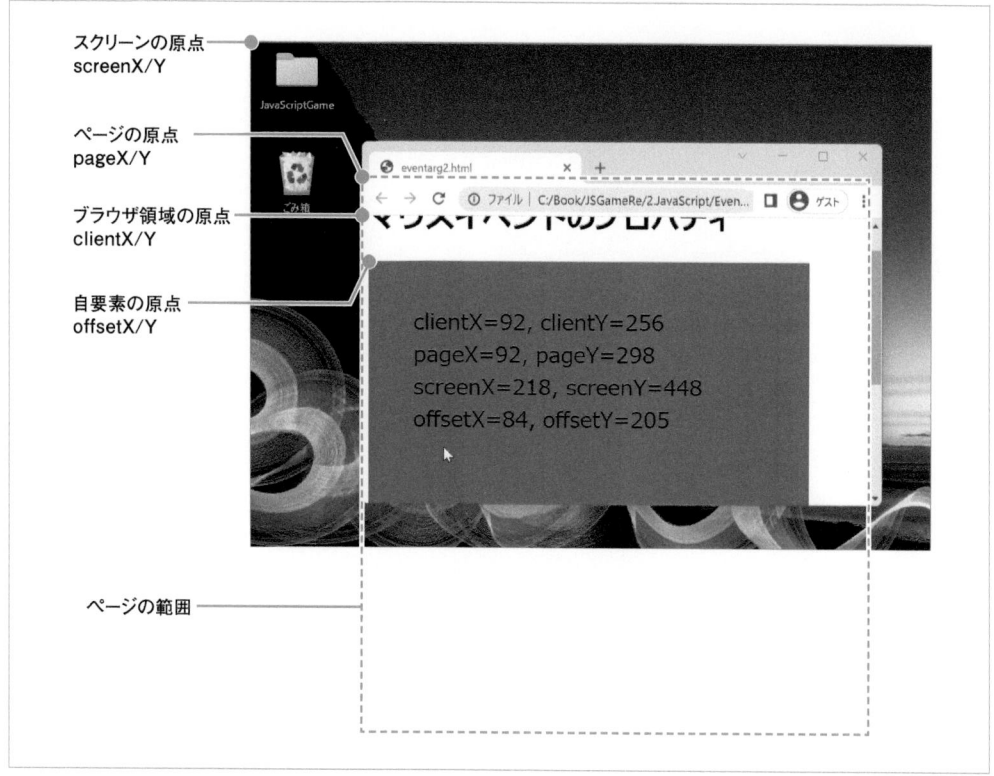

　それぞれのプロパティは、原点とする座標が異なります。

プロパティと座標

プロパティ	座標
screenX/Y	画面（スクリーン）の左上を原点とする座標
clientX/Y	ブラウザ領域の左上を原点とする座標
pageX/Y	ページの左上を原点とする座標（スクロールしていないときはclientX/Yと同じ値）
offsetX/Y	イベント発生元の要素（自要素）の左上を原点とする座標

　Canvas（<canvas>要素）でゲームを実装するときは、原点をCanvasの左上端とするoffsetX/Yを使うことが多いでしょう。こうすればCanvasをページ上のどこに配置してもJavaScriptのコードを変更する必要がありません。

```html
<!DOCTYPE html>
<html>
  <head>
    <meta charset="UTF-8">
    <style>
      p {
        background-color: gray;
        width: 400px;
        height: 400px;
        padding: 50px;
        font-size: 24px;
      }
    </style>
    <script>
      window.onload = function () {
        document.getElementById("area").onmousemove = mymousemove;
      };
      function mymousemove(e) {
        document.getElementById("s0").textContent = "clientX=" + e.clientX + ", clientY=" + e.clientY;
        document.getElementById("s1").textContent = "pageX=" + e.pageX + ", pageY=" + e.pageY;
        document.getElementById("s2").textContent = "screenX=" + e.screenX + ", screenY=" + e.screenY;
        document.getElementById("s3").textContent = "offsetX=" + e.offsetX + ", offsetY=" + e.offsetY;
      }
    </script>
  </head>
  <body>
    <h1>マウスイベントのプロパティ</h1>
    <p id="area">
      <span id="s0"></span><br>
      <span id="s1"></span><br>
      <span id="s2"></span><br>
      <span id="s3"></span><br>
    </p>
  </body>
</html>
```

ブラウザ表示結果

HTMLやCSSの仕様はW3C（World Wide Web Consortium）などで細かく規定されています。ただ、ブラウザによって対応状況も異なりますし、挙動にも違いがあります。特にイベント回りは違いが大きい部分です。実際にはいろいろなブラウザで試行錯誤しながら、プロパティやイベントを探していく作業が必要でしょう。

2-10-5 | イベントハンドラの登録先

　ボタンを押したときの処理は、各ボタンごとにイベントハンドラを記述するか、複数のボタンをまとめて処理するか、場合によりけりです。例として、3つのカードの中から当たりを1つ見つける簡単なゲームを紹介しましょう。まず、個々の要素にイベントハンドラを割り当てる方法です。

イベントハンドラを割り当てる例　　　　　　　　　　**SAMPLE** *2.JavaScript/Event/event-scope0.html*

```html
<!DOCTYPE html>
<html>
  <head>
    <meta charset="UTF-8">
    <style>
      .card {
        width: 50px;
        height: 70px;
        border: 1px solid blue;
        border-radius: 10px;
        text-align: center;
        font-size: 26px;
        background-color: white;
        box-shadow: rgb(128, 128, 128) 5px 5px;
      }
    </style>
    <script>
      let strike = Math.floor(Math.random() * 3);      ← 1
      window.onload = function () {
        document.getElementById("card0").onclick = myhandler0;
        document.getElementById("card1").onclick = myhandler1;
        document.getElementById("card2").onclick = myhandler2;   ← 2
        document.getElementById("shuffle").onclick = shuffle;
      };
      function myhandler0(e) {
        if (strike == 0) {
          document.getElementById("card0").textContent = "○";
        }
      }
      function myhandler1(e) {
        if (strike == 1) {
          document.getElementById("card1").textContent = "○";     ← 3
        }
      }
      function myhandler2(e) {
        if (strike == 2) {
          document.getElementById("card2").textContent = "○";
        }
      }
```

```
        function shuffle(e) {
            strike = Math.floor(Math.random() * 3);
            document.getElementById("card0").textContent = "";
            document.getElementById("card1").textContent = "";    ◀ 4
            document.getElementById("card2").textContent = "";
        }
    </script>
    </head>
    <body>
      <div id="deck">
        <table>
          <tr>
            <td class="card" id="card0"></td>
            <td class="card" id="card1"></td>
            <td class="card" id="card2"></td>
          </tr>
        </table>
        <button id="shuffle">Shuffle</button>
      </div>
    </body>
</html>
```

ブラウザ表示結果

コードは少々長めですが、処理内容はシンプルです。2のonloadで、それぞれのカードとボタンにイベントハンドラを登録しています。

また、1で当たりカードの番号（0 ～ 2）を乱数で生成し、変数strikeに設定しています。

3では、それぞれのイベントハンドラに対し、自分のカードと当たり番号が同じだったときに「〇」を表示しています。

4の関数shuffle()は、[Shuffle] ボタンが押されたときのイベントハンドラで、乱数を設定し、すべてのカードを裏返しにしています。

ここで、すべてのカード、[Shuffle] ボタンに別々のイベントハンドラを登録していることに注目してください。

すべてのカード、[Shuffle] ボタンに別々のイベントハンドラを登録

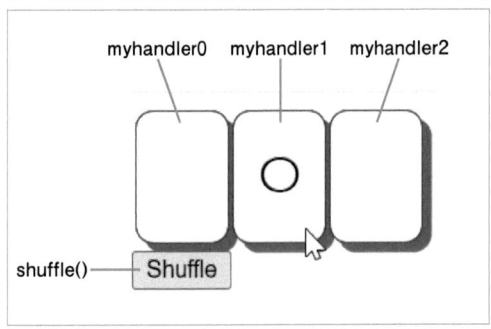

一方、以下のサンプルは動作としてはまったく同じですが、イベントハンドラの登録対象が異なります。

```
<!DOCTYPE html>
<html>
  <head>
    <meta charset="UTF-8">
    <style>
      .card {
        width: 50px;
        height: 70px;
        border: 1px solid blue;
        border-radius: 10px;
        text-align: center;
        font-size: 26px;
        background-color: white;
        box-shadow: rgb(128, 128, 128) 5px 5px;
      }
    </style>
    <script>
      let strike = Math.floor(Math.random() * 3);
      window.onload = function () {
        document.getElementById("deck").onclick = myhandler;     ←1
      };

      function myhandler(e) {
        let card0 = document.getElementById("card0");
        let card1 = document.getElementById("card1");
        let card2 = document.getElementById("card2");
        let shuffle = document.getElementById("shuffle");

        if (e.target == shuffle) {
          strike = Math.floor(Math.random() * 3);
          card0.textContent = "";
          card1.textContent = "";
          card2.textContent = "";
        }
        if (
          (e.target == card0 && strike == 0) ||
          (e.target == card1 && strike == 1) ||
          (e.target == card2 && strike == 2)
        ) {
          e.target.textContent = "○";
        }
      }
    </script>
  </head>
  <body>
    <div id="deck">
      <table>
        <tr>
          <td class="card" id="card0"></td>
          <td class="card" id="card1"></td>
```

JavaScriptの基本

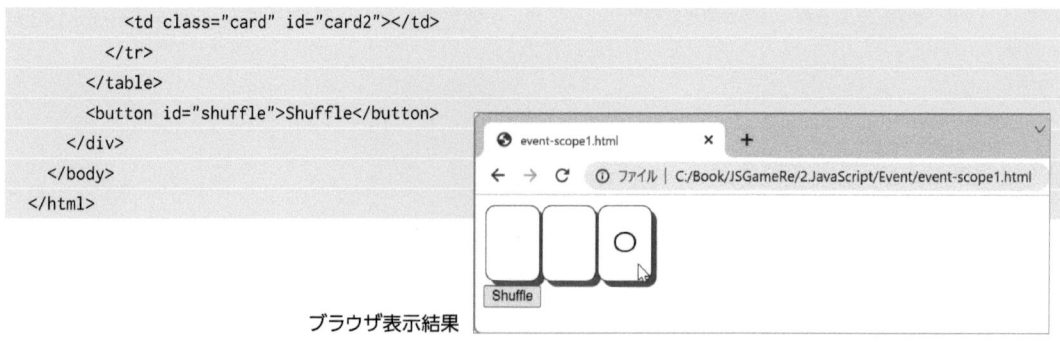

```
          <td class="card" id="card2"></td>
        </tr>
      </table>
      <button id="shuffle">Shuffle</button>
    </div>
  </body>
</html>
```

ブラウザ表示結果

イベントハンドラは<div>要素に1つ登録しているだけです **1**。イメージを以下に示します。イベントハンドラmyhandlerの中では、イベントを発生した要素e.targetに応じて処理を切り分けています。

イベントハンドラは<div>要素に1つだけ登録

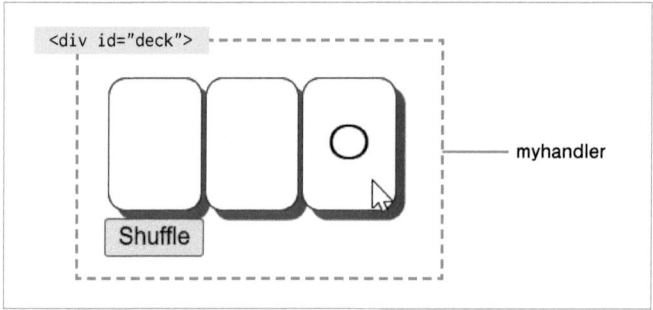

　このように、同じ目的を達成するにしてもいろいろな方法があることがわかります。どちらが良い悪いという問題ではなく、状況に応じて使い分けられるようになるのが理想です。

イベントの通知

　先の例では、親要素でまとめてイベントを受信しましたが、JavaScriptでは、子要素→親要素、親要素→子要素のどちらの順番でイベントが通知されていくのかを制御することができます。

イベントの通知

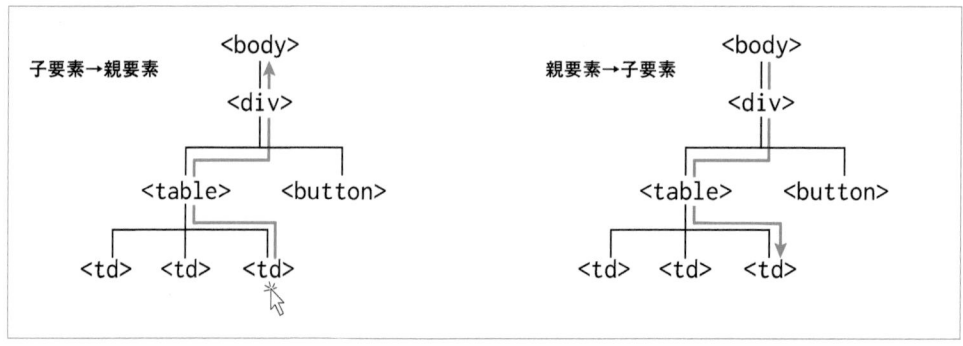

今回は、以下のようにイベントハンドラを登録しました。

```
document.getElementById("deck").onclick = myhandler;
```

この場合は、上図の左側のように、子要素→親要素の順番にイベントが通知されていきます。泡がのぼっていくようにも見えるので、イベントバブリング（Event Bubbling）とも呼ばれます。

一方、上図の右側のように、親要素から順番に要素までイベントが通知されていく様子をキャプチャリング（Capturing）と呼びます。この順番にイベントを処理したい場合は、

```
elements[i].addEventListener("click", myhandler, true);
```

のように記述します。ただし、バブリング／キャプチャリングは、すべてのブラウザが対応しているとは限りません。どちらの順番で通知が行われたとしても動作するような作りにしておくほうがよいでしょう。

バブリング／キャプチャリングの動作確認用にevent-scope2.htmlを用意しました。興味のある方は中身をご覧ください。

SAMPLE 2.JavaScript/Event/event-scope2.html

2-10-6 | タッチイベントに関して

タブレットやスマートフォンの場合、マウスやキーボードではなくタッチを使用します。「マウスポインタを指に置き換えるだけだから簡単なのでは？」と思う方もいるかもしれませんが、以下のような事項を考慮する必要があります。

- マウスクリックは1点のみだがタッチは指の数だけ接点があり、それを考慮する必要がある
- 2本の指でズームや回転を行うジェスチャーという操作も考慮する必要がある

本書の後半ではゲームの内容について解説していますが、本書におけるタッチへの対応方法について以下に説明します。

- 「#canvas { touch-action: none;}」のようにタッチ対象の要素にtouch-actionプロパティを設定し、デフォルトのタッチジェスチャー操作を無効にする
- マウスのイベントハンドラに加え、タッチ用のイベントハンドラも追加する

```
canvas.onmousedown = mymousedown;
canvas.onmousemove = mymousemove;
canvas.onmouseup = mymouseup;
canvas.addEventListener('touchstart', mymousedown);
canvas.addEventListener('touchmove', mymousemove);
canvas.addEventListener('touchend', mymouseup);
```

これらのイベントハンドラの中では、イベントの種類に応じて利用できるプロパティが異なるため、以下のように プロパティが取得できなかった場合のバックアップも指定します。ちなみにtouchesはタッチしている点の配列です。

```
function mymousedown(evt) {
    let mouseX = !isNaN(e.offsetX) ? e.offsetX : e.touches[0].clientX;
    let mouseY = !isNaN(e.offsetY) ? e.offsetY : e.touches[0].clientY;
```

isNaN()は、引数がNaN（非数：数値ではないもの）であるかどうかを調べる関数です。「Is Not A Number」という英語が関数名の由来です。仮にマウスで操作している場合であれば、e.offsetXに数値が格納されているはずです。その場合は「!isNaN(e.offsetX)」がtrueになるので、e.offsetXの値を返します。数値でない場合は、タッチ操作が行われたとして、e.touches[0].clientXの値を返しています。

Windows10/11のChromeで試したところ、'touchend'のコールバックでは接点の数が0になるためか、evt.touchesが空の配列になっていました。このような挙動も正しく認識したうえで使用する必要があることに注意してください。

関数オブジェクト

2-11

本章の最後は関数オブジェクトです。関数をモノとして扱う方法について勉強します。直観的ではないため最初は違和感を覚えるかもしれませんが、ワンランク上を目指すには必須のテクニックです。

2-11-1 | 関数はオブジェクト

実は、JavaScriptでは関数もオブジェクトです。こう聞くと違和感を覚えるかもしれません。「JavaScriptの関数は、何かしら決まった処理を行うものでしょ？　何でこれがオブジェクトなの!?」── そう感じるのは自然な反応です。ただ、JavaScriptでワンランク上を目指すのであれば関数オブジェクトは避けて通れません。本節の目的は"関数＝オブジェクト"という感覚に慣れることです。

まずは、身近な例を使って説明してみましょう。料理のレシピを考えてみてください。

レシピとは、「どんな材料を用意して、どんな手順で調理すれば、どんな料理が完成するか記載したもの」です。文字や写真が載っている紙や本と捉えれば、見たり触ったりできるのでオブジェクト（モノ）っぽいですよね。

では、関数をこんなふうに考えてみてください。関数とは、どんな引数を受領して、どんな手順で処理すれば、どんな出力が得られるか記述したものです。レシピと対比すると少しは関数もオブジェクト（モノ）っぽく感じられるのではないでしょうか？

実際に、JavaScriptでは「関数は処理手順を定義したオブジェクト（モノ）」として扱われます。オブジェクトなので変数に代入したり、引数として別の関数に渡したりすることもできます。関数オブジェクトがほかのオブジェクトや変数と大きく異なるのは、()を後ろにつけることで実行できることです。

関数をオブジェクトとして扱う例　　　　　　　　　　　**SAMPLE** 2.JavaScript/FunctionObject/funcobj0.html

```
function add(a, b) {
  return a + b;
}
function mul(a, b) {        ◀━1
  return a * b;
}
let calculator = add;
let x = calculator(2, 3);   ◀━2    x=5
calculator = mul;
let y = calculator(2, 3);   ◀━3    y=6
```

1 で2つの関数add()、mul()を宣言しています。関数はオブジェクトなので変数に代入することができます。まず 2 でaddを変数calculatorに代入し、calculatorに「(2, 3)」と付けることで関数を実行しています。これによりadd()が実行され、xには5が代入されます。

次に 3 でcalculatorにmulを代入して、同様に実行すると、今度はmul()が実行され、yには6が格納され

ます。

以下のように、関数の宣言と変数への代入を同時に行うことも可能です。

SAMPLE 2.JavaScript/FunctionObject/funcobj0.html

```
calculator = function div(a, b) {
  return a / b;
};
let z = calculator(3, 2);                    z=1.5
```

上記は割り算を実行する関数ですが、関数名は明示的に記述していません。このように関数名を明示的に指定しないものを無名関数オブジェクトと呼びます。ちなみに、「let calculator = function div(a, b) {……」のように関数名を明示的に記述しても問題ありません。

無名関数は、オブジェクトのメソッドを定義するときによく使われます。

SAMPLE 2.JavaScript/FunctionObject/funcobj0.html

```
function Person(name, energy) {
  this.name = name;
  this.energy = energy;
  this.run = function () {
    this.energy -= 10;
  };
  this.sayHello = function () {
    console.log("Hi! " + this.name);
  };
}

let p = new Person("Tanaka", 100);
p.run();                              energyが90に減る
p.sayHello();                         consoleに"Hi! Tanaka"と表示される
```

関数Person()はコンストラクタで、Personクラスのオブジェクトを作成するために使用されます。このPersonクラスには、name（文字列）、energy（数値）、run（関数）、sayHello（関数）といったプロパティが登録されています。言語によっては、メンバ変数（文字列／数値／オブジェクトなどの値）と、メソッド（関数）を明確に区別するものもありますが、JavaScriptでは、どちらも同じプロパティです。その参照先が、数値や文字といった変数であればメンバ変数になり、参照先が関数オブジェクトであればメソッドになるといった違いでしかありません。

参照先が数値や文字であればメンバ変数、関数オブジェクトであればメソッド

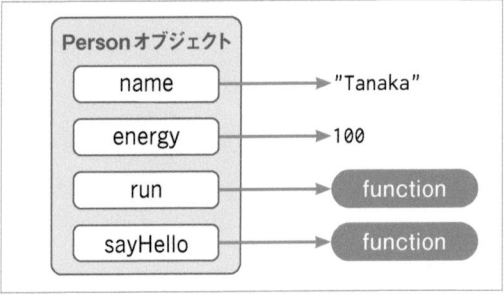

関数を変数に格納したり、プロパティとして宣言したり、といった特徴は、文字列や数値とまったく同じです。「関数も単なるオブジェクトに過ぎない」という考え方にも慣れてきたのではないでしょうか？　そうでない人は「関数はオブジェクト（モノ）である」と何度か自分に言い聞かせましょう。今の時点では違和感があったとしても、そのうち慣れるので安心してください。

関数をオブジェクトにして扱う理由

ところで、「関数をオブジェクトにして何が嬉しいの？」「何のために変数に代入する必要があるの？」と釈然としない人も多いのではないでしょうか。ここで、関数をオブジェクトにして扱うという理由について考えてみましょう。

例として、料理人と（料理の）レシピの関係を想像してください。料理人は、レシピを見て料理を作ります。レシピには、どんな調理（処理）を行うかが記録されています。しかし、レシピだけでは、まったく役に立ちません。料理人がいて初めて価値があるのです。レシピを差し替えれば、別の料理ができあがります。

関数オブジェクトは、レシピに相当します。関数オブジェクトにはどんな処理を行うかが記述されていますが、関数オブジェクト単体ではまったく役に立ちません。それを利用する呼び出し側があって初めて意味があるのです。関数オブジェクトを別のオブジェクトに取り換えると、まったく違う処理を実行できるようになります。

このように関数オブジェクトの存在意義を理解するためには、関数オブジェクト単体ではなく、呼び出し側とのペアで考えることがポイントです。

2-11-2 | 関数オブジェクトによる配列の操作

関数オブジェクトの習得は、場数をこなして慣れるのが一番です。配列の要素すべてを合計する処理を考えてみましょう。for文を使うと以下のようになります。

```
let data = [1,6,3,4,3,2,6,8,5,9,0];
let total = 0;
for (let i = 0 ; i < data.length ; i ++){
    let v = data[i];
    total += v;
}
```

関数オブジェクトを使うとよりシンプルに記述できます。

```
let data = [1, 6, 3, 4, 3, 2, 6, 8, 5, 9, 0];   ←1
let total = 0;
data.forEach(function (v) { total += v });       ←3
                 2
```

2の「function (v) { total += v }」の部分が関数オブジェクトです。どちらもtotalの値は同じになります。
1のdataはArrayオブジェクト（配列）なので、dataに対してArrayオブジェクトのメソッドを呼び出すことができます。

3のforEach()はArrayオブジェクトのメソッドの1つで、配列の要素を順番に取り出し、その値を引数として関数オブジェクトを実行します。この例では、

- data[0]は1 ➡ `function (1) { total +=  1}`
- data[1]は6 ➡ `function (6) { total +=  6}`
- data[2]は3 ➡ `function (3) { total +=  3}`

  ……

のように関数オブジェクトが順番に実行され、合計値totalを求めています。

　関数オブジェクトの部分を書き換えると、別の処理が行えます。たとえば、

```
data.forEach(function (v) { total *= v });
```

とすれば、すべての要素を掛け合わせた数値が得られます。ちなみに、以下のように記述することも可能です。

```
let adder = function (v) { total += v };
data.forEach(adder);
```

　関数オブジェクトを変数adderに格納し、それをforEach()に渡しています。処理はまったく同じです。

　別の例を見てみましょう。ある配列から偶数のみを取り出す処理を考えてみます。for文を使って書くと、たとえば以下のようになります。

```
let data = [1, 6, 3, 4, 3, 2, 6, 8, 5, 9, 0];
let result = [];
for (let i = 0 ; i < data.length ; i++) {
    if (data[i] % 2 == 0) {
        result.push(data[i]);
    }
}
```

これを関数オブジェクトで書き直すと以下のようになります。

```
let data = [1, 6, 3, 4, 3, 2, 6, 8, 5, 9, 0];
let result = data.filter(function (v) { return v % 2 == 0 });
```
                                        ↑
                                        1

1の「function (v) { return v % 2 == 0 }」の部分が関数オブジェクトです。filter()メソッドもforEach()と同じくArrayオブジェクトのメソッドで、配列の各要素を取り出し、それを引数として関数オブジェクトを実行します。ただし、forEach()と異なるのは、最終的に、関数オブジェクトがtrueを返した要素のみを含む配列を返すことです。

たとえば、vに4が渡されたときは「4 % 2 == 0」がtrueとなるため、4はresultに含まれます。一方、vに5が渡されたときは「5 % 2 == 0」はfalseとなるため、5はresultに含まれなくなります。つまり、「{return v % 2 == 0}」といった条件を満たす要素だけを抽出することができるのです。

2-11-3 | 関数オブジェクトを引数にとる Array のメソッド

Arrayオブジェクトには、関数オブジェクトを引数にとるメソッドが用意されています。ここではそれらを紹介します。forEach()、filter()については、すでに具体例を示しましたが、復習もかねてもう一度説明します。

Array.prototype.forEach(関数オブジェクト)

配列の各要素に対して関数オブジェクトを呼び出します。

```
let data = [2, 5, 4, 7, 1, 6];
data.forEach(function (e, i) {
  console.log("[" + i + "]=" + e);
});
```

コンソール出力は次のようになります。配列の個々の要素について関数オブジェクトが呼び出されていることがわかります。

コンソール出力（Chromeの場合）

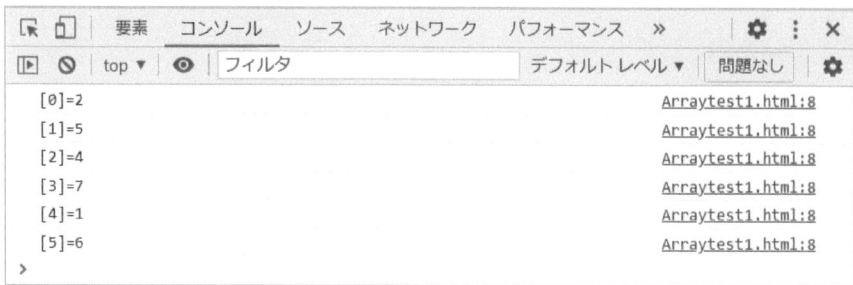

慣れ親しんだfor文でも同じ処理が可能です。

```
for (let i = 0 ; i < data.length ; i++) {
  console.log("[" + i + "]=" + data[i]);
}
```

ただ、forEach()とfor文では厳密にいうと挙動が若干異なります。配列の一部要素をdelete命令で削除したあとで、実行してみます。

配列の一部要素を削除してからforEach()を実行

```
let data = [2, 5, 4, 7, 1, 6];
delete data[3];
data.forEach(function (e, i) {
  console.log("[" + i + "]=" + e);
});
```

配列の先頭から4番目（添字3）の要素「7」を削除

コンソール出力（Chromeの場合）

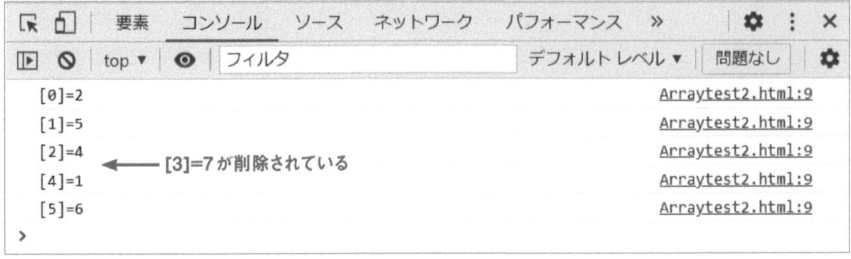

for文

```
let data = [2, 5, 4, 7, 1, 6];
delete data[3];
for (let i = 0 ; i < data.length ; i++) {
    console.log("[" + i + "]=" + data[i]);
}
```

配列の先頭から4番目（添字3）の要素「7」を削除

コンソール出力（Chromeの場合）

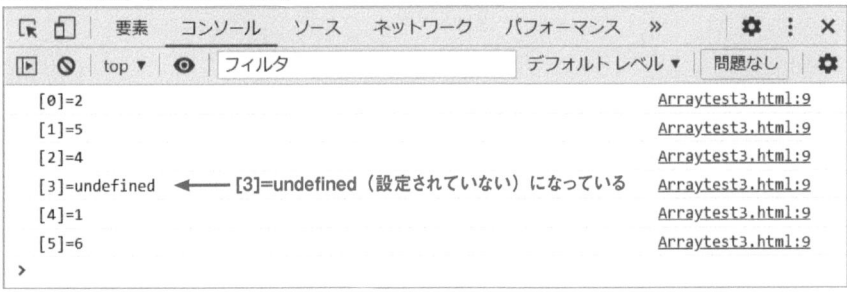

　forEach()を使った方法の場合、削除した要素について関数オブジェクトは実行されません。一方、for文は要素の有無はおかまいなしで順番にアクセスしていきます。処理速度も若干違うようですが、これはブラウザの実装によって変わってくるので優劣はつけにくいため、どちらか好きなほうを使えばよいでしょう。

Array.prototype.every(関数オブジェクト)

　配列のすべての要素がある条件を満たしているときにtrueを返し、1つでも条件を満たさない場合はfalseを返します。forEach()と同様に、配列の個々の要素に対して関数オブジェクトが呼び出されます。この関数オブジェクトで「条件を満たしている場合にtrueを、満たしていない場合にfalseを返す」ように記述します。every()メソッドは個々の要素をチェックしているときに、条件を満たさないものが見つかった場合、ただちに処理を中断してfalseを返します。

```
let data = [2, 5, 4, 7, 1, 6];
let r0 = data.every(function (e) { return e < 6 });      r0 = false
let r1 = data.every(function (e) { return e < 10 });     r1 = true
let r2 = data.every(function (e) { return e > 0 });      r2 = true
```

　最初の例では、要素7が6より大きく、「e < 6」がfalseになるため、メソッドの戻り値r0もfalseとなります。2番目の例は、どの要素も10より小さいのでtrueが、3番目の例は、どの要素も0より大きいのでtrueが返されます。

Array.prototype.some(関数オブジェクト)

　every()とは対照的に、どれか1つでも要素が条件を満たしているときにtrueを返し、すべての要素が条件を満たさない場合にfalseを返します。forEach()と同様に、配列の個々の要素に対して関数オブジェクトが呼び出されます。この関数オブジェクトで「条件を満たしている場合にtrueを、満たしていない場合にfalseを返す」ように記述します。some()メソッドは、個々の要素をチェックしているときに、どれか1つでも条件を満たすものが見つかった場合、ただちに処理を中断してtrueを返します。

```
let data = [2, 5, 4, 7, 1, 6];
let r0 = data.some(function (e) { return e < 6 });      r0 = true
let r1 = data.some(function (e) { return e > 7 });      r1 = false
let r2 = data.some(function (e) { return e > 6 });      r2 = true
```

　最初の例では、先頭の要素2は6よりも小さく、「e < 6」がtrueになるため、メソッドの戻り値r0もtrueとなります。2番目の例は、7よりも大きい要素はないためfalseが、3番目の例は、「e > 6」を満たす要素7が存在するため、trueが返されます。

Array.prototype.filter(関数オブジェクト)

　条件を満たす要素のみを含む新しい配列を返します。配列の要素ごとに関数オブジェクトを呼び出し、この関数オブジェクトがtrueを返した要素のみが新しい配列に含まれます。

```
let data = [2, 5, 4, 7, 1, 6];
let r0 = data.filter(function (e) { return e % 2 == 0 });      r0 = [2,4,6]
let r1 = data.filter(function (e) { return e % 2 == 1 });      r1 = [5,7,1]
let r2 = data.filter(function (e) { return e <= 4 });          r2 = [2,4,1]
```

　最初の例（let r0 = ～）は、「e % 2 == 0」を満たすのは偶数だけなので、結果として得られる配列は[2,4,6]となります。2つ目の例（let r1 = ～）は逆に奇数だけが条件を満たすので、結果として得られる配列は[5,7,1]となります。3つ目の例（let r2 = ～）は、「e <= 4」を満たすもの、すなわち4以下の要素からなる配列[2,4,1]が結果として返されます。

Array.prototype.sort(比較用の関数オブジェクト)

Arrayクラスには、その設計当初から要素を並べ替えるためのsort()メソッドが用意されています。言語を設計した人が並べ替え用のメソッドを事前に準備してくれているのは、非常にありがたいことです。もし用意されていなかったら、クイックソート、バブルソートなどを使って、並べ替え用の処理を自分で実装しなくてはなりません。しかしながら、次のような疑問が出てきます。

「言語を設計した人は、私がどのように並べ替えたいのか（昇順、降順、文字列、数値……）事前に知ることはできないはずだ。では、どうして事前に設計することができたのだろうか？」

つまり、

- どのような規則に基づいて並べ替えるのか？（降順、昇順）
- 配列の要素には何が含まれているのか？（文字列、数値、オブジェクト）

といったことはコンテンツを作る人が決めることであって、JavaScriptを設計する人は知ることができないはずなのです。それでも、sort()メソッドが用意されているのです。矛盾しているように思いませんか？ その答えは、もうお気づきですね。関数オブジェクトの出番です。

Arrayのsort()に渡す関数オブジェクトは、何でもよいというわけではありません。sort()に渡す関数オブジェクトは、

- 引数を2個（aとb）を受け取る
- a→bの順に並べる場合、0より小さい値を返す
- b→aの順に並べる場合、0より大きい値を返す

というルールを満たす必要があります。

Arrayクラスのsort()メソッドを実行すると、配列に含まれる要素の数に応じて、自分の作成した関数オブジェクトが繰り返し呼び出されます。sort()メソッドはその結果をもとに並べ替えを行ってくれます。プログラマは「2つの要素を引数として受け取って、どちらが前に来るか指示するだけの関数オブジェクトを用意するだけ」でよいのです。自分でソートのアルゴリズムを実装するよりもずっと楽なはずです。

説明を読むよりも、実行してみるほうがわかりやすいでしょう。以下の例をご覧ください。

```
let data = [1, 8, 0, 6, 3, 4, 9, 2];
data.sort(function (a, b) {return a - b;})     ← 例1
data;                                          [0, 1, 2, 3, 4, 6, 8, 9]


data.sort(function (a, b) { return b - a; })   ← 例2
data;                                          [9, 8, 6, 4, 3, 2, 1, 0]


function mysort(a, b) {
    return a - b;                              ← 例3
}
data.sort(mysort);
data;                                          [0, 1, 2, 3, 4, 6, 8, 9]
```

例1 は、昇順の場合です。aがbよりも小さい場合、aはbよりも前に並んでほしいのでマイナスを返す必要があります。そこで、「a–b」の結果を返しています。

例2 は、降順の場合です。逆の順番で並べたいので「b–a」を返しています。

例3 は、例1 の別の書き方です。例1 のように無名関数を使ってもよいですし、例3 のように関数名を明示的に指定することも可能です。

ほかの例も見てみましょう。文字列の長さ順に並べるコードです。

```
let data = ["hi", "hello", "say", "yes!"];
data.sort(function (a, b) { return a.length - b.length; })
data;                                              hi, say, yes!, hello
```

配列の中身が独自オブジェクトの場合です。比較関数の中では、オブジェクトのageプロパティの値を比較しています。これにより、年齢が若い順にオブジェクトがソートされます。

```
let data = [
  { name: "Joe", age: 34 },
  { name: "Sam", age: 29 },
  { name: "Todd", age: 45 },
  { name: "Bill", age: 18 },
]
data.sort(function (a, b) { return a.age - b.age; })
data;                                       Bill→Sam→Joe→Todd
```

このように、Arrayオブジェクトは、あなたが用意した関数オブジェクトの結果を参考に要素を並べ替えてくれるのです。関数オブジェクトの便利さを感じていただけたでしょうか。

2-11-4 | イベントハンドラも関数オブジェクト

以下は、押されたキーの値を画面に表示するコードです。

```
window.onkeydown = function (e) {
  document.getElementById("result").textContent = "keydown:" + e.keyCode;
}
```

このコードは、以下のように書くこともできます。

```
function mykeydown(e) {
  document.getElementById("result").textContent = "keydown:" + e.keyCode;
}
window.onkeydown = mykeydown;
```

window.onkeydownは、windowオブジェクトのonkeydownプロパティという意味です。このonkeydownは、イベント発生時の処理を記述するイベントハンドラを登録するためのプロパティです。ここに

関数オブジェクトを代入しておくと、実際にキーが押されたときに関数が実行されるのです。つまり、イベントハンドラとは関数オブジェクトであるわけです。

　マウスが押された、マウスが動いた、キーが押された、といった事象は、ブラウザが検出します。しかしながら、それらの事象が起きたときに何をするかは、コンテンツに依存します。ブラウザを作る人は、イベントが発生したときにコンテンツで何をすべきか知る由もありません。

　そこで関数オブジェクトの出番となります。ブラウザは、事象が発生したときに、その事象に応じたイベントハンドラを呼び出すことだけ知っていればよいのです。コンテンツ作成者が「事象が発生したときに何をすべきか」を、関数オブジェクトとしてイベントハンドラに設定することになります。このような柔軟な仕組みが簡単に実現できるのも関数オブジェクトの恩恵といってよいでしょう。

　ちなみに、setInterval()やsetTimeout()といったタイマー関数の引数に指定するのも関数オブジェクトです。このようにJavaScriptでは、さまざまな場面で関数オブジェクトの恩恵にあずかっているのです。

2-11-5 ｜ 本章のサンプル

　本章で学んだJavaScriptの知識をもとに、ゲームの作成に取り掛かる前の準備運動としていくつか例をご紹介しましょう。

■ インタラクティブレシピ

　スライダバーで人数を変えると、それに応じて材料の量が変わります。text-shadow、box-shadow、border-radiusといったCSSスタイルを使っているところに注目してください。

インタラクティブレシピ

```html
<!DOCTYPE html>
<html>
  <head>
    <meta charset="UTF-8">
    <style>
      h2 {
        text-align: center;
      }
      h3 {
        color: green;
        text-shadow: 2px 2px 5px;
      }
      p {
        font-size: 20px;
      }
      td {
        padding: 10px;
        background-color: #f0f0f0;
        box-shadow: rgba(0, 0, 0, 0.4) 10px 10px 20px;
        border-radius: 10px;
      }
    </style>
    <script>
      window.onload = function () {
        document.getElementById("setNum").onchange = setNum;
      };

      function setNum(e) {
        let num = parseInt(e.target.value);
        let v0 = num;
        let v1 = 0.5 * num;
        let v2 = 100 * num;
        document.getElementById("i0").textContent = v0;
        document.getElementById("i1").textContent = v1;
        document.getElementById("i2").textContent = v2;
        document.getElementById("num").textContent = num;
      }
    </script>
  </head>
  <body>
    <h2>ジャーマンポテト</h2>
    <p>
      <input id="setNum" type="range" min="1" max="5" value="1">
      <span id="num">1</span>人前
    </p>
    <table>
      <tr>
        <td rowspan="2">
          <img src="germanpotate.jpg">
        </td>
```

```
      <td>
        <h3>材料</h3>
        <ul>
          <li>ジャガイモ　<span id="i0">1</span>個</li>
          <li>玉ねぎ　<span id="i1">0.5</span>個</li>
          <li>ベーコン　<span id="i2">100</span>g</li>
          <li>パセリ　少々</li>
        </ul>
      </td>
    </tr>
    <tr>
      <td>
        <h3>作り方</h3>
        <ol>
          <li>ジャガイモと玉ねぎを薄切りにします</li>
          <li>ベーコン、ジャガイモ、玉ねぎの順で炒めます</li>
          <li>塩コショウで味を調えます</li>
          <li>盛り付けてパセリを振りかけて出来上がり！</li>
        </ol>
      </td>
    </tr>
  </table>
 </body>
</html>
```

暗記アプリ

　ブラウザ上に表示された赤色の下線部分をクリックすると、正解が表示されます。JavaScriptの部分は非常にシンプルなので、すぐにわかるでしょう。この例は歴史年表ですが、英単語や元素記号など自分専用の暗記用ページを作って活用してください。

　「<span class="year">1573</span>」のように、<span>要素で囲んだ部分が暗記対象部分となります。「let years = document.querySelectorAll("span.year")」で、その部分をすべて選択し、文字列を下線に置き換え、イベントハンドラを登録していることに注目してください。

暗記アプリ

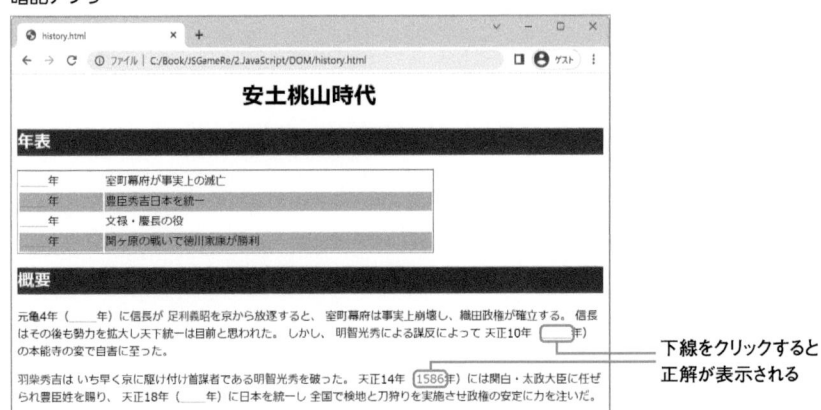

下線をクリックすると
正解が表示される

```html
<!DOCTYPE html>
<html>
  <head>
    <meta charset="UTF-8">
    <style>
      h1 {
        text-align: center;
      }
      h2 {
        color: white;
        background-color: blue;
      }
      #history {
        border: 1px solid blue;
        width: 600px;
      }
      span.year {
        color: red;
      }
      span.name {
        color: blue;
      }
      tr:nth-child(2n) {
        background-color: lightblue;
      }
    </style>
    <script>
      window.onload = init;
      function init() {
        let years = document.querySelectorAll("span.year");
        for (let i = 0; i < years.length; i++) {
          let y = years[i];
          y.answer = y.textContent;
          y.textContent = "____";
          y.onclick = function (e) {
            e.target.textContent = e.target.answer;
          };
        }
      }
    </script>
  </head>
  <body>
    <h1>安土桃山時代</h1>
    <h2>年表</h2>
    <table id="history">
      <tr>
        <td><span class="year">1573</span>年</td>
        <td>室町幕府が事実上の滅亡</td>
      </tr>
```

```
      <tr>
        <td><span class="year">1590</span>年</td>
        <td>豊臣秀吉日本を統一</td>
      </tr>
      <tr>
        <td><span class="year">1592</span>年</td>
        <td>文禄・慶長の役</td>
      </tr>
      <tr>
        <td><span class="year">1600</span>年</td>
        <td>関ヶ原の戦いで徳川家康が勝利</td>
      </tr>
    </table>
    <h2>概要</h2>
    <p>
      元亀4年（<span class="year">1573</span>年）に信長が
      <span class="name">足利義昭</span>を京から放逐すると、
      室町幕府は事実上崩壊し、織田政権が確立する。
      信長はその後も勢力を拡大し天下統一は目前と思われた。 しかし、
      <span class="name">明智光秀</span>による謀反によって
      天正10年（<span class="year">1582</span>年）の本能寺の変で自害に至った。
    </p>
    <p>
      <span class="name">羽柴秀吉</span>は
      いち早く京に駆け付け首謀者である<span class="name">明智光秀</span>を破った。
      天正14年（<span class="year">1586</span>年）には関白・太政大臣に任ぜられ豊臣姓を賜り、
      天正18年（<span class="year">1590</span>年）に日本を統一し
      全国で検地と刀狩りを実施させ政権の安定に力を注いだ。
    </p>
  </body>
</html>
```

※ HTML内の文章は、Wikipedia「安土桃山時代」（https://ja.wikipedia.org/wiki/安土桃山時代）の内容を一部抜粋および改変したもの。

動くカレンダー

カレンダーの写真部分をクリックすると動画が再生されます。ビデオは「`<video src="video.MP4" onclick="play()">`」のように、`<video>` 要素を使います。クリックすると play() が呼び出され、そこで document.getElementById("video").play() が実行され、再生が始まります。この例では、CSSのセレクタに多少工夫をしています。

CSSのセレクタ

セレクタ	説明
`tr:nth-child(2)`	同じ親を持つ中で2番目の `<tr>` 要素（曜日の文字を斜体に）
`td:first-child`	同じ親を持つ中で最初の `<td>` 要素（日曜日の列を赤色に）

カレンダー

———— クリックすると動画が再生される

カレンダー

SAMPLE 2.JavaScript/DOM/calendar.html

```html
<!DOCTYPE html>
<html>
  <head>
    <meta charset="UTF-8">
    <style>
      video {
        width: 600px;
        box-shadow: 10px 10px 10px rgba(0, 0, 0, 0.4);
      }
      h2 {
        color: #0094ff;
        text-align: center;
      }
      td {
        font-size: 28px;
        text-align: center;
        border: 1px solid #cccccc;
        border-radius: 5px;
      }
      .red {
        color: red;
      }
      tr:nth-child(2) {
        font-weight: bold;
        text-decoration: underline;
      }
      td:first-child {
        color: red;
      }
```

```
      table {
        margin: 20px;
      }
    </style>
    <script>
      function play() {
        document.getElementById("video").play();
      }
    </script>
  </head>
<body>
  <h2>2026年7月カレンダー</h2>
  <table>
    <tr>
      <td colspan="7">
        <video src="video.MP4" onclick="play()">
      </td>
    </tr>
    <tr>
      <td>日</td>
      <td>月</td>
      <td>火</td>
      <td>水</td>
      <td>木</td>
      <td>金</td>
      <td>土</td>
    </tr>
    <tr>
      <td></td>
      <td></td>
      <td></td>
      <td>1</td>
      <td>2</td>
      <td>3</td>
      <td>4</td>
    </tr>
    <tr>
      <td>5</td>
      <td>6</td>
      <td>7</td>
      <td>8</td>
      <td>9</td>
      <td>10</td>
      <td>11</td>
    </tr>
    <tr>
      <td>12</td>
      <td>13</td>
      <td>14</td>
      <td>15</td>
      <td>16</td>
```

```
          <td>17</td>
          <td>18</td>
        </tr>
        <tr>
          <td>19</td>
          <td class="red">20</td>
          <td>21</td>
          <td>22</td>
          <td>23</td>
          <td>24</td>
          <td>25</td>
        </tr>
        <tr>
          <td>26</td>
          <td>27</td>
          <td>28</td>
          <td>29</td>
          <td>30</td>
          <td>31</td>
          <td></td>
        </tr>
    </table>
  </body>
</html>
```

　第1章からここまで、HTML、CSS、JavaScriptと順に説明してきました。肝となる概念については一通りカバーしましたが、要素、CSSスタイル、組み込みオブジェクトのメソッド／プロパティなど説明できたのはほんの一部です。

　しかし、基本ができていれば自分で調べて引き出しを増やしていくことができるはずです。引き出しを増やすには、さまざまなソースに接して、自分で試してみて、というプロセスが欠かせません。これ以降もたくさんのサンプルゲームが出てきますが、ぜひ自分で入力して試行錯誤してください。

 チャレンジ! ▶ これまでの知識をもとに自由にWebページを作ってみよう

HTML、CSS、JavaScriptの基本は一通り学び終えました。自分自身のアイディアを活かして楽しいページを作ってみましょう。クリックすると正解が表示される元素周期表、正解するまで問題が繰り返し表示される英単語帳、いつも乗る電車の時刻表、等々。これまで出てきた例をベースに自分なりに修正してみてもよいでしょう。

SAMPLE 2.JavaScript/Basic/challenge-periodic-table.html

Chapter

3

Canvasの基本

Canvas（HTMLの<canvas>要素）を使うと、Web
ページ上に、線、矩形、円、ポリゴン、画像などいろい
ろなものを描画することができます。Webページの可能
性は飛躍的に広がり、特にゲームでは欠かせない要素と
なりました。本章では、このCanvasの使い方について
説明していきます。

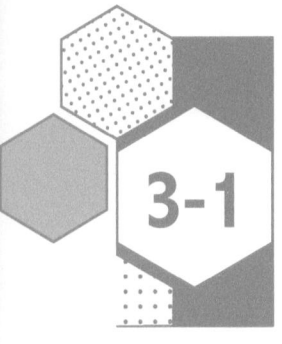

＜ｃａｎｖａｓ＞要素で図形を描く

3-1

Canvas（＜canvas＞要素）は、図形を描画するためのHTML要素です。＜canvas＞要素とJavaScriptを組み合わせて使うことで、線や矩形、円、画像などを描画できます。さらに、座標系を変換したり、一部分を切り抜いたりと、さまざまな機能が利用できます。

3-1-1 | 描画の手順

「キャー！ くも（蜘蛛）」と「へんな形のくも（雲）」。同じ「くも」でも状況によって連想する内容が違ってきます。このように物事を判断するために必要な情報をコンテキスト（文脈、前後関係、背景）と言います。

Canvasとまったく関係ないと思うかもしれませんが、Canvasを習得する鍵はコンテキストにあります。同じように筆を動かしたとしても、コンテキストが違えば描かれる結果が異なってきます。筆を持つ手を同じように動かしても（同じような処理を行っても）、そのときの絵の具や筆の状態によって描画される内容（色や太さ）が変わるのと同じです。

Canvasに描画する際は、

① HTMLで＜canvas＞要素を定義
② JavaScriptで＜canvas＞要素への参照を取得
③ ＜canvas＞要素の参照からコンテキストを取得
④ コンテキストに色や線の太さなどを設定
⑤ コンテキストに対して線や矩形などの描画を行う

という手順になります。では、さっそく例を見てみましょう。

Canvas描画例　　　　　　　　　　　　　　　　**SAMPLE** 3.Canvas/canvas-context.html

```
<!DOCTYPE html>
<html>
  <head>
    <meta charset="UTF-8">
    <script>
      function init() {
        let canvas = document.getElementById("canvas");      ←1
        let ctx = canvas.getContext("2d");                   ←2    描画コンテキスト取得

        ctx.strokeStyle = "#FF0000";                               線の色
        ctx.fillStyle = "#00FF00";                                 塗りつぶし色
        ctx.lineWidth = 10;                                        線の太さ
        ctx.lineCap = "round";          ←3                         線の末端の形状        コンテキストの設定
        ctx.shadowColor = "#000000";                               影の色
        ctx.shadowBlur = 20;                                       影のぼやかし
```

```
      ctx.beginPath();
      ctx.moveTo(100, 100);
      ctx.lineTo(180, 250);                    線を引く
      ctx.stroke();
                                        ← 4

      ctx.fillRect(300, 100, 100, 150);        矩形を塗りつぶす

      ctx.strokeRect(500, 100, 100, 150);      矩形を描く
    }
  </script>
 </head>
 <body onload="init()">
   <canvas id="canvas" width="700" height="400"></canvas>  ← 5
 </body>
</html>
```

ブラウザ表示結果

HTMLでは、<canvas>要素を定義します 5 。

```
<canvas id="canvas" width="700" height="400"></canvas>
```

ここで注意したいのは、幅をwidth属性で、高さをheight属性で指定することです。この指定が正しくなされていないと、意図した大きさで描画されないことがあります。

JavaScriptでは、1 の

```
let canvas = document.getElementById("canvas");
```

でcanvasへの参照を取得し、次に 2 の

```
ctx = canvas.getContext("2d");
```

でコンテキストを取得します。このctxが絵筆などの情報を格納するオブジェクトとなります。

コンテキストは描画に必要な情報であり、いろいろな関数で必要となることが少なくありません。多くのプログラムでは、コンテキストをctxやcontextといった名前の広域変数に格納しているようです。

コンテキストを取得したらプロパティ（絵筆の属性）を設定します 3 。主なプロパティは次のとおりです。

図形描画の主なプロパティ

プロパティ	内容
ctx.strokeStyle	線や輪郭の色
ctx.fillStyle	塗りつぶしの色
ctx.lineWidth	線の幅
ctx.lineCap	線の終端の形状で、butt、round、square の値が使用可能
ctx.shadowColor	影の色
ctx.shadowBlur	影に適用するぼかす範囲

コンテキストにプロパティを設定したのち、線、矩形の塗りつぶし、矩形と描画しています 4。

描画する際に筆を動かすように、Canvas では必ずパスと呼ばれる軌跡を設定します。そのパスを初期化するのが beginPath() です。moveTo() で筆を下ろし、lineTo() で筆を動かします。ただ、これだけでは画面上に何も表示されません。stroke() で初めて線が描画されます。ちなみに、fill() ではパスで囲まれた範囲が塗りつぶされます。fillRect() と strokeRect() は名前から予想できますが、塗りつぶし、矩形の描画です。座標系はマウスイベントと同じく、Canvas の左上を原点 (0,0)、右方向に x 軸、下方向に y 軸となります。

線、塗りつぶし、矩形の描画

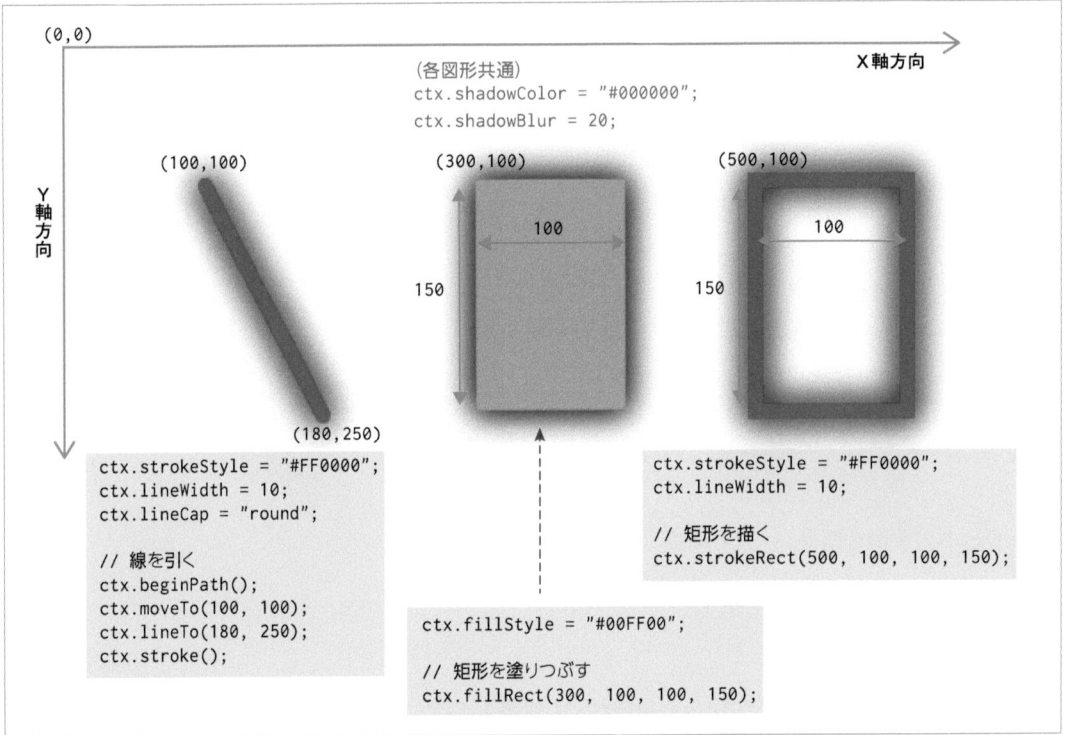

✏️ **チャレンジ!** ▶ Canvas で図形を描いてみよう

Canvas を使って、いろいろな線、矩形を描画してください。　**SAMPLE** 3.Canvas/challenge-canvas.html

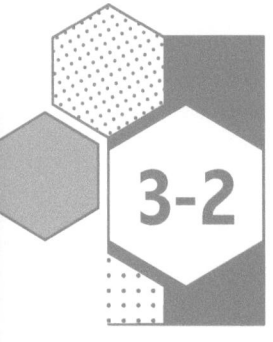

さまざまな図形の描画

3-2

前節で見たように、Canvasでは、コンテキストにプロパティを設定し、描画用の命令を実行するという手順で画面上に図形を描きます。ここでは、図形の種類別に設定できる属性や描き方の概要を見ていきます。

3-2-1 | 直線、多角形

直線や多角形を描画するために必要な主なメソッド、プロパティは以下のとおりです。

直線、多角形描画の主なメソッド、プロパティ

メソッド、プロパティ	説明
beginPath()	パスをクリアする
moveTo(x, y)	(x, y)座標に筆を下ろす
lineTo(x, y)	(x, y)座標に筆を動かす
closePath()	パスを閉じる（筆を始点まで動かす）
stroke()	筆が動いた軌跡を線として描く
fill()	筆が動いた軌跡の範囲を塗りつぶす
strokeStyle	線を描画する際の色を指定する
fillStyle	塗りつぶしの色を指定する

パスを閉じた場合と閉じない場合、それぞれについて、塗りつぶし、軌跡で描いた4パターンのサンプルを以下に示します。

直線、多角形の描画　　　　　　　　　　　　　　　　　　　**SAMPLE** 3.Canvas/canvas-line.html

```
<!DOCTYPE html>
<html>
  <head>
    <meta charset="UTF-8">
    <script>
      let ctx;
      function init() {
        let canvas = document.getElementById("canvas");
        ctx = canvas.getContext("2d");              描画コンテキスト取得

        ctx.strokeStyle = "#FF0000";                線の色
        ctx.fillStyle = "#00FF00";                  塗りつぶし色

        drawTriangle(100, 10, false, false);
        drawTriangle(200, 10, true, false);
        drawTriangle(300, 10, false, true);
        drawTriangle(400, 10, true, true);
```

```
    }

    function drawTriangle(x, y, isClose, isFill) {        三角形を描画 (x,y：座標、isClose：パスを閉じる、isFill：塗りつぶす)
      ctx.beginPath();
      ctx.moveTo(x, y);                                    描画開始
      ctx.lineTo(x + 80, y);                               横へ移動
      ctx.lineTo(x + 80, y + 80);                          下へ移動
      if (isClose) {
        ctx.closePath();                                   パスを閉じる
      }
      if (isFill) {
        ctx.fill();                                        塗りつぶし
      } else {
        ctx.stroke();                                      線の描画
      }
    }
  </script>
</head>
<body onload="init()">
  <canvas id="canvas" width="500" height="100"></canvas>
</body>
</html>
```

ブラウザ表示結果

　パスを初期化してない、パスを閉じていないため、意図した描画にならないというのは、よくあるミスです。線を描画するときは、必ずbeginPath()を実行する習慣をつけるとよいでしょう。

チャレンジ！ ▶ マウスの軌跡を線で描いてみよう

マウスを押下した点から離した点までの線分を描画するページを作成してください。次に、マウスの軌跡を描画するページを作成してみましょう。500x500の領域を設定して、その中に描画するようにします。線分を描画する場合は、canvasにonmousedown、onmouseupのイベントハンドラを登録し、マウスが押下された座標、マウスが離された座標を取得します。軌跡を描画する場合は、さらにonmousemoveのイベントハンドラを使用し、マウスが動いた座標をすべて配列に格納します。

SAMPLE 3.Canvas/canvas-line-mouse0.html
3.Canvas/canvas-line-mouse1.html

3-2-2 | 矩形

矩形を描画するために必要なメソッドは以下のとおりです。矩形の描画はパスに影響を与えないのでbeginPath()やclosePath()を実行する必要はありません。

矩形描画のメソッド

メソッド	説明
strokeRect(x, y, w, h)	(x,y)を左上隅として、幅w、高さhの矩形の輪郭を描く
fillRect(x, y, w, h)	(x,y)を左上隅として、幅w、高さhの矩形を塗りつぶす
clearRect(x, y, w, h)	(x,y)を左上隅として、幅w、高さhの矩形をクリアする

矩形の描画

SAMPLE 3.Canvas/canvas-rect.html

```html
<!DOCTYPE html>
<html>
  <head>
    <meta charset="UTF-8">
    <script>
      let ctx;
      function init() {
        let canvas = document.getElementById("canvas");
        ctx = canvas.getContext("2d");          描画コンテキスト取得

        ctx.strokeStyle = "#FF0000";            線の色
        ctx.strokeRect(10, 10, 80, 80);

        ctx.fillStyle = "#00FF00";              塗りつぶし色
        ctx.fillRect(110, 10, 80, 80);

        ctx.fillRect(210, 10, 80, 80);
        ctx.clearRect(230, 30, 40, 40);
      }
    </script>
  </head>
  <body onload="init()">
    <canvas id="canvas" width="300" height="100"></canvas>
  </body>
</html>
```

ブラウザ表示結果

3-2-3 | 円、円弧

円を描画するために必要なメソッドは以下のとおりです。

```
arc(x, y, radius, startAngle, endAngle, anticlockwise)
```

(x,y)を中心とし、半径radiusで、startAngleからendAngleまでの弧のパスを描きます。startAngleは円弧の描画開始角度、endAngleは描画終了角度になります。

arc()は単にパスを描くだけのメソッドなので、実際に描画するためには、stroke()かfill()を実行する必要があることに注意してください。

角度は「ラジアン」という単位で指定します。これは1回転（360度）を2×π（＝3.1415……×2）とする単位です。度数からラジアンへの変換は「度数×π÷180」で求められます。たとえば、60度はラジアンで表すと「60×π÷180＝π÷3」となります。anticlockwiseにtrueを指定すると反時計回り、falseを指定すると時計回りとなります。

角の大きさの単位（角度とラジアン）

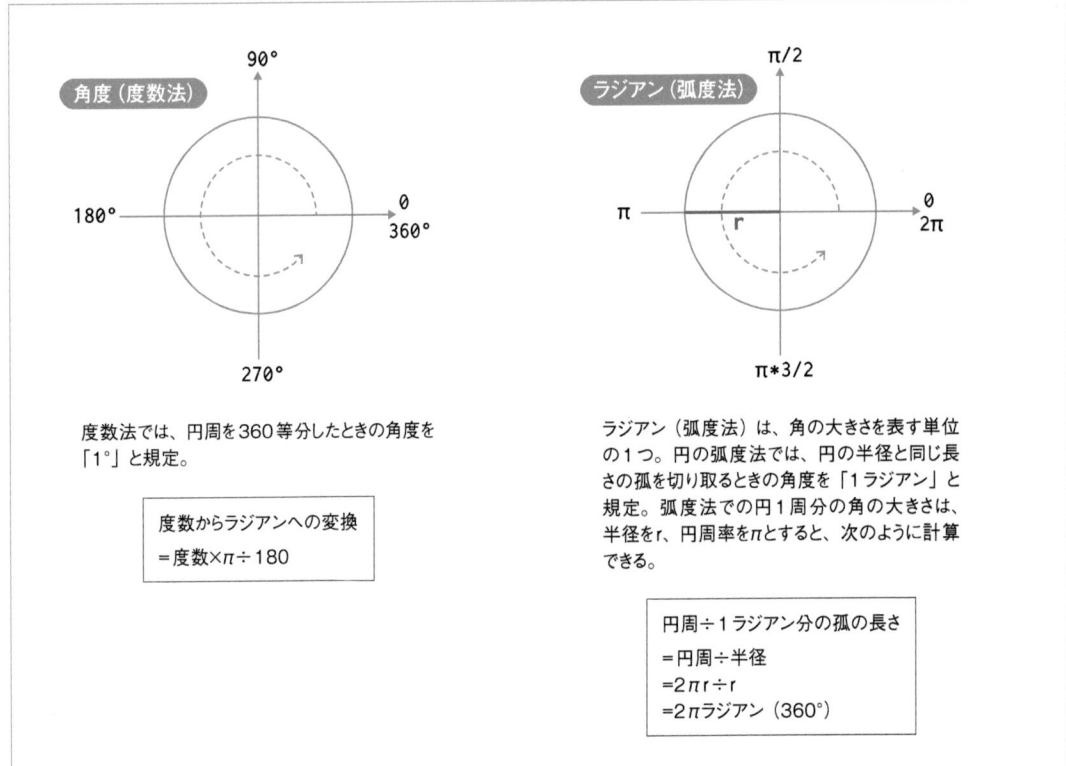

度数法では、円周を360等分したときの角度を「1°」と規定。

度数からラジアンへの変換
＝度数×π÷180

ラジアン（弧度法）は、角の大きさを表す単位の1つ。円の弧度法では、円の半径と同じ長さの弧を切り取るときの角度を「1ラジアン」と規定。弧度法での円1周分の角の大きさは、半径をr、円周率をπとすると、次のように計算できる。

円周÷1ラジアン分の弧の長さ
＝円周÷半径
＝2πr÷r
＝2πラジアン（360°）

円の描画

SAMPLE 3.Canvas/canvas-circle.html

```
<!DOCTYPE html>
<html>
  <head>
    <meta charset="UTF-8">
    <script>
      let ctx;
      function init() {
        let canvas = document.getElementById("canvas");
        ctx = canvas.getContext("2d");        描画コンテキスト取得
        ctx.strokeStyle = "#FF0000";          線の色
        ctx.fillStyle = "#00FFFF";            塗りつぶし色
        ctx.lineWidth = 5;                    線の太さ

        ctx.beginPath();                      1：円
        ctx.arc(100, 50, 30, 0, 2 * Math.PI);
        ctx.closePath();
        ctx.fill();

        ctx.beginPath();                      2：扇型（時計回り）
        ctx.moveTo(200, 50);
        ctx.arc(200, 50, 30, 0, Math.PI / 3);
        ctx.closePath();
        ctx.stroke();

        ctx.beginPath();                      3：扇型（反時計回り）
        ctx.moveTo(300, 50);
        ctx.arc(300, 50, 30, 0, Math.PI / 3, true);
        ctx.closePath();
        ctx.stroke();

        ctx.beginPath();                      4：扇型（反時計回り）
        ctx.moveTo(400, 50);
        ctx.arc(400, 50, 30, (-1 * Math.PI) / 6, Math.PI / 6, true);
        ctx.closePath();
        ctx.fill();

        ctx.beginPath();                      5：円弧のパスのみ
        ctx.arc(500, 50, 30, 0, (2 * Math.PI) / 3);
        ctx.fill();
      }
    </script>
  </head>
  <body onload="init()">
    <canvas id="canvas" width="600" height="400"></canvas>
  </body>
</html>
```

上記のサンプルにおけるパラメータと実際の描画の様子を次に示します。

ブラウザ表示結果

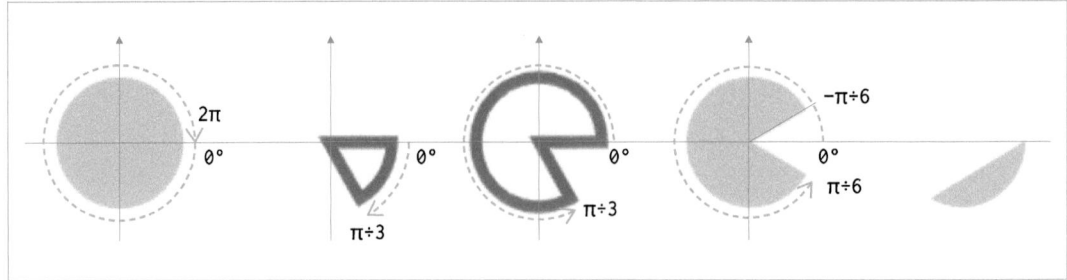

　円の場合は、開始角に0、終了角に2×πを指定します。円弧の場合は、開始角と終了角を指定しますが、円弧を描画する方向によって結果が大きく異なることに注意してください。また、arc()は、単に円弧のパスを描くだけです。

チャレンジ! ▶ サッカー場を作ってみよう

Canvasを使って、下図のようなサッカー場を描画してください。

SAMPLE
3.Canvas/canvas-soccer.html

3-2-4 ｜ 文字

　文字を描画するために必要なメソッドは以下のとおりです。

文字描画のメソッド

メソッド	説明
`strokeText(text, x, y)`	x,y座標を起点としてtextの輪郭を描く
`fillText(text, x, y)`	x,y座標を起点としてtextを塗りつぶす

文字の描画

```
<!DOCTYPE html>
<html>
  <head>
    <meta charset="UTF-8">
    <script>
      function init() {
        let canvas = document.getElementById("canvas");
        let ctx = canvas.getContext("2d");              描画コンテキスト取得
        ctx.font = "36px 'Times New Roman'";            フォント設定

        ctx.strokeStyle = "blue";
        ctx.strokeText("strokeTextによる文字", 10, 50);

        ctx.fillStyle = "green";
        ctx.fillText("fillTextによる文字", 10, 100);
      }
    </script>
  </head>
  <body onload="init()">
    <canvas id="canvas" width="350" height="120"></canvas>
  </body>
</html>
```

ブラウザ表示結果

| | canvas-strings.html | × | + | ∨ | — | □ | × |

← → C | ① ファイル | C:/Book/JSGameRe/3.Canvas/canvas-strings.html | □ | 😊 ゲスト | ⋮

strokeTextによる文字
fillTextによる文字

3-2-5 | 画像

画像を描画するためのメソッドは以下のとおりです。

メソッド	説明
drawImage(image, x, y, w, h)	x,yの位置にw,hのサイズで画像imageを描画する。w、h を省略したときは元の画像のサイズで描画される

drawImage()の最初の引数であるimageには、<img>要素を指定します。ただし、HTMLページ中に<img>要素を記述すると、その部分に画像が表示されてしまいます。Canvasの上に描画したいのに、HTML要素として画面上に表示されるのは、意図した挙動ではありません。そこで、

```
<img id="fruit0" src="fruit0.png" style="display: none">
```

のように「style="display: none"」属性を指定して、HTMLページとしては<img>要素を非表示にします。

1
2
3
4
5

Canvasの基本

181

```
<!DOCTYPE html>
<html>
  <head>
    <meta charset="UTF-8">
    <style>
      #field {
        width: 400px;
        height: 400px;
      }
    </style>
    <script>
      function init() {
        let fruit0 = document.getElementById("fruit0");
        let fruit1 = document.getElementById("fruit1");
        let fruit2 = document.getElementById("fruit2");
        let fruit3 = document.getElementById("fruit3");

        let field = document.getElementById("field");
        let ctx = field.getContext("2d");

        ctx.drawImage(fruit0, 10, 10);
        ctx.drawImage(fruit1, 200, 10, 100, 200);
        ctx.drawImage(fruit2, 10, 100, 200, 100);
        ctx.drawImage(fruit3, 200, 200, 200, 200);
      }
    </script>
  </head>
  <body onload="init()">
    <canvas id="field" width="400" height="400"></canvas>
    <img id="fruit0" src="fruit0.png" style="display: none">
    <img id="fruit1" src="fruit1.png" style="display: none">
    <img id="fruit2" src="fruit2.png" style="display: none">
    <img id="fruit3" src="fruit3.png" style="display: none">
  </body>
</html>
```

<img>要素への参照を取得

描画コンテキスト取得

それぞれの画像を描画

使用した画像

fruit0.png　　fruit1.png　　fruit2.png　　fruit3.png

ブラウザ表示結果

「ctx.drawImage(fruit0, 10, 10)」のようにサイズを指定しない場合は、オリジナルの画像サイズで描画されます。fruit1 ～ fruit3は指定したサイズで描画されていることがわかります。

画像の描画

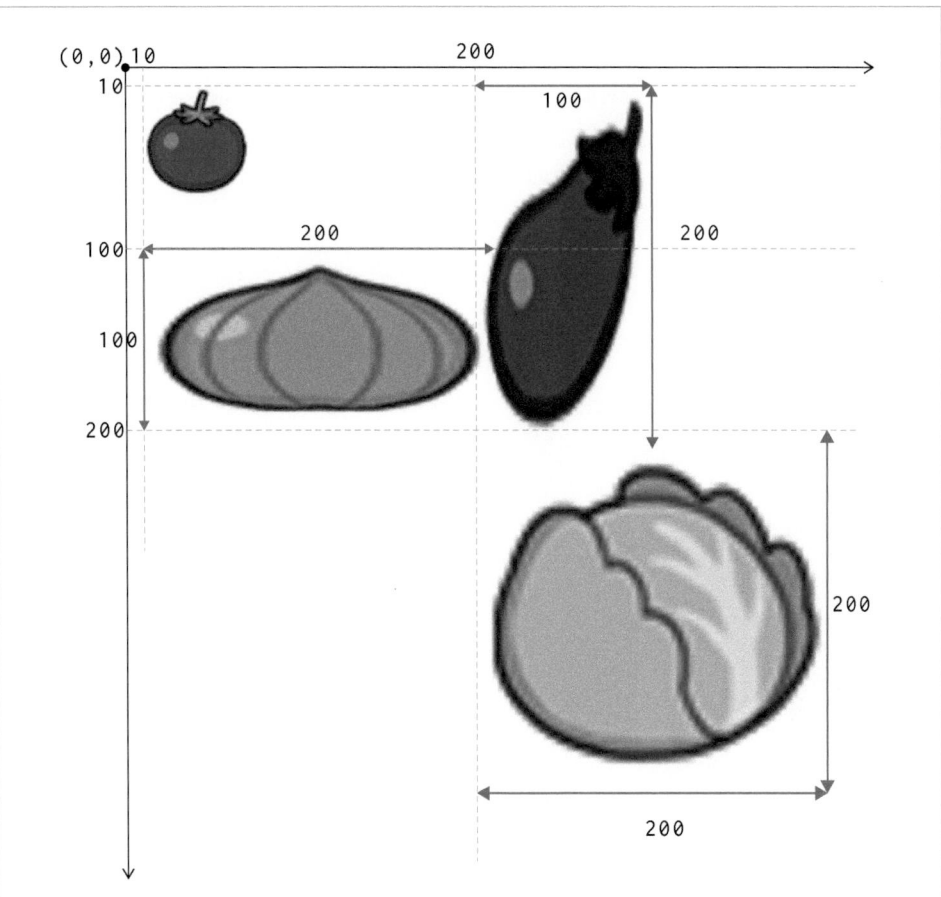

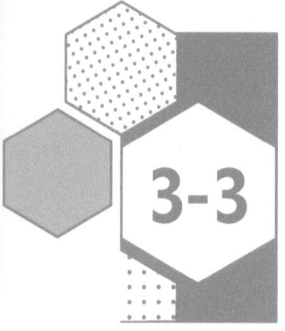

座標系の設定

Canvasを使うと、文字や図形、画像などいろいろなものを描画できることがわかりました。さらに、Canvasには座標系を変換するという強力な機能が用意されています。これによって、たとえば、時計のような均等に回転する図形も座標系を回転させて簡単に描くことができます。

3-3-1 | 座標系の基礎

たとえば、次のような時計の文字盤を描くとしましょう。これは、それぞれの座標を求めて、moveTo()やlineTo()を使って線を引くことで描画できます。

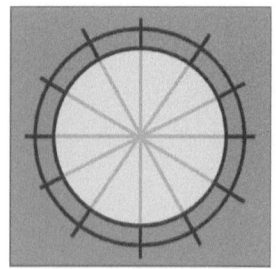

しかし、実際にみなさんが手書きで紙に描いていくときは、おそらく、下図のように紙を回転させるのではないでしょうか?

紙を回転させて描画

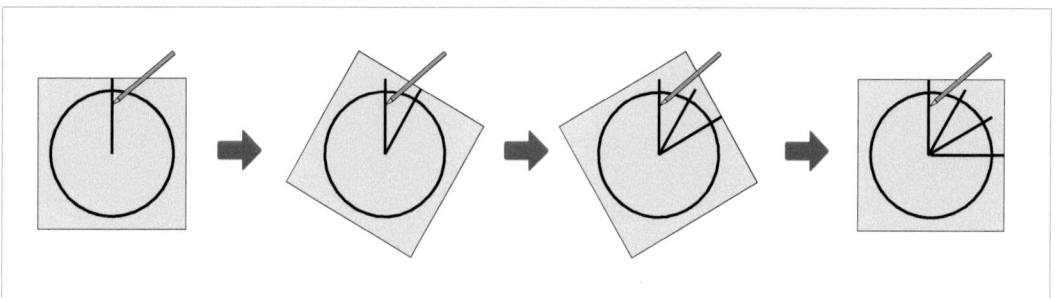

これこそが座標系の変換なのです。実際の例を見てみましょう。

時計の目盛りを描画

SAMPLE 3.Canvas/canvas-clock0.html

```html
<!DOCTYPE html>
<html>
  <head>
    <meta charset="UTF-8">
    <script>
      let ctx;
      function init() {
        let canvas = document.getElementById("canvas");
        ctx = canvas.getContext("2d");              描画コンテキスト取得

        for (let i = 0; i < 12; i++) {
          ctx.save();              ←1              コンテキスト保存
          let r = (Math.PI / 6) * i;
          ctx.translate(100, 100);  ←2            座標系の中心を移動
          ctx.rotate(r);           ←3             回転

          ctx.beginPath();                          パスの開始
          ctx.moveTo(0, -60);       ←4
          ctx.lineTo(0, -50);
          ctx.stroke();                             線の描画

          ctx.restore();           ←5             コンテキスト復元
        }
      }
    </script>
  </head>
  <body onload="init()">
    <canvas id="canvas" width="200" height="200"></canvas>
  </body>
</html>
```

ブラウザ表示結果

このプログラムで肝となるのは、次の手順とメソッドです。

1 ctx.save() …… コンテキスト（座標系）を保存

2 ctx.translate(100, 100) …… 座標系の原点をx方向に100、y方向に100移動

3 ctx.rotate(r) …… 座標系をr回転

4 描画

5 ctx.restore() …… コンテキストを1で保存したものに復元

185

Canvasの基本

初期状態は、下図①のように左上を原点とする座標系です。これをctx.save()で保存しておきます。

次に、「ctx.translate(100, 100)」を実行すると、(100, 100)を新たな原点とする座標系に変換されます。その状態で(0, -60)から(0, -50)に線を引くと、下図②のように線が引かれます。ctx.restore()を実行すると、ctx.save()が実行されたときの座標系に復元されます。初回は回転角が0ですが、for文で徐々に座標系を回転させながら描画すると③のようになります。

座標系を回転させながら描画

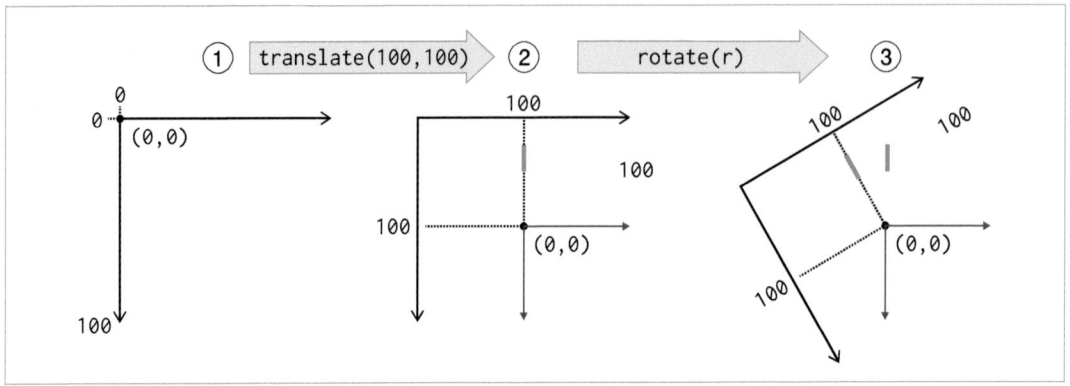

これを繰り返すと、時計の文字盤が描画されることになります。

チャレンジ！ ▶ 時計を作ってみよう

タイマーを使って、実際に動く時計を描画してみましょう。ヒントは以下のとおりです。

```
let now = new Date();
h = now.getHours() % 12;
m = now.getMinutes();
s = now.getSeconds();
```
時、分、秒を求める

```
let radH = ((Math.PI * 2) / 12) * h + ((Math.PI * 2) / 12) * (m / 60);
let radM = ((Math.PI * 2) / 60) * m;
let radS = ((Math.PI * 2) / 60) * s;
```
長針、短針、秒針の角度（ラジアン）を求める

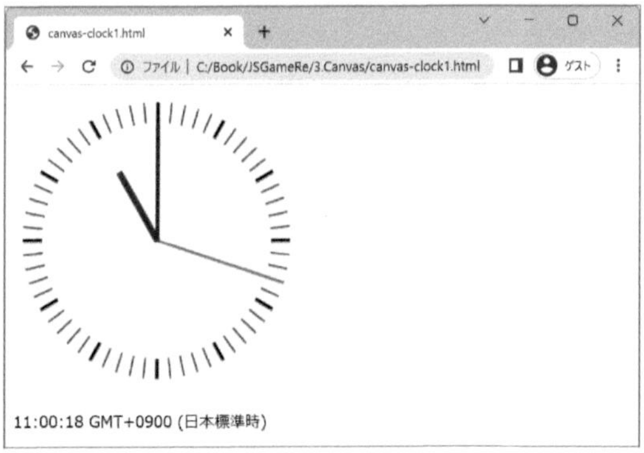

ブラウザ表示結果
SAMPLE 3.Canvas/canvas-clock1.html

［実践］
ゲームプログラミング

HTML、CSS、JavaScriptの基本を習得したら、いよい
よゲームプログラミングに挑戦です！ わからないこともある
かもしれませんが、とにかく習うより慣れろ、ひたすらソー
スコードを打ち込んで、動作を確認し、ゲームを楽しんで
ください。設定をいろいろ変えていくうちに、JavaScript
プログラミングのコツや書き方がわかってくるでしょう。

スライドパズル   *15puzzle*

4-1

空欄の上下左右にあるタイルをクリックするとそのタイルが移動します。1〜15まで順番になるように並べるゲームです。

完成状態（必ず画面左上が空白になる）

2	4	12	3
5	15	1	7
13	11	9	
6	10	8	14

	1	2	3
4	5	6	7
8	9	10	11
12	13	14	15

このゲームで学ぶこと

- DOM要素をJavaScriptから作成する
- for文の二重ループに慣れる

```
<!DOCTYPE html>

<html>

  <head>

    <meta charset="UTF-8">

    <title>15puzzle</title>

    <style>

      .tile {

        width: 70px;

        height: 70px;

        border: 1px solid blue;

        border-radius: 10px;

        text-align: center;

        font-size: 36px;

        background-color: white;

        box-shadow: rgb(128, 128, 128) 5px 5px;

      }

    </style>

    <script>

      "use strict";                ←1

      const tiles = [];                                          タイル配列

      function init() {            ←2

        let table = document.getElementById("table");  ←3       <table>要素の参照

        for (let i = 0; i < 4; i++) {   ←4                       4行分ループ

          let tr = document.createElement("tr");  ←5            <tr>要素の作成

          for (let j = 0; j < 4; j++) {   ←6                     各列分ループ

            let td = document.createElement("td");  ←7          <td>要素の作成

            let index = i * 4 + j;

            td.className = "tile";                               class設定

            td.index = index;                                    タイルの並び順

            td.value = index;                                    描画されている値

            td.textContent = index == 0 ? "" : index;            0は空欄に

            td.onclick = click;                                  クリック時のハンドラ登録

            tr.appendChild(td);         ←8                       行<tr>に列<td>を追加

            tiles.push(td);

          }

          table.appendChild(tr);                                 テーブルに行<tr>を追加

        }

        for (let i = 0; i < 1000; i++) {                         1000回、疑似的にランダムに

          click({ target: { index: Math.floor(Math.random() * 16) } });   クリックして並べ替え

        }

      }

      function click(e) {             ←9

        let i = e.target.index;       ←10                        どの場所がクリックされたか
```

```
        if (i - 4 >= 0 && tiles[i - 4].value == 0) {          上と入れ替え
          swap(i, i - 4);
        } else if (i + 4 < 16 && tiles[i + 4].value == 0) {   下と入れ替え
          swap(i, i + 4);
        } else if (i % 4 != 0 && tiles[i - 1].value == 0) {    ◄─11   左と入れ替え
          swap(i, i - 1);
        } else if (i % 4 != 3 && tiles[i + 1].value == 0) {    右と入れ替え
          swap(i, i + 1);
        }
      }

      function swap(i, j) {                                    i番目のタイルとj番目のタイルの
        let tmp = tiles[i].value;                              番号を入れ替え
        tiles[i].textContent = tiles[j].textContent;           変更先を一時退避
        tiles[i].value = tiles[j].value;
        tiles[j].textContent = tmp;
        tiles[j].value = tmp;
      }
    </script>
  </head>
  <body onload="init()">
    <table id="table"></table>
  </body>
</html>
```

4-1-1 │ ソースコード解説

1 の 「"use strict"」 を記述しておくと、より厳密にエラーチェックが行われます。潜在的なバグを軽減させるためにも記述しておくことをお勧めします。

> JavaScriptはもともと、変数を宣言しなくても利用できたり、同じ名前の関数を重複して宣言できたり、とゆるい言語仕様を採用していました。しかし、このようなゆるい仕様は、習得の敷居を低くする一方で、バグの温床にもなってしまいました。そこで、より厳密にエラーチェックをするために 「"use strict"」 という運用が定められました。この行を記載しておくと、より厳密なエラーチェックが行われるようになります。バグを減らすためにも、この行を挿入する習慣をつけておくとよいでしょう。

2 のinit()では、初期化を行っています。まず、**3** の 「let table = document.getElementById("table")」 で<table>要素への参照を取得しています。

行は<tr>要素で、その中のタイルは<td>要素で実装しています。外側のfor文**4**を4回繰り返すことで、4行作成しています。各行は、**5** の 「let tr = document.createElement("tr")」 で作成しています。

1行作成するたびに、内側のfor文**6**でタイルを4つ作成しています。各タイルは、**7** の 「let td = document.createElement("td")」 で作成し、**8** の 「tr.appendChild(td)」 で行に挿入しています。要は4×4の盤面をJavaScriptから作成しているだけです。

value=0のタイルは何も描画しない空タイルです。今回のポイントはindexとvalueプロパティの使い方です。indexはタイルの並び順で、valueはタイルに描画されている数値です。この2つを混乱しないように注

意してください。

indexはタイルの並び順、valueはタイルに描画されている数値

index=0 3 value=3	index=1 10 value=10	index=2 7 value=7	index=3 1 value=1
index=4 6 value=6	index=5 11 value=11	index=6 2 value=2	index=7 value=0
index=8 8 value=8	index=9 9 value=9	index=10 14 value=14	index=11 13 value=13
index=12 12 value=12	index=13 4 value=4	index=14 15 value=15	index=15 5 value=5

タイルがクリックされると、**9**のclick(e)が呼び出されます。そのタイルの上下左右のどこかに空タイル（valueプロパティが0のタイル）があった場合、それらタイルのvalueを入れ替えます。そのためには、クリックされたタイルの上下左右に空タイルがあるか調べる必要があります。

クリックしたタイルのindexは**10**のe.target.indexで取得できます。よって、上のタイルはindex-4、下のタイルはindex+4、左のタイルはindex-1、右のタイルはindex+1で求められます。

クリックしたタイルとその上下左右のタイルのindex

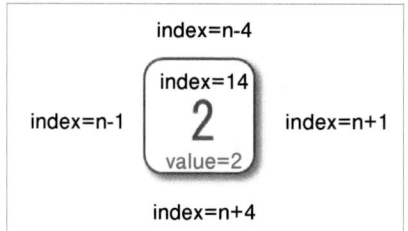

ただし、値を比較する際には若干の注意が必要です。たとえば最上段がクリックされた場合、その上に行はないので比較できません。逆に最下段がクリックされた場合、その下に行はありません。

これらの処理は、すべてclick(e)の中で行われています。たとえば、上のタイルとの比較は、以下のように行っています（**11**の先頭のif文）。

```
if (i - 4 >= 0 && tiles[i - 4].value == 0) {
  swap(i, i - 4);                              上と入れ替え
}
```

index-4が0以上であるかを最初にチェックし、それがtrueの場合、すなわち上にタイルが存在する場合に限り、「tiles[i - 4].value」の値が0か比較しています。

4つのif文は上下左右の比較を行っているので見比べてみるとその意図がわかります。条件式が成立した場合は「swap(i, j)」を呼び出してタイルの番号を入れ替えています。textContent（画面表示用）とvalue（内

191

部管理用）のプロパティを入れ替えていることに注意してください。

　ちなみに、以下の行はタイルがランダムに1000回クリックされた状況を再現しています。

```
for (let i = 0; i < 1000; i++) {
  click({ target: { index: Math.floor(Math.random() * 16) } });    1000回、疑似的にランダムにクリックして並べ替え
}
```

　クリックされたときにclick(e)が呼び出されますが、click(e)の中ではe.target.indexでインデックスを取得しています。その関数に合わせて引数を作成しています。click(e)を流用せずに別途処理を記述してもよかったのですが、全体の行数を削減するためにこのような実装としました。

 チャレンジ! ▶ 行と列を増やしてみよう

5行×5行のパズルに変更してみてください。

 SAMPLE 4.Games/15puzzle/15puzzle-challenge.html

解答時の空白を画面右下にする場合

今回のパズルでは、完成状態（順番にならべたとき）に画面左上が空白になるように実装しました。つまり、上→下、左→右とタイルを並べていきますが、0番目（左上隅）を空白（白タイル）にした状態を整列状態としています。このように実装すると、タイルの順番とタイルの数字が一致するため、コードが直感的になります（❶）。
しかし、一般的な15パズルでは、完成したときに画面右下が空白になるものが多く見受けられます。そこで、15puzzle.htmlに以下のような修正を加えると、完成時に画面右下が空白になる15パズルに変更することができます（❷）。

- init()関数では、順番が15のところを空白、それ以外のタイルは順番＋1とする
- click()関数では、値が15のところを空白と見なす
- swap()関数では、順番が15のところを空白、それ以外のタイルは順番＋1とする

この修正コードの詳細は、サンプルプログラムの15puzzle-modified.htmlをご覧ください。

❶ 解答時に画面左上が空白になる場合
（15puzzle.html）

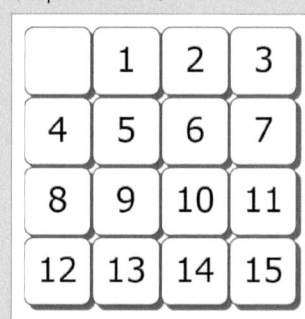

❷ 解答時に画面右下が空白になる場合
（15puzzle-modified.html）

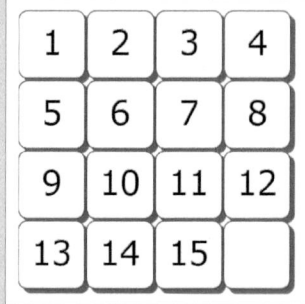

SAMPLE 4.Games/15puzzle/15puzzle-modified.html

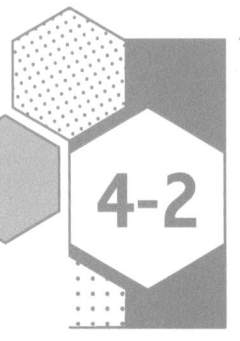

神経衰弱　*FlipCards*

カードを2枚めくって一致するペアを見つける定番カードゲームです。すべてのペアを揃えるまでの経過時間が表示されます。

経過時間：3秒　　　　　　　　　経過時間：23秒

このゲームで学ぶこと

- Arrayオブジェクトのprototypeを使ってみる
- タイマーの使い方に慣れる

```
<!DOCTYPE html>
<html>
  <head>
    <meta charset="UTF-8">
    <title>FlipCards</title>
    <style>
      td.card {          ←1
        width: 100px;
        height: 140px;
        border: 1px solid blue;
        border-radius: 10px;
        text-align: center;
        font-size: 36px;
        background-color: white;
        box-shadow: rgb(128, 128, 128) 5px 5px;
      }
      td.back {          ←2
        background-image: url("card.png");     ←3
        background-size: 100px 140px;
      }
    </style>
    <script>
      "use strict";

      Array.prototype.shuffle = function () {   ←4      配列シャッフル
        let i = this.length;
        while (i) {
          let j = Math.floor(Math.random() * i);
          let t = this[--i];
          this[i] = this[j];
          this[j] = t;
        }
        return this;
      };

      let timer = NaN;                                  クリアまでの時間計測用タイマー
      let flipTimer = NaN;                              裏に戻すためのタイマー
      let score = 0;           ←A                       スコア
      let prevCard = null;                              1枚目に裏返したカード
      let startTime = null;                             ゲーム開始時刻

      function init() {        ←5                       初期化関数
        let table = document.getElementById("table");   <table>への参照取得

        let cards = [];                                 カード格納用配列
        for (let i = 1; i <= 10; i++) {
          cards.push(i);
          cards.push(i);                 ←6
        }
        cards.shuffle();                                カードをシャッフル
```

```
    for (let i = 0; i < 4; i++) {        ← 7
      let tr = document.createElement("tr");                    行<tr>作成
      for (let j = 0; j < 5; j++) {
        let td = document.createElement("td");                  列<td>作成
        td.className = "card back";
        td.number = cards[i * 5 + j];
        td.onclick = flip;                                      クリック時のハンドラ登録
        tr.appendChild(td);                                     列<td>を行<tr>に追加
      }
      table.appendChild(tr);                                    行<tr>を<table>に追加
    }

    startTime = new Date();                                     ゲーム開始時刻を保存
    timer = setInterval(tick, 1000);                            タイマー開始
}

function tick() {          ← 8                                  経過時間計測用タイマー
  let now = new Date();                                         （1秒ごとに実行）
  let elapsed = Math.floor((now.getTime() - startTime.getTime()) / 1000);
  document.getElementById("time").textContent = elapsed;       経過時刻を表示
}

function flip(e) {                                              カード裏返し
  let src = e.target;                                           クリックされた要素
  if (flipTimer || src.textContent != "") {        ← 10  ← 9
    return;                                                     すでに2枚反転 or 反転済の
  }                                                             カードクリック時は何もしない

  let num = src.number;
  src.className = "card";                           ← 11       class属性を設定して表面に
  src.textContent = num;                                        カードの数字を表示

  if (prevCard == null) {                                       1枚目のときは、それを記録して
    prevCard = src;                                 ← 12       関数を抜ける
    return;
  }

  if (prevCard.number == num) {                                 2枚目 - カード一致判定
    if (++score == 10) {
      clearInterval(timer);                         ← 13       すべて揃ったらタイマーを止める
    }
    prevCard = null;
    clearTimeout(flipTimer);                                    裏返すタイマーを止める
  } else {
    flipTimer = setTimeout(function () {                        カード不一致の場合は1秒後に
      src.className = "card back";                              カード2枚を裏返しにする
      src.textContent = "";
      prevCard.className = "card back";             ← 14
      prevCard.textContent = "";
      prevCard = null;
```

```
            flipTimer = NaN;                    14        9
        }, 1000);
      }
    }
  </script>
</head>
<body onload="init()">
  <table id="table"></table>
  <h2>経過時間：<span id="time">0</span>秒</h2>
</body>
</html>
```

4-2-1 │ ソースコード解説

　CSSから見ていきましょう。<style>要素では、**1** td.card（カードの大きさ、フォントサイズなど）と **2** td.back（裏面）という2つのセレクタを定義しています。JavaScriptでは、これらのスタイルを動的に適用するために以下のような処理を行っています。

```
element.className = "card back";          カードが裏返された描画
element.className = "card";               カードが表に返された描画
```

　ここで"element"は、<td>要素を参照する変数です。プログラムの中では、tdという変数やsrcという変数が使用されています。

　class属性をJavaScriptから設定するときは、classNameプロパティに値を代入します。代入する値を空白で区切ることにより、複数のセレクタを一度に設定していることに注目してください。

　ちなみに、**3** の「background-image: url("card.png")」は背景画像を設定するCSSスタイルです。

　4 のArray.prototype.shuffleは、配列の要素をランダムに入れ替えるためのメソッドです。p.136「2-9-4 プロトタイプの設定方法」で説明しました。忘れた人は読み直してください。

　使用している広域変数は次のとおりです A 。

使用している広域変数

変数	説明
timer	1秒ごとにtick()を呼び出すためのタイマー
flipTimer	2枚目にめくったカードをしばらく表示状態にしておくためのタイマー
score	何ペア一致したか
prevCard	1枚目にめくったカード
startTime	最初にゲームを開始した時刻

　このゲームでは、2つのタイマーを使っていることに注意してください。timerは経過時間を計測するためのもので、setInterval()、clearInterval()で制御されます。一方、flipTimerは1秒後にカードを裏返すためのもので、setTimeout()、clearTimeout()で制御されます。混乱しないように注意してください。

例によって、処理はinit()関数から始まります⑤。

⑥では、次のように20枚（ペア×10組）のカードをランダムに並べ替えています。

```
let cards = [];                           カード格納用配列
for (let i = 1; i <= 10; i++) {
  cards.push(i);
  cards.push(i);
}
cards.shuffle();                          カードをシャッフル
```

そのあとの⑦の二重のfor文で、カードを並べています。スライドパズルと同じ処理なので、説明は省略します。

⑧のtick()関数では、経過時間を表示しています。

```
function tick() {                                         経過時間計測用タイマー（1秒ごとに実行）
  let now = new Date();   ◀─Ⓐ
  let elapsed = Math.floor((now.getTime() - startTime.getTime()) /
1000);   ◀─Ⓑ
  document.getElementById("time").textContent = elapsed;  経過時刻を表示
}
```

Ⓐのnew Date()で、現在時刻が取得できます。

Ⓑでは、DateオブジェクトのgetTime()メソッドで、1970年1月1日00:00:00UTCからの経過ミリ秒を取得しています（Date.getTime()は、UTC／協定世界時を取得するメソッドです）。ゲーム開始時の値との差分をとり、1000で割ることにより秒単位の経過時間を求め、画面に表示しています。

コード全体に戻りましょう。⑨のflip(e)以下が肝となる部分です。カードがクリックされたときに呼び出されるイベントハンドラですが、状況に応じて処理内容が異なります。順を追って見ていきましょう。

まず、⑩の処理です。

```
function flip(e) {                        カード裏返し
  let src = e.target;                     クリックされた要素
  if (flipTimer || src.textContent != "") {
    return;                               すでに2枚反転 or 反転済のカードクリック時は何もしない
  }
```

flipTimerが値を保持している間（2枚が表になってしばらく数字が表示されている間）、もしくはすでに表になったカードがクリックされた場合（src.textContent != ""）は、何も行わずにreturnで戻ります。

次に⑪の

```
let num = src.number;
src.className = "card";                   class属性を設定して表面に
src.textContent = num;                    カードの数字を表示
```

で、クリックされたカードを表にします。

次の **12** の

```
if (prevCard == null) {          1枚目のときは、それを記録して関数を抜ける
  prevCard = src;
  return;
}
```

は「prevCard == null」が成り立つ場合、すなわち、今クリックされたカードが1枚目だったときは、現在のカードをprevCardに代入し、returnで関数を抜けます。2枚目のクリックを待つためです。

それ以外のときは、2枚目がクリックされたときとなります。1枚目と同じカードのときは、**13** の処理が行われます。10枚目になったときは、全部のカードが裏返しになったので、経過時間を計測するためのtimerを止めます。2枚のカードが同じだったので、prevCardにnull代入するとともに（＝1枚目をクリア）、元に裏返すためのタイマー flipTimerを停止させます。

```
if (prevCard.number == num) {     2枚目 - カード一致判定
  if (++score == 10) {
    clearInterval(timer);          すべて揃ったらタイマーを止める
  }
  prevCard = null;
  clearTimeout(flipTimer);         裏返すタイマーを止める
} else {
```

1枚目と2枚目が異なるときは、**14** の処理が行われます。

```
flipTimer = setTimeout(function () {   カード不一致の場合は1秒後にカード2枚を裏返しにする
  src.className = "card back";
  src.textContent = "";
  prevCard.className = "card back";
  prevCard.textContent = "";
  prevCard = null;
  flipTimer = NaN;
}, 1000);
```

1秒後に無名関数が実行されます。つまり、1秒間2つの数字が表示された状態となります。無名関数の中では、1枚目のカードprevCardと2枚目のカードsrcに対して、classNameでスタイルを適用し、textContentに空文字を代入することで元の裏返しの状態に戻しています。また、prevCardとflipTimerの値をクリアして、最初の状態に戻しています。

神経衰弱ゲームの解説は以上です。シンプルなゲームではありますが、1枚目をめくっているのか、2枚目をめくっているのかなど場合分けの処理が少し面倒に感じたかもしれませんね。

 チャレンジ! ▶ 枚数を変えてみよう

1〜13までのカードが4種類、計52枚の神経衰弱ゲームを作成してください。

SAMPLE 4.Games/FlipCards/FlipCards-challenge.html

荷物を運ぼう   *CarryIt*

4-3

昔からある定番ゲームです。人が荷物を所定の位置に移動させるだけのシンプルなゲームです。ただし、人は荷物を引っ張ることはできず、押すことしかできません。また、2つを同時に押すことはできません。すべての荷物を所定の場所に移動してください。実際にやってみると思いのほか難しいかもしれません。

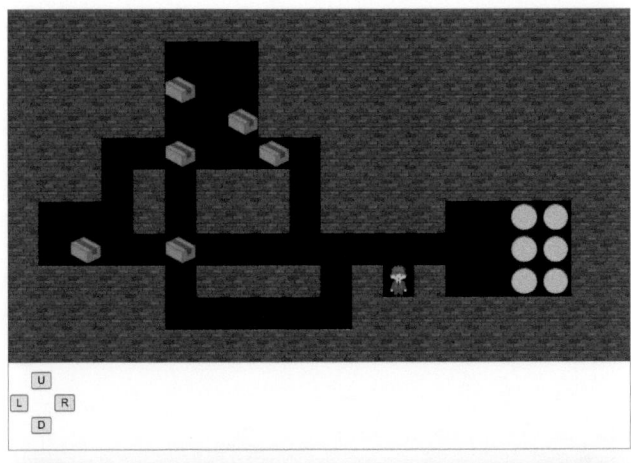

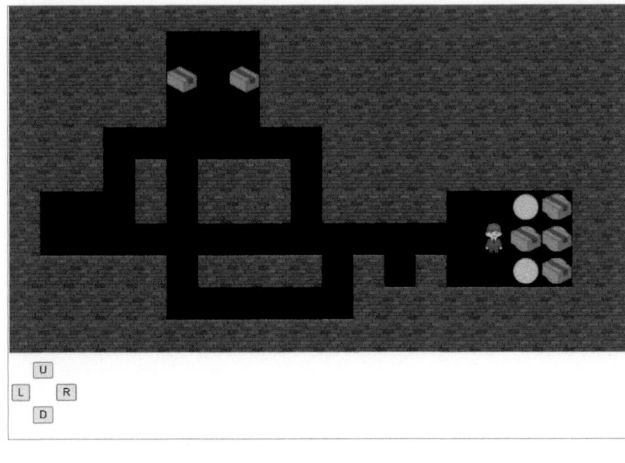

矢印キーで人を動かして荷物を押していき、荷物を◯印に収めればOK

このゲームで学ぶこと

- 仮想マップの使い方に慣れる
- JavaScriptから画像をCanvas（<canvas>要素）に描画する
- ビット演算に慣れる

```
<!DOCTYPE html>
<html>
  <head>
    <meta charset="UTF-8">
    <title>CarryIt</title>
    <script>
      "use strict";
      const data = [
        [6, 6, 6, 6, 6, 6, 6, 6, 6, 6, 6, 6, 6, 6, 6, 6, 6, 6, 6, 6],
        [6, 6, 6, 6, 6, 0, 0, 0, 6, 6, 6, 6, 6, 6, 6, 6, 6, 6, 6, 6],
        [6, 6, 6, 6, 6, 2, 0, 0, 6, 6, 6, 6, 6, 6, 6, 6, 6, 6, 6, 6],
        [6, 6, 6, 6, 6, 0, 0, 2, 6, 6, 6, 6, 6, 6, 6, 6, 6, 6, 6, 6],
        [6, 6, 6, 0, 0, 2, 0, 0, 2, 0, 6, 6, 6, 6, 6, 6, 6, 6, 6, 6],
        [6, 6, 6, 0, 6, 0, 0, 6, 0, 0, 6, 6, 6, 6, 6, 6, 6, 6, 6, 6],
        [6, 0, 0, 0, 6, 0, 6, 6, 6, 0, 6, 6, 6, 6, 6, 0, 0, 1, 1, 6, 6],
        [6, 0, 2, 0, 0, 2, 0, 0, 0, 0, 0, 0, 0, 0, 0, 0, 1, 1, 6, 6],
        [6, 6, 6, 0, 6, 6, 6, 6, 6, 6, 0, 6, 0, 6, 0, 0, 1, 1, 6, 6],
        [6, 6, 6, 6, 6, 0, 0, 0, 0, 0, 0, 6, 6, 6, 6, 6, 6, 6, 6, 6],
        [6, 6, 6, 6, 6, 6, 6, 6, 6, 6, 6, 6, 6, 6, 6, 6, 6, 6, 6, 6],
      ];
      let gc = null;
      let px = 12;
      let py = 8;

      function init() {
        gc = document.getElementById("soko").getContext("2d");
        window.onkeydown = mykeydown;
        repaint();
      }

      function mykeydown(e) {
        let dx0 = px;
        let dy0 = py;
        let dx1 = px;
        let dy1 = py;
        switch (e.keyCode) {
          case 37:
            dx0--;
            dx1 -= 2;
            break;
          case 38:
            dy0--;
            dy1 -= 2;
            break;
          case 39:
            dx0++;
            dx1 += 2;
            break;
          case 40:
            dy0++;
```

迷路データ（0：通路、1：目的地、2：荷物、6：壁）

描画コンテキスト
主人公x座標
主人公y座標

初期化関数

キー押下用イベントハンドラ登録

キー押下のイベントハンドラ
1歩先x
1歩先y
2歩先x
2歩先y

左

右

下

```
            dy1 += 2;                    4
            break;
        }

        if ((data[dy0][dx0] & 0x2) == 0) {
          px = dx0;
          py = dy0;
        } else if ((data[dy0][dx0] & 0x6) == 2) {
          if ((data[dy1][dx1] & 0x2) == 0) {
            data[dy0][dx0] ^= 2;                    5
            data[dy1][dx1] |= 2;
            px = dx0;
            py = dy0;
          }
        }

        repaint();
      }

      function repaint() {
        gc.fillStyle = "black";
        gc.fillRect(0, 0, 800, 440);

        for (let y = 0; y < data.length; y++) {
          for (let x = 0; x < data[y].length; x++) {
            if (data[y][x] & 0x1) {
              gc.drawImage(imgGoal, x * 40, y * 40, 40, 40);
            }                                       6
            if (data[y][x] & 0x2) {
              gc.drawImage(imgLuggage, x * 40, y * 40, 40, 40);
            }
            if (data[y][x] == 6) {
              gc.drawImage(imgWall, x * 40, y * 40, 40, 40);
            }
          }
        }
        gc.drawImage(imgWorker, px * 40, py * 40, 40, 40);
      }
    </script>
  </head>
  <body onload="init()">
    <canvas id="soko" width="800" height="440"></canvas>
    <table>
      <tr>
        <td></td>
        <td><button onclick="mykeydown({ keyCode: 38 })">U</button></td>
        <td></td>
      </tr>
      <tr>
        <td><button onclick="mykeydown({ keyCode: 37 })">L</button></td>
        <td></td>
```

1歩先に荷物なし&壁なし→進む

1歩先　荷物あり

2歩先　荷物なし　隣の荷物をクリア
&壁なし→進む　　さらに先に荷物をセット

主人公移動x
主人公移動y

描画処理
背景クリア

目的地描画

荷物描画

壁描画

主人公描画

```
      <td><button onclick="mykeydown({ keyCode: 39 })">R</button></td>
    </tr>
    <tr>
      <td></td>
      <td><button onclick="mykeydown({ keyCode: 40 })">D</button></td>
      <td></td>
    </tr>
  </table>
  <img id="imgWall" src="imgWall.png" style="display: none">
  <img id="imgGoal" src="imgGoal.png" style="display: none">
  <img id="imgWorker" src="imgWorker.png" style="display: none">
  <img id="imgLuggage" src="imgLuggage.png" style="display: none">
 </body>
</html>
```

4-3-1 | ソースコード解説

使用している定数と広域変数は以下のとおりです。

使用している定数／広域変数

定数	説明
data	地図データ（0：通路、1：目的地、2：荷物、6：壁）

変数	説明
gc	Canvas（<canvas>要素）に描画するための描画コンテキスト
px	主人公のx座標
py	主人公のy座標

2 init()

初期化関数です。Canvasの描画用コンテキストを変数gcに格納し、キー押下時のイベントハンドラに mykeydownを登録し、再描画をしています。

3 mykeydown(e)

キー押下時のイベントハンドラです。キー押下時のイベントハンドラでは、引数eのkeyCodeプロパティを見ることでどのキーが押されたかがわかります 4 。このゲームでは、移動方向の先に荷物があるか、さらにその先が空いているか、と2つ先まで調べる必要があります。それらの座標を管理するための変数がdx0、dy0、dx1、dy1です。1つ先の座標が(dx0, dy0)で、さらに先の座標が(dx1, dy1)です。その様子を以下の図に示します。

キー押下時のイベントハンドラ

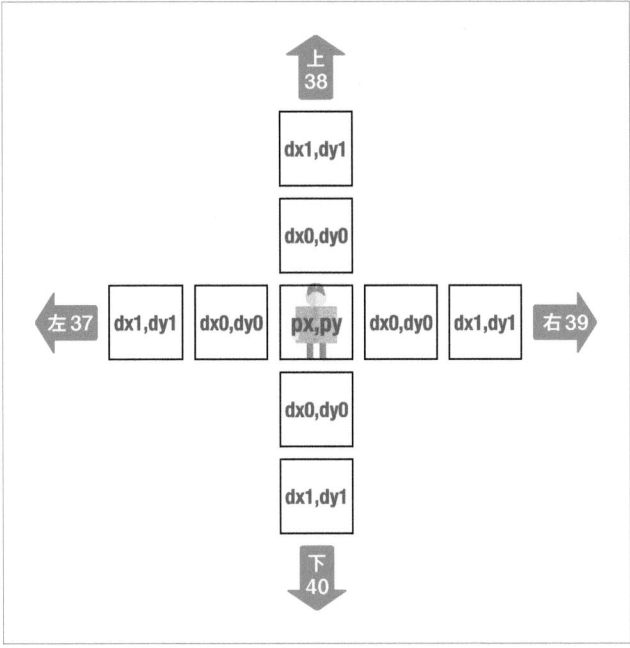

※ 37 〜 40 は、それぞれキーボードの矢印キーが押されたことを表すキーコード（keyCode）です
- ［←］キー（"ArrowLeft"）：37（0x25）
- ［↑］キー（"ArrowUp"）：38（0x26）
- ［→］キー（"ArrowRight"）：39（0x27）
- ［↓］キー（"ArrowDown"）：40（0x28）

▼ KeyboardEvent.keyCode
https://developer.mozilla.org/ja/docs/Web/API/KeyboardEvent/keyCode

　ここから先のコードを理解するには、2進数と論理演算の理解が必要です。実は、この程度のゲームであれば、論理演算を使わなくても十分実装可能です。しかし、論理演算を使用することでコードの行数を削減できそうだったのと、論理演算を学ぶよい機会だと思ったので使用することにしました。では、なぜ論理演算を使うと便利なのか、その理由を考えてみましょう。

　ゲームの状態は、dataという二次元配列で管理しています１。ここで問題になるのは、荷物が目的地に重なった場合です。

荷物と目的地の状態

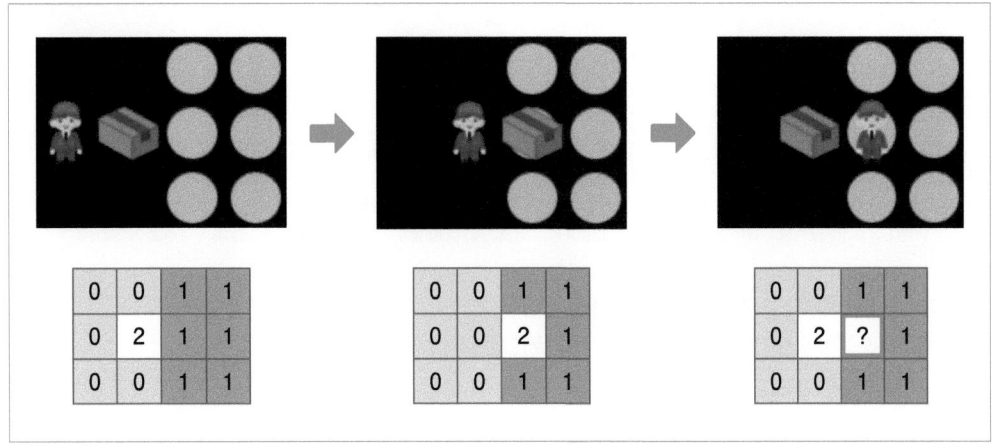

「荷物と目的地の状態」図左側の状態から荷物を右に動かすと、移動先の座標の値は2になります（図中央の状態）。さらに回り込んで荷物を左に戻したとします（図右側の状態）。すると荷物があった座標にはどんな値を設定すればよいでしょうか？　目的地の1が荷物の2で上書きされてしまったので、1を設定するのか0を設定するのかわからなくなってしまいます。上書きする前の値を覚えておけば対処することも可能ですが処理が面倒です。

そこで、荷物があるか否かを単なる数字で表すのではなく、ビットの位置で表すことにしました。通路、目的地、荷物、壁に0、1、2、6といった数値を割り当てたのは実は意味があったのです。その理由はもう少し読み進めると理解できるので少々お待ちください。

では、論理演算について簡単に説明します。&はビットごとのAND演算、|はビットごとのOR演算を行う演算子です。2つの値（2進数1ビット）をAND、ORで計算した結果は以下のようになります。つまり、AND演算ではどちらも1のときのみ結果が1に、OR演算は少なくともどちらか1のときに結果が1になります。

AND演算

A	B	A & B
0	0	0
0	1	0
1	0	0
1	1	1

OR演算

A	B	A	B
0	0	0
0	1	1
1	0	1
1	1	1

10進数でAND演算、OR演算を計算する場合、いったん2進数に直して、それぞれのビットについて上記の表を適用します。たとえば、44と26のANDとORは次のようになります。

AND演算、OR演算の例

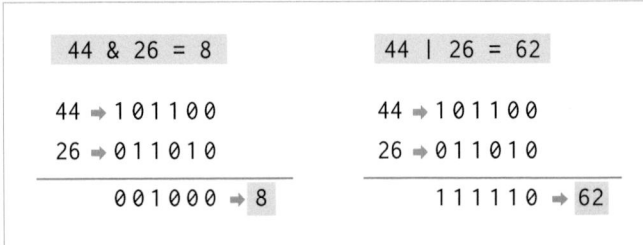

NOTE

ある状態を変数で管理する場合、取りうる値がどれか1つの場合は単に数値を割り当てれば大丈夫です。たとえば、グー＝0、チョキ＝1、パー＝2といった具合です。一方、取りうる状態が複数あるものを1つの変数で表現する場合、たとえば、朝／昼／晩それぞれの状態で、食べた／食べないといった値を表現するときは、ビット演算を使ったほうが便利です。1ビット目＝朝、2ビット目＝昼、3ビット目＝夜としてしまえば、8通りの状態を1つの変数で容易に表現できるようになります。

ここまでくればもう一息です。通路0、目的地1、荷物2、壁6と変な値を割り当てていましたが、実は荷物の有無と移動できるか否かを2ビット目が0か1かで判断していたのです。

まず、それぞれの値と2とのANDを計算してみましょう。0x2は2進数で010なので、この数値とANDを計算するということは、2ビット目を取り出すことと同じになります（0x2の0xは16進数を表します）。その結果、通路と目的地は0、荷物と壁は1となります。通路と目的地は自由に移動できます。つまり、データと0x2のAND計算結果が0であれば自由に動けるのです。

	10進数	2進数			& 0x2 (010とのAND)
		3ビット目	2ビット目	1ビット目	
通路	0	0	0	0	0
目的地	1	0	0	1	0
荷物	2	0	1	0	1
壁	6	1	1	0	1

　次に、荷物が通路や目的地の上を動くことを考えます。荷物は0x2でした。通路や目的地とのORを取ることで、荷物のある通路、荷物のある目的地を表現できるようになります。

	2進数		10進数
	2ビット目	1ビット目	
通路	0	0	0
目的地	0	1	1
荷物 | 通路	1	0	2
荷物 | 目的地	1	1	3

　準備はすべて整いました。⑤のコードを見てみましょう。

```
if ((data[dy0][dx0] & 0x2) == 0) {        ←Ⓐ
  px = dx0;
  py = dy0;
} else if ((data[dy0][dx0] & 0x6) == 2) { ←Ⓑ
  if ((data[dy1][dx1] & 0x2) == 0) {      ←Ⓒ
    data[dy0][dx0] ^= 2;      ⎤
    data[dy1][dx1] |= 2;      ⎦←Ⓓ
    px = dx0;
    py = dy0;
  }
}
```

1歩先に荷物なし&壁なし→進む	
2歩先　荷物なし&壁なし→進む	隣の荷物をクリア さらに先に荷物をセット
主人公移動x	
主人公移動y	

　まず、Ⓐの「(data[dy0][dx0] & 0x2) == 0」という条件式により、1つ先が通路か目的地か判断しています。条件がtrueの場合は前に進めるので、現在地(px, py)を1つ先の座標(dx0, dy0)に設定します。

　次のif文の条件式Ⓑ「(data[dy0][dx0] & 0x6) == 2」は少し説明が必要です。なぜ0x2でなく0x6を使っているのでしょうか？　壁と荷物に対して0x2のAND演算を行うと、

- 壁：6 & 0x2 = 2
- 荷物：2 & 0x2 = 2

となります。壁と荷物は区別して処理することが必要なのに、壁と荷物の区別ができなくなってしまいます。よって、0x6（2進数では110）とのANDを取ることにします。

- 壁：6 & 0x6 = 6

- 荷物：2 & 0x6 = 2

これで、壁か荷物かを正しく区別できました。

次のif文◎は、さらに先が移動可能かを判定するもので、最初のif文とほぼ同じです。次の場所に荷物があり、さらに1つ先が移動可能ということは、荷物を移動できるということなので、⑩でその処理を行います。

data[dy0][dx0] ^= 2;	隣の荷物をクリア
data[dy1][dx1] |= 2;	さらに先に荷物をセット

^演算子は排他的論理和（XOR）といって、0を1に、1を0に反転するものです。「^= 2」とすることで、2ビット目を反転した結果を自分自身に代入します。

|演算子はOR演算子（ビット論理和）です。「| = 2」とすることで、2ビット目のビットを1にした結果を自分自身に代入します。これらの処理を行うことで、隣にあった荷物をさらに1つ先に移動しています。

^と|

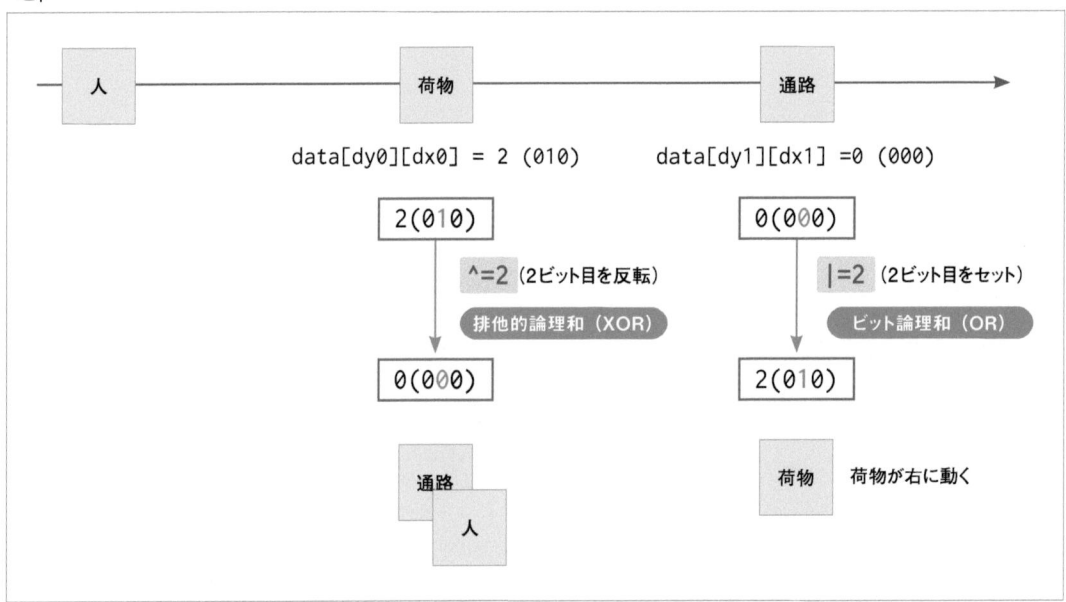

このように論理演算を使用することで、データの様子は次図のようになります。

データの様子

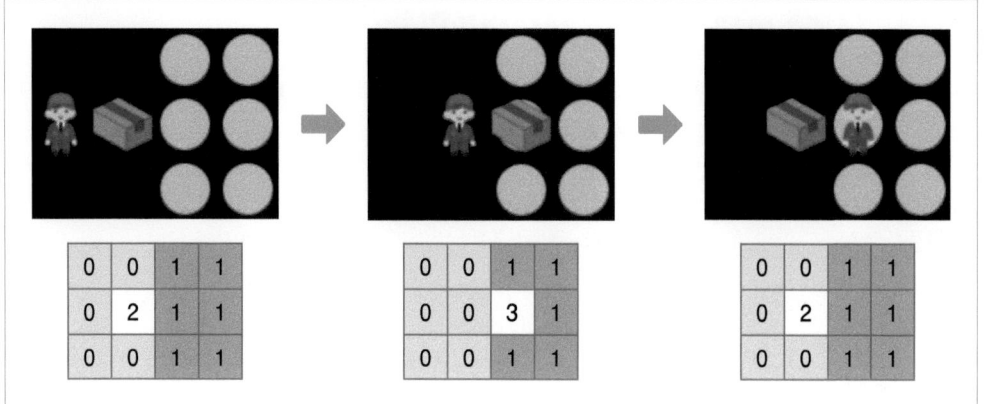

6 repaint()

まず、以下のコードで背景をすべてクリアしています。

```
gc.fillStyle = "black";                        背景クリア
gc.fillRect(0, 0, 800, 440);
```

あとは、二重のfor文でそれぞれのマスに応じた画像を描画しています。目的地の上に荷物を置いたりすることもあるので、else ifやswitchを使っていないことに注意してください。

最後にHTMLの部分です。「<canvas id="soko" width="800" height="440"></canvas>」は、width/height属性を明示的に指定していることに注意してください。この指定を忘れると意図した大きさで描画されないことがあります。

「<img id=".." src=".." style="display: none">」といった画像は、Canvasに描画するためのものです。HTMLで表示する必要はないので、「style="display: none"」とstyle属性を指定しています。

以上でこのゲームの説明は終了です。コードの行数は少ないものの、論理演算やCanvasへの描画などさまざまな要素が含まれています。ぜひしっかりと理解するようにしてください。

 チャレンジ！ ▶ 自作パズルに挑戦してみよう

自分なりのパズル（マップ）を考えてみましょう。友人と問題の出し合いをしても面白いでしょう。

SAMPLE 4.Games/CarryIt/CarryIt-challenge.html

リバーシ　*ReversiblePiece*

これもルール説明不要の定番ゲームですね。あまり強くはありませんがコンピュータがちゃんとあなたの相手をしてくれます。

黒（あなた）：4枚　白（ＰＣ）：4枚

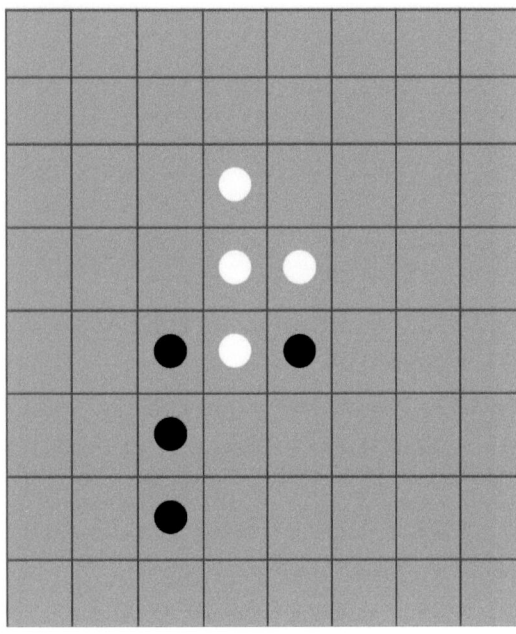

黒（あなた）：19枚　白（ＰＣ）：13枚

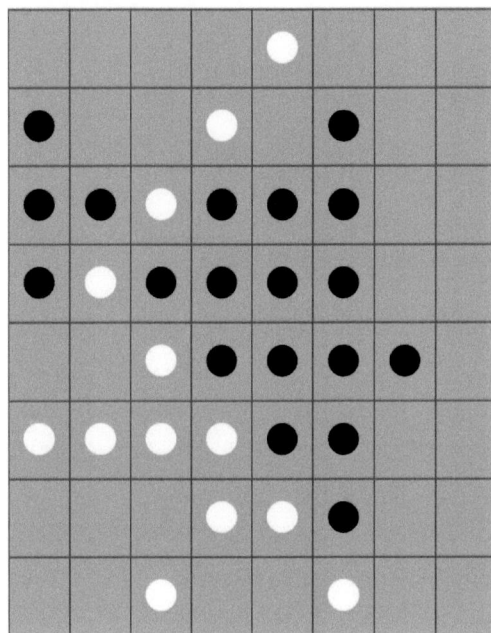

このゲームで学ぶこと ───────

- コンピュータの思考回路を実装する

```
<!DOCTYPE html>
<html>
  <head>
    <meta charset="UTF-8">
    <title>ReversiblePiece</title>
    <style>          ←33
      #board {
        background-color: #555555;
      }
      td.cell {
        background-color: #ffb27f;
        width: 60px;
        height: 60px;
        margin: 2px;
        font-size: 50px;
        text-align: center;
      }
      td.black {
        color: black;
      }
      td.white {
        color: white;
      }
    </style>
    <script>
      "use strict";

      let WeightData = [
        [30, -12, 0, -1, -1, 0, -12, 30],
        [-12, -15, -3, -3, -3, -3, -15, -12],
        [0, -3, 0, -1, -1, 0, -3, 0],
        [-1, -3, -1, -1, -1, -1, -3, -1],
        [-1, -3, -1, -1, -1, -1, -3, -1],
        [0, -3, 0, -1, -1, 0, -3, 0],
        [-12, -15, -3, -3, -3, -3, -15, -12],
        [30, -12, 0, -1, -1, 0, -12, 30],
      ];
      let BLACK = 1;
      let WHITE = 2;
      let data = [];
      let myTurn = false;

      function init() {          ←1
        let b = document.getElementById("board");
        for (let i = 0; i < 8; i++) {
          let tr = document.createElement("tr");
          data[i] = [0, 0, 0, 0, 0, 0, 0, 0];
          for (let j = 0; j < 8; j++) {          ←2
            let td = document.createElement("td");
            td.className = "cell";
```

重みづけデータ

自分
PC
盤データ（0：なし、1：黒、2：白）
自分の番か否か

初期化関数

行を作成
i行目のデータ設定

列を作成

```
        td.id = "cell" + i + j;     ◀─31           2️⃣
        td.onclick = clicked;       ◀─32                        クリック時のイベントハンドラ登録
        tr.appendChild(td);
      }
      b.appendChild(tr);
    }

    put(3, 3, BLACK);
    put(4, 4, BLACK);
    put(3, 4, WHITE);           ◀─3️⃣                          最初に4つの石を配置
    put(4, 3, WHITE);
    update();
  }

  function update() {         ◀─4️⃣                            白／黒の数を数えて表示
    let numWhite = 0;
    let numBlack = 0;
    for (let x = 0; x < 8; x++) {
      for (let y = 0; y < 8; y++) {
        if (data[x][y] == WHITE) {
          numWhite++;
        }                                               ◀─5️⃣
        if (data[x][y] == BLACK) {
          numBlack++;
        }
      }
    }
    document.getElementById("numBlack").textContent = numBlack;
    document.getElementById("numWhite").textContent = numWhite;

    let blackFlip = canFlip(BLACK);                            黒反転できるか否か
    let whiteFlip = canFlip(WHITE);         ◀─6️⃣                白反転できるか否か

    if (numWhite + numBlack == 64 || (!blackFlip && !whiteFlip)) {
      if (numWhite > numBlack) {
        document.getElementById("message").textContent = "白の勝ち！";
      }else if(numWhite < numBlack){
        document.getElementById("message").textContent = "黒の勝ち！";    ◀─7️⃣
      }else{
        document.getElementById("message").textContent = "引き分け";
      }
      return
    }

    if (!blackFlip) {
      showMessage("黒スキップ");
      myTurn = false;                      ◀─8️⃣
    } else if (!whiteFlip) {
      showMessage("白スキップ");
      myTurn = true;
    } else {
```

```
      myTurn = !myTurn;
    }                               8
    if (!myTurn) {
      setTimeout(think, 1000);                          1秒間考えたふり
    }
  }


  function showMessage(str) {    ← 9                    メッセージ(str)を2秒間表示
    document.getElementById("message").textContent = str;
    setTimeout(function () {
      document.getElementById("message").textContent = "";
    }, 2000);
  }


  function clicked(e) {     ← 10                         盤上のセルクリック時のコールバック関数
    if (!myTurn) {
      return;     ← 11                                   PC考え中
    }
    let id = e.target.id;     ← 12
    let i = parseInt(id.charAt(4));
    let j = parseInt(id.charAt(5));

    let flipped = getFlipCells(i, j, BLACK);
    if (flipped.length > 0) {
      for (let k = 0; k < flipped.length; k++) {    ← 13
        put(flipped[k][0], flipped[k][1], BLACK);
      }
      put(i, j, BLACK);
      update();
    }
  }


  function put(i, j, color) {                            (i,j)にcolor色の石を置く
    let c = document.getElementById("cell" + i + j);
    c.textContent = "●";
    c.className = "cell " + (color == BLACK ? "black" : "white");    ← 14
    data[i][j] = color;
  }


  function think() {     ← 15                            コンピュータ思考関数
    let highScore = -1000;
    let px = -1,
        py = -1;     ← 16
    for (let x = 0; x < 8; x++) {
      for (let y = 0; y < 8; y++) {
        let tmpData = copyData();
        let flipped = getFlipCells(x, y, WHITE);    ← 17
        if (flipped.length > 0) {
          for (let i = 0; i < flipped.length; i++) {
            let p = flipped[i][0];
            let q = flipped[i][1];
```

```
                 tmpData[p][q] = WHITE;              17
                 tmpData[x][y] = WHITE;
              }
           let score = calcWeightData(tmpData);
           if (score > highScore) {
              highScore = score;                     ◀18
              (px = x), (py = y);
           }
         }
       }
     }

     if (px >= 0 && py >= 0) {
        let flipped = getFlipCells(px, py, WHITE);
        if (flipped.length > 0) {
           for (let k = 0; k < flipped.length; k++) {
              put(flipped[k][0], flipped[k][1], WHITE);  ◀19
           }
        }
        put(px, py, WHITE);
     }

     update();
  }

  function calcWeightData(tmpData) {    ◀20
     let score = 0;
     for (let x = 0; x < 8; x++) {
        for (let y = 0; y < 8; y++) {
           if (tmpData[x][y] == WHITE) {
              score += WeightData[x][y];
           }
        }
     }
     return score;
  }

  function copyData() {          ◀21
     let tmpData = [];
     for (let x = 0; x < 8; x++) {
        tmpData[x] = [];
        for (let y = 0; y < 8; y++) {
           tmpData[x][y] = data[x][y];
        }
     }
     return tmpData;
  }

  function canFlip(color) {    ◀22
     for (let x = 0; x < 8; x++) {
        for (let y = 0; y < 8; y++) {
```

重みづけ計算

石テーブルデータをコピー

挟める石があるか?

```
      let flipped = getFlipCells(x, y, color);
      if (flipped.length > 0) {
        return true;
      }
    }
  }
  return false;
}

function getFlipCells(i, j, color) {        ◀ 23
  if (data[i][j] == BLACK || data[i][j] == WHITE) {
    return [];                              ◀ 24
  }

  let dirs = [
    [-1, -1],
    [0, -1],
    [1, -1],
    [-1, 0],
    [1, 0],
    [-1, 1],
    [0, 1],
    [1, 1],                                 ◀ 25
  ];
  let result = [];
  for (let p = 0; p < dirs.length; p++) {

    let flipped = getFlipCellsOneDir(i, j, dirs[p][0], dirs[p][1], color);

    result = result.concat(flipped);
  }
  return result;
}

function getFlipCellsOneDir(i, j, dx, dy, color) {    ◀ 26
  let x = i + dx;                           ◀ 27
  let y = j + dy;
  let flipped = [];

  if (
    x < 0 ||
    y < 0 ||
    x > 7 ||
    y > 7 ||                                ◀ 28
    data[x][y] == color ||
    data[x][y] == 0
  ) {
    return [];
  }
  flipped.push([x, y]);                     ◀ 29
```

(i,j)に石を置いたときに石を挟めるか？

すでに石があるときは何もしない

相手を挟めるか、左上、上、右上、左、右、左下、下、右下と順番に調査

(i,j)に石を置いたときに、(dx,dy)方向で石を挟めるか？

挟まれた石の配列

盤外、同色、空ならfalse（挟めない）

```
        while (true) {
          x += dx;
          y += dy;
          if (x < 0 || y < 0 || x > 7 || y > 7 || data[x][y] == 0) {
            return [];
          }
          if (data[x][y] == color) {
            return flipped;
          } else {
            flipped.push([x, y]);
          }
        }
      }
    </script>
  </head>
  <body onload="init()">
    <h2>
      黒（あなた）：<span id="numBlack"></span>枚　白（ＰＣ）：<span
        id="numWhite"
      ></span
      >枚
    </h2>
    <table id="board"></table>
    <h2 id="message"></h2>
  </body>
</html>
```

盤外、空ならfalse（挟めない）

←30

挟めた!

4-4-1 | ソースコード解説

使用している広域変数は以下のとおりです。

使用している広域変数

変数	説明
WeightData	重みづけ（どこに優先して石を置くか）計算用の配列
BLACK = 1	盤面dataに置かれた石（黒）を1で表現
WHITE = 2	盤面dataに置かれた石（白）を2で表現
data	盤面に置ける石の配置状態を保持する配列
myTurn	自分の番か否か

今回は関数の数が多いので順番に見ていきましょう。

❶ init()

スライドパズルや神経衰弱と同じように8×8の盤を作ります。❷で縦軸をi、横軸をjとして二重のfor文を使って<td>要素とdataを初期化しています。

二次元配列dataの様子を次に示します。石が置かれていない場所は0、黒が置かれた場所は1、白が置か

れた場所は2として管理しています。たとえば、data[3][3]は黒なので、「data[3][3]=1」となります。

8×8のマス目を作る

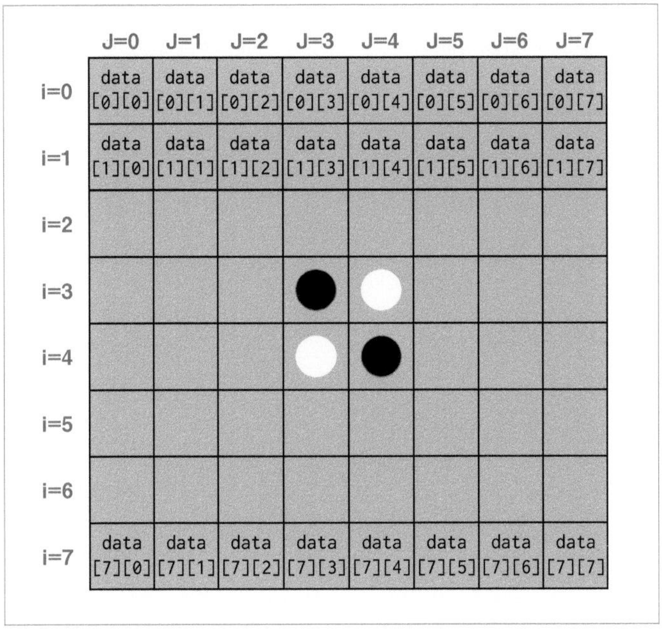

1
2
3
4
5

3では、最初の4つの石を配置してupdate()を呼び出しています。

4 update()

このゲームは人間とコンピュータが交互に石を配置していくのが基本ですが、石が置けない場合は相手に順番を譲る必要があります。また、すべての石が置かれたり、双方が同時に石を置けなくなったりするとゲームオーバーになります。このようにさまざまな状況に対処する必要がありますが、それを処理しているのがupdate()関数です。

update()関数は、初期化直後や石を配置したときに呼び出されます。5で、盤に置かれた白の数numWhiteと黒の数numBlackを数え、「document.getElementById("numBlack").textContent=numBlack」と続く行で、枚数を画面に表示しています。

次の6の部分が興味深いところです。canFlip()は、引数の石を盤に置くことができるか（＝ほかの色を挟むことができるか）を返す関数です22。たとえば、黒を配置できる状態であればblackFlipがtrueとなります。

```
let blackFlip = canFlip(BLACK);          黒反転できるか否か
let whiteFlip = canFlip(WHITE);          白反転できるか否か
```

7では、勝負の判定を行います。白が多い場合は白の勝利、黒が多い場合は黒の勝利、白と黒の数が同じ場合は引き分けとなります。

```
if (numWhite + numBlack == 64 || (!blackFlip && !whiteFlip)) {
  if (numWhite > numBlack) {
    document.getElementById("message").textContent = "白の勝ち！";
  }else if(numWhite < numBlack){
    document.getElementById("message").textContent = "黒の勝ち！";
  }else{
    document.getElementById("message").textContent = "引き分け";
  }
  return
}
```

8 は、石を置く順番を判定する処理です。

```
if (!blackFlip) {          ←Ⓐ
  showMessage("黒スキップ");
  myTurn = false;
} else if (!whiteFlip) {   ←Ⓑ
  showMessage("白スキップ");
  myTurn = true;
} else {
  myTurn = !myTurn;        ←Ⓒ
}
if (!myTurn) {
  setTimeout(think, 1000); ←Ⓓ    1秒間考えたふり
}
```

もし、blackFlipがfalseであればⒶ、黒が置けないので黒がスキップとなり相手の番（myTurn = false）となります。逆に、白が置けなければⒷ、自分の番（myTurn = true）となります。それ以外の場合はⒸ、順番を交代します。

「!」は論理否定を行う演算子で、trueはfalseに、falseはtrueに変換されます。たとえば、

```
myTurn=!myTurn;
```

のように記述すると、myTurnの値がtrue→false→true→falseと順番に変化します。覚えておくと便利な小技の1つです。

自分の番でないとき（!myTurn）はⒹ、setTimeout()関数で1秒後に処理を実行するようにして、コンピュータに1秒間考えるフリをさせます。思考アルゴリズムがシンプルなため一瞬で処理が終わり、ゲームっぽくならないためです。

9 showMessage()
引数で与えられた文字列を2秒間だけ表示します。

⑩ clicked(e)

　この関数は、①のinit()関数で<td>要素のイベントハンドラとして登録されたものです㉜。myTurnがfalseのとき（!myTurn）は、PCが思考中（のフリ）なので何もせずに戻ります⑪。

　⑫の「let id = e.target.id」では、どの<td>がクリックされたか調べるためのidを取得しています。これはinit()関数の㉛で設定された内容です。

　⑬の処理で縦／横の座標を求め、そこに黒を置いたときに反転する石を配列で求めています。

```
let i = parseInt(id.charAt(4));
let j = parseInt(id.charAt(5));

let flipped = getFlipCells(i, j, BLACK);
```

　続くif文では、反転する石が0より多い場合、つまり反転する石があった場合、以下のコードでその石を反転させ、その場所に黒石を置いています。

```
let flipped = getFlipCells(i, j, BLACK);
if (flipped.length > 0) {
  for (let k = 0; k < flipped.length; k++) {
    put(flipped[k][0], flipped[k][1], BLACK);
  }
  put(i, j, BLACK);
  update();
}
```

⑭ put(i, j, color)

　座標(i, j)にcolor色の石を置きます。ポイントは、以下の行で石の色を設定しているところです。

```
c.className = "cell " + (color == BLACK ? "black" : "white");
```

　「(color == BLACK ? "black" : "white")」は、三項演算子です（p.82「2-3-5 条件式 ── 三項演算子」参照）。冒頭のCSS（<style>要素）の㉝には、以下のようなセレクタが宣言されています。JavaScriptからclassNameを動的に設定することで、セレクタを切り替えています。

```
td.black {
  color: black;
}
td.white {
  color: white;
}
```

　つまり、以下のようにHTMLで記述したのと同じ効果を実現しています。

`<td class="cell black">●</td>`	黒石
`<td class="cell white">○</td>`	白石

🔟 think()

　このゲームの肝となるコンピュータの思考ルーチンです。といっても処理内容はシンプルです。このゲーム（リバーシ）の特徴として、4隅を取ると圧倒的に有利になることはご存じでしょう。であれば、その4隅の周囲にはなるべく石を置かないほうがよいことは予想がつきますよね。このように盤面の場所ごとに優先度を設定し、その合計値が一番大きくなるような場所に石を配置するというのが今回実装したアルゴリズムです。場所ごとの優先度は広域変数WeightDataで設定しています。

場所ごとの優先度を変数で設定

30	-12	0	-1	-1	0	-12	30
-12	-15	-3	-3	-3	-3	-15	-12
0	-3	0	-1	-1	0	-3	0
-1	-3	-1	●-1	○-1	-1	-3	-1
-1	-3	-1	○-1	●-1	-1	-3	-1
0	-3	0	-1	-1	0	-3	0
-12	-15	-3	-3	-3	-3	-15	-12
30	-12	0	-1	-1	0	-12	30

　コンピュータは白です。思考ルーチンの概要は以下のようになります。

① 64マス中で白を置ける場所を探し、そこに白石を置いたときの状態を再現する
② その状態において優先順位の合計値（白石のある場所の点の合計）を求める
③ 優先順位の合計値が最大になった場所に石を置く

　順を追って見ていきましょう。まず、🔟では64マスのすべての場所をfor文の二重ループを使って調べます。

```
for (let x = 0; x < 8; x++) {
  for (let y = 0; y < 8; y++) {
    let tmpData = copyData();        ←Ⓐ
    let flipped = getFlipCells(x, y, WHITE);    ←Ⓑ
    if (flipped.length > 0) {
      for (let i = 0; i < flipped.length; i++) {
        let p = flipped[i][0];
        let q = flipped[i][1];
        tmpData[p][q] = WHITE;
        tmpData[x][y] = WHITE;
      }
```

　ⒶのcopyData()は、現在のdataをコピーしたものを返します。これは「仮にこの場所に白を置いたときに

どうなるか」という状態を再現するための仮データtmpDataを作るためです。

　⑧の「let flipped = getFlipCells(x, y, WHITE)」で、(x, y) 座標に白を置いたときに反転する石の配列を求めます。石がある場合、つまり「(flipped.length > 0)」の場合は、仮データtmpDataに値を設定します。ここまでが前述の思考ルーチン①の部分です。

　次に、18で合計点を計算します。これが思考ルーチン②です。

```
let score = calcWeightData(tmpData);
if (score > highScore) {
  highScore = score;
  (px = x), (py = y);
}
```

　思考ルーチン③は、上のコードで「score > highScore」を比較している部分です。その値がハイスコアより大きい場合、すなわち今の打ち手のほうがより高得点のときは、現在の(x, y)座標をpxとpyに保存しておきます。think()関数の冒頭16で、「let px = -1, py = -1;」と初期化しているので、以下19のように両方が0以上 (if (px >= 0 && py >= 0) {) ということはどこかに石を置けたことを意味します。よって、pxとpyが0以上だったときには、その場所に白を置きます。

```
if (px >= 0 && py >= 0) {
  let flipped = getFlipCells(px, py, WHITE);
  if (flipped.length > 0) {
    for (let k = 0; k < flipped.length; k++) {
      put(flipped[k][0], flipped[k][1], WHITE);
    }
  }
  put(px, py, WHITE);
}
```

　以上がコンピュータの思考ルーチンです。

20 calcWeightData(tmpData)

　引数で与えられた盤面データ（2次元配列）の優先順位の合計値を求めて返す関数です。白の置かれた場所の重みをscoreに足してその合計を返しています。

21 copyData()

　優先順位の合計値を計算する場合には、仮に白を置いたときに、それによって石がひっくり返った状態を再現する必要があります。ひっくり返った石を元に戻しながら、都度すべての場所を調べる実装方法もありますが、処理が面倒になりそうだったので、現在の状態をコピーして使い捨てる手法をとることにしました。data配列をtmpData配列にコピーしているだけです。

㉒ canFlip(color)

盤面に引数の色の石を置けるか否かをtrueかfalseで返します。getFlipCells(x, y, color)関数を使って座標 (x, y) に石を置いたときに反転する数を求め、それが0より大きい場合にtrueを返しています。

㉓ getFlipCells(i, j, color)

(i, j) 座標にcolorの石を置いたときに反転する石の配列を返します。

まず、すでに石が置かれている場合は挟めないので、㉔で空の配列[]を返します。

次の㉕は、石を置ける場合の処理です。石を置いたときに挟める方向は以下の図のように8方位となります。つまり、石を挟めるか否か判断するには、8つの方位について調べる必要があるのです。

8つの方位

[-1,-1]	[0,-1]	[1,-1]
[-1,0]	○	[1,0]
[-1,1]	[0,1]	[1,1]

さらに、石を挟めるためには、「その隣に異なる色が1つ以上並んでいて、かつ、その並びの先に自分と同じ色が存在する」必要があります。途中で石が置かれていなかったり、盤の外に出てしまったりするケースも考慮する必要があります。1つの関数ですべてを処理すると複雑になりそうだったので、ある方向で挟めるか判定する処理は別の関数getFlipCellsOneDir() ㉖に任せることにしました。

よって、この関数では、各方向を配列dirsに格納し、for文を使って方向ごとに石を挟めるか否かを判定するだけにしています。

```
let dirs = [
  [-1, -1],
  [0, -1],
  [1, -1],
  [-1, 0],
  [1, 0],
  [-1, 1],
  [0, 1],
  [1, 1],
];
let result = [];
for (let p = 0; p < dirs.length; p++) {
  let flipped = getFlipCellsOneDir(i, j, dirs[p][0], dirs[p][1], color);
  result = result.concat(flipped);
}
return result;
```

相手を挟めるか、左上、上、右上、左、右、左下、下、右下と順番に調査

resultに反転した座標が格納されます。concat()はArrayメソッドで、別の配列と結合する処理を行います。

26 getFlipCellsOneDir(i, j, dx, dy, color)

(i, j) を起点として、(dx, dy) 方向に、color色の石で挟めるかを返します。順番に石を見ていく必要があるので、その座標を(x, y)としています 27。右方向に調べる場合、すなわち、dx=1, dy=0 のときにx, yがどう変化するか、その様子を以下に示します。

右方向 (dx=1, dy=0) にx, yの変化を調べる場合

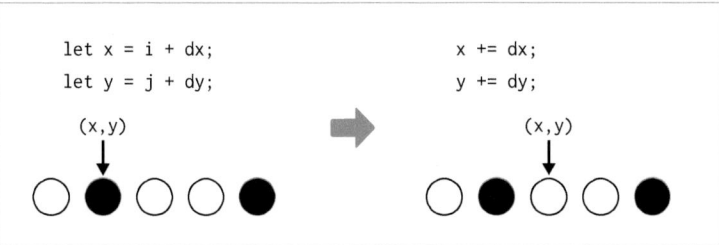

```
let x = i + dx;          x += dx;
let y = j + dy;          y += dy;

(x,y)                    (x,y)
```

まず、隣が同じ色、盤の外、石がないといった場合は単に空配列を返します 28。

```
if (
  x < 0 ||
  y < 0 ||
  x > 7 ||
  y > 7 ||
  data[x][y] == color ||
  data[x][y] == 0
) {
  return [];                    盤外、同色、空ならfalse（挟めない）
}
```

そうでなければ、別の色の石がその方向に隣接していることになるので、29 で、その石の座標を仮に配列flippedに格納しておきます。

```
flipped.push([x, y]);
```

あとは、30 で、その方向を順番に見ていくことになります。

```
while (true) {
  x += dx;
  y += dy;
  if (x < 0 || y < 0 || x > 7 || y > 7 || data[x][y] == 0) {
    return [];                   盤外、空ならfalse（挟めない）
  }
```

```
    if (data[x][y] == color) {
      return flipped;                                          挟めた!
    } else {
      flipped.push([x, y]);
    }
  }
}
```

「x += dx」と「y += dy」で、1つ先に進めます。同様に盤外や空になったら挟めなかったということなので、空配列を返します。その座標に同じ色があった場合は挟めたことになるので、配列 flipped を返します。それ以外の場合は、別の色が連続していたことになるので、while 文の実行を継続します。

このゲームの説明は以上です。「コンピュータと対戦する」プログラミングの例として取り上げてみました。

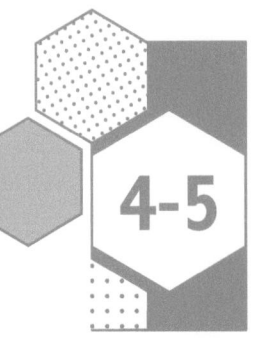

タマゴを大事に　*EggCatch*

4-5

マウスでカゴを左右に移動し、落ちてくるタマゴを拾うゲームです。時間が経つにつれて多くのタマゴが落ちてきます。

ゲームで学ぶこと

- 画像の描画やマウスイベントの処理
- 配列（Array）メソッドの効果的な利用法

```
<!DOCTYPE html>
<html>
  <head>
    <meta charset="UTF-8">
    <title>EggCatch</title>
    <script>
      "use strict";
      let ctx;                                              描画コンテキスト
      let score = 0;                                        スコア
      let prob = 0.96;                                      落下確率
      let basketX = 0;                                      カゴX座標
      let timerId = NaN;                                    タイマーID
      let basket, chick, egg1, egg2;                        各種画像
      let eggs = [];                                        タマゴの配列
      let back;                                             背景画像

      onload = function () {      ←1
        ctx = document.getElementById("field").getContext("2d");
        ctx.font = "32px 'Times New Roman'";                                ←2
        basket = document.getElementById("basket");
        chick = document.getElementById("chick");
        egg1 = document.getElementById("egg1");                    ←3
        egg2 = document.getElementById("egg2");
        back = document.getElementById("back");

        timerId = setInterval(tick, 50);      ←4
        window.onmousemove = (e) => {      ←5
          basketX = e.clientX;                             マウスX座標をカゴの座標に反映
        };
      };

      function tick() {      ←6
        ctx.drawImage(back, 0, 0);      ←7                 背景画像を描画
        ctx.drawImage(basket, basketX - 50, 500);          カゴ描画
        if ( Math.random() > prob) {      ←8
          eggs.push({ x: Math.random() * 500, y: 1 });      ←9    タマゴ追加
        }
        let prev = eggs.length;                            現在のタマゴの数
        eggs = eggs.filter((e) => {      ←10               キャッチしていないタマゴのみを返す
          return (
            e.y < 400 || e.y > 600 || e.x < basketX - 50 || e.x > basketX + 50
          );
        });
        if (prev != eggs.length) {      ←11                タマゴの数が変化=キャッチした
          score++;
          prob -= 0.001;
        }

        ctx.fillStyle = "green";
        ctx.fillText("Score:" + score, 400, 250);
```

```
      eggs.forEach((e) => {         ◀12
        e.y += e.y * 0.1;                              タマゴのY座標を増加
        if (e.y < 50) {             ◀13
          ctx.drawImage(chick, e.x, 10);              0～50：ニワトリ
        } else {                    ◀14
          ctx.drawImage(egg1, e.x, e.y);              50～　：タマゴ
        }

        if (e.y > 550) {            ◀15
          clearInterval(timerId);                     タマゴ落下＝ゲームオーバー
          ctx.fillText("GAME OVER", 200, 300);
          ctx.drawImage(egg2, e.x - 50, 500);
        }
      });
    }
  </script>
</head>

<body>
  <canvas id="field" width="600" height="600"></canvas>
  <img id="basket" src="basket.png" style="display: none">
  <img id="chick" src="chick.png" style="display: none">
  <img id="egg1" src="egg1.png" style="display: none">
  <img id="egg2" src="egg2.png" style="display: none">
  <img src="back.png" id="back" style="display: none">
</body>
</html>
```

4-5-1 ┃ ソースコード解説

使用している広域変数は以下のとおりです。

使用している広域変数

変数	説明
ctx	描画コンテキスト
score	スコア
prob	落下確率
basketX	カゴX座標
timerId	タイマーID
back, basket, chick, egg1, egg2	各種画像（左から順に、背景、カゴ、ニワトリ、タマゴ、割れたタマゴ）
eggs	タマゴの配列

以降では、実装した関数と処理内容について説明します。

▐ **1** `onload = function () {`

onloadはwindowオブジェクトのプロパティで、ここに関数を登録しておくと、ドキュメント（ページ）の読み込み後に関数が実行されます。windowはデフォルトのオブジェクトなので省略可能です。window.onload = function……と記述しても同じ結果となります。

onloadに登録した関数で、次のような初期化処理を行っています。

- コンテキストを取得してフォントを指定　**2**
- 各種画像の取得　**3**
- onmousemoveイベントハンドラの登録　**5**
- タイマー（tick()関数を50msecごとに実行）　**4**

▐ **6** `tick()`

tick()関数は、50msec（50ミリ秒）ごとにタイマーから呼び出され、ページ内に表示するタマゴ等の描画処理を行います。

描画コンテキストを使用して背景をクリアします**7**。Math.random()で乱数を生成し、その値がprobより大きいときにタマゴを作成しています**8**。このprobが徐々に小さくなることで発生頻度が増えるようにしています。

このゲームでは、複数のタマゴを配列（Arrayオブジェクト）で管理しています。Arrayオブジェクトのメソッドを使って、次の処理を行っています。

- Arrayのpush()メソッドで、タマゴを追加する　**9**
- Arrayのfilter()メソッドで、落ちていないタマゴだけを抽出する　**10**
- ArrayのforEach()メソッドで、個々のタマゴを取り出して移動する　**12**

タマゴをキャッチしたか否かは、filter()メソッド**10**でキャッチしていないタマゴの数を数えることで判定指定しています。キャッチした場合**11**は、点数scoreを増やし、変数probを減らして発生頻度を高くしています。

配列eggsのforEach()メソッド**12**で個々のタマゴを取り出し、そのy座標を増やしてタマゴを落としています。その値が50より小さいとき**13**はニワトリを、50以上のとき**14**はタマゴの画像を描画しています。タマゴのy座標が550より大きくなったとき**15**は、タイマーを停止してゲームオーバーのメッセージを描画しています。

ダンジョン *Dungeon*

4-6

「迷路のように入り組んだダンジョンを進んでモンスターと対決する」、よくあるゲームのワンシーンです。そんな状況を再現するゲームを作ってみました。ちなみに迷路は毎回ランダムに作成されます。

このゲームで学ぶこと

- 上下左右スクロールゲームに慣れる
- 迷路の自動生成を行う
- Canvasの描画領域を設定する手法を知る

```
<!DOCTYPE html>
<html>
  <head>
    <meta charset="UTF-8">
    <title>Dungeon</title>
    <style>
      #maze {
        width: 900px;
        height: 600px;
        touch-action: none;
      }
      #START {
        position: absolute;
        left: 200px;
        top: 200px;
      }
    </style>
    <script>
      "use strict";

      let scroller = new Scroller();          スクロール管理オブジェクト
      Player.prototype = scroller;            scrollerをPlayerのprototypeに設定
      Alien.prototype = scroller;             scrollerをAlienのprototypeに設定

      const W = 31;                           迷路の幅
      const H = 31;                           迷路の高さ
      const GAMECLEAR = 1;                    ゲームクリア状態
      const GAMEOVER = 2;                     ゲームオーバー状態
      const maze = [];                        迷路
      const player = new Player(1, 1);        主人公
      const aliens = [new Alien(W - 2, 1), new Alien(1, W - 2)];  エイリアンの配列

      let ctx;                                描画用コンテキスト
      let keyCode = 0;                        押下されたキー
      let status = 0;                         ゲームの状態
      let timer = NaN;                        タイマー

      function Scroller() {  ←1              スクロール処理オブジェクト
        this.doScroll = function () {         移動先(dx, dy)が設定された場合に
          if (this.dx == 0 && this.dy == 0) { スクロール
            return;                           移動先dx, dyが0のときは何もしない
          }

          if (++this.scrollCount >= 5) {
            this.x = this.x + this.dx;        x座標更新
            this.y = this.y + this.dy;        y座標更新
            this.dx = 0;                      移動先とカウンタをリセット
            this.dy = 0;
            this.scrollCount = 0;
          }
```

```javascript
    };

    this.getScrollX = function () {
      return this.x * 50 + this.dx * this.scrollCount * 10;
    };

    this.getScrollY = function () {
      return this.y * 50 + this.dy * this.scrollCount * 10;
    };
  }

  function Player(x, y) {    ◀━2
    this.x = x;
    this.y = y;
    this.dx = 0;
    this.dy = 0;
    this.dir = 0;
    this.scrollCount = 0;

    this.update = function () {
      this.doScroll();
      if (this.scrollCount > 0) {
        return;
      }

      if (this.x == W - 2 && this.y == H - 2) {
        clearInterval(timer);
        status = GAMECLEAR;
        document.getElementById("bgm").pause();
        repaint();
      }

      this.dx = 0;
      this.dy = 0;
      let nx = 0;
      let ny = 0;
      switch (keyCode) {
        case 37:
          nx = -1;
          this.dir = 2;
          break;
        case 38:
          ny = -1;
          this.dir = 0;
          break;
        case 39:
          nx = +1;
          this.dir = 3;
          break;
        case 40:
          ny = +1;
```

`this.getScrollX`	現在のx座標を返す
`return this.x * 50 ...`	移動中スクロール量を含むx座標
`this.getScrollY`	現在のy座標を返す
`return this.y * 50 ...`	移動中スクロール量を含むy座標
`function Player(x, y)`	主人公オブジェクトコンストラクタ
`this.x = x;`	x座標
`this.y = y;`	y座標
`this.dx = 0;`	x方向移動量
`this.dy = 0;`	y方向移動量
`this.dir = 0;`	向き
`this.scrollCount = 0;`	スクロールカウンタ
`this.doScroll();`	スクロール移動
`return;`	スクロール中は何もしない
clearInterval〜repaint	主人公の座標が(W-2, H-2)のときゲームクリア
`this.dx = 0;`	x方向移動量リセット
`this.dy = 0;`	y方向移動量リセット
`let nx = 0;`	仮のx方向移動量
`let ny = 0;`	仮のy方向移動量

```
          this.dir = 1;
          break;
      }
      if (maze[this.y + ny][this.x + nx] == 0) {          移動先の座標が通路(0)のとき
        this.dx = nx;                                      x方向移動量を設定
        this.dy = ny;                                      y方向移動量を設定
      }
    };

    this.paint = function (gc, x, y, w, h) {
      let img = document.getElementById("hero" + this.dir);
      gc.drawImage(img, x, y, w, h);                       主人公描画
    };
  }


  function Alien(x, y) {   ←3                               敵オブジェクトコンストラクタ
    this.x = x;                                            x座標
    this.y = y;                                            y座標
    this.dx = 0;                                           x方向移動量
    this.dy = 0;                                           y方向移動量
    this.dir = 0;                                          向き
    this.scrollCount = 0;                                  スクロールカウンタ

    this.update = function () {
      this.doScroll();                                     スクロール

      let diffX = Math.abs(player.getScrollX() - this.getScrollX());   x方向差分    主人公との衝突判定
      let diffY = Math.abs(player.getScrollY() - this.getScrollY());   y方向差分    (x軸、y軸の距離の
      if (diffX <= 40 && diffY <= 40) {                                            差が40以下⇒衝突)
        clearInterval(timer);                                          衝突時処理 -> ゲームオーバー
        status = GAMEOVER;
        document.getElementById("bgm").pause();
        repaint();
      }

      let gapx = player.x - this.x;                        主人公とのx方向の差分   敵の次の
      let gapy = player.y - this.y;                        主人公とのy方向の差分   移動先を
      switch (random(4)) {                                                        乱数で求
        case 0:                                            x軸方向に近づく         める
          this.dx = gapx > 0 ? 1 : -1;
          this.dir = this.dx == -1 ? 2 : 3;
          break;
        case 1:                                            y軸方向に近づく
          this.dy = gapy > 0 ? 1 : -1;
          this.dir = this.dy == -1 ? 0 : 1;
          break;
        default:                                           移動しない
          this.dx = 0;
          this.dy = 0;
          break;
      }
```

```
    };

    this.paint = function (gc, w, h) {
      let img = document.getElementById("alien" + this.dir);
      gc.drawImage(img, this.getScrollX(), this.getScrollY(), w, h);          敵描画
    };
  }

function random(v) {
  return Math.floor(Math.random() * v);                                       0 から v までの乱数を整数で返す
}

function init() {          ← 4
  let maze = document.getElementById("maze");
  ctx = maze.getContext("2d");                                                描画コンテキスト
  ctx.font = "bold 48px sans-serif";

  createMaze(W, H);                                                           迷路作成
  repaint();
}

function go() {          ← 5
  window.onkeydown = mykeydown;
  window.onkeyup = mykeyup;

  let maze = document.getElementById("maze");                                 迷路への参照を取得して各種イベン
  maze.onmousedown = mymousedown;                                             トハンドラ登録
  maze.onmouseup = mykeyup;
  maze.oncontextmenu = function (e) {
    e.preventDefault();                                                       コンテキストメニューを非表示に
  };                                                                          （タッチ対応）
  maze.addEventListener("touchstart", mymousedown);
  maze.addEventListener("touchend", mykeyup);

  timer = setInterval(tick, 45);
  document.getElementById("START").style.display = "none";
  document.getElementById("bgm").play();
}

function tick() {          ← 6                                               メインルーチン
  player.update();
  aliens.forEach((a) => a.update());
  repaint();
}

function createMaze(w, h) {          ← 7                                      棒倒し法：幅:w、高さ:hの迷路生成
  for (let y = 0; y < h; y++) {          ← 8
    maze[y] = [];
    for (let x = 0; x < w; x++) {
      maze[y][x] = x == 0 || x == w - 1 || y == 0 || y == h - 1 ? 1 : 0;     周囲は壁（1）、それ以外は通路
    }                                                                        （0）で初期化
```

1

2

3

4

5

［実践］ゲームプログラミング

231

```
        }

    for (let y = 2; y < h - 2; y += 2) {        ←9
      for (let x = 2; x < w - 2; x += 2) {
        maze[y][x] = 1;                                        柱を立てる

        let dir = random(y == 2 ? 4 : 3);                      最上段 (y=2) は上下左右、それ以外は下左右
        let px = x;                                            今のx座標
        let py = y;                                            今のy座標
        switch (dir) {
          case 0:
            py++;                                              下に倒す
            break;
          case 1:
            px--;                                              左に倒す
            break;
          case 2:
            px++;                                              右に倒す
            break;
          case 3:
            py--;                                              上に倒す
            break;
        }
        maze[py][px] = 1;                                      倒れた場所も柱にする
      }
    }
  }

  function drawCircle(x, y, r, color) {      ←10                x, yの場所に半径rの円を
    ctx.fillStyle = color;                                     色colorで描画
    ctx.beginPath();
    ctx.arc(x, y, r, 0, Math.PI * 2);
    ctx.fill();
  }

  function repaint() {    ←11                                  描画
    ctx.fillStyle = "black";                                   背景クリア
    ctx.fillRect(0, 0, 900, 600);

    ctx.save();
    ctx.beginPath();
    ctx.arc(300, 300, 300, 0, Math.PI * 2);                    クリップ領域設定
    ctx.clip();

    ctx.fillStyle = "brown";
    ctx.translate(6 * 50, 6 * 50);                             画面中央の迷路描画
    ctx.translate(-1 * player.getScrollX(), -1 * player.getScrollY());
    for (let x = 0; x < W; x++) {
      for (let y = 0; y < H; y++) {
        if (maze[y][x] == 1) {
          ctx.fillRect(x * 50, y * 50, 50, 50);                壁の画像描画
```

232 | 4-6 ダンジョン Dungeon

```
        }
      }
    }
    aliens.forEach((a) => a.paint(ctx, 50, 50));          敵を描画
    ctx.restore();

    ctx.fillStyle = "#eeeeee";                             画面右の地図描画
    ctx.fillRect(650, 0, 250, 600);

    ctx.save();
    ctx.translate(670, 300);
    ctx.fillStyle = "brown";
    for (let x = 0; x < W; x++) {
      for (let y = 0; y < H; y++) {
        if (maze[y][x] == 1) {
          ctx.fillRect(x * 7, y * 7, 7, 7);
        }
      }
    }
    drawCircle(player.x * 7 + 3, player.y * 7 + 3, 3, "red");    自分を赤で
    aliens.forEach((a) => {
      drawCircle(a.x * 7 + 3, a.y * 7 + 3, 3, "purple");         敵を紫で
    });

    ctx.restore();

    ctx.drawImage(arrows, 670, 70, 200, 200);
    let ax = -100;
    let ay = -100;
    switch (keyCode) {
      case 39:
        ax = 830;
        ay = 170;
        break;
      case 40:
        ax = 770;
        ay = 230;
        break;                                              上下左右移動コントローラで、押下
      case 37:                                              状態の○を描画
        ax = 710;
        ay = 170;
        break;
      case 38:
        ax = 770;
        ay = 120;
        break;
    }
    drawCircle(ax, ay, 30, "yellow");

    player.paint(ctx, 300, 300, 50, 50);                   主人公描画とメッセージ
    ctx.fillStyle = "yellow";                                      ↓
```

```
      if (status == GAMEOVER) {
        ctx.fillText("GAME OVER", 150, 200);
      } else if (status == GAMECLEAR) {
        ctx.fillText("GAME CLEAR", 150, 200);
      }
    }

    function mykeydown(e) {
      keyCode = e.keyCode;
    }
    function mykeyup(e) {
      keyCode = 0;
    }
    function mymousedown(e) {
      let mouseX = !isNaN(e.offsetX) ? e.offsetX : e.touches[0].clientX;
      let mouseY = !isNaN(e.offsetY) ? e.offsetY : e.touches[0].clientY;
      if (670 < mouseX && mouseX < 870 && 70 < mouseY && mouseY < 270) {
        mouseX -= 770;
        mouseY -= 170;
        if (Math.abs(mouseX) > Math.abs(mouseY)) {
          keyCode = mouseX < 0 ? 37 : 39;
        } else {
          keyCode = mouseY < 0 ? 38 : 40;
        }
      }
    }
  </script>
</head>
<body onload="init()">
  <!-- Thanks to http://takao-suenobu.com/  & http://dova-s.jp/ -->
  <audio src="Emergency.mp3" id="bgm" loop="loop"></audio>
  <canvas id="maze" width="900" height="600"></canvas>
  <img id="START" src="start.png" onclick="go()"><br>
  <img id="arrows" src="arrows.png" style="display: none">

  <img id="hero0" src="hero0.png" style="display: none">
  <img id="hero1" src="hero1.png" style="display: none">
  <img id="hero2" src="hero2.png" style="display: none">
  <img id="hero3" src="hero3.png" style="display: none">
  <img id="alien0" src="alien0.png" style="display: none">
  <img id="alien1" src="alien1.png" style="display: none">
  <img id="alien2" src="alien2.png" style="display: none">
  <img id="alien3" src="alien3.png" style="display: none">
</body>
</html>
```

↓
主人公描画とメッセージ

キー＆マウス押下のイベントハンドラ

キー押下のイベントハンドラ ←12

キー押下のイベントハンドラ ←13

4-6-1 | ソースコード解説

使用している定数と広域変数は以下のとおりです。

使用している定数／広域変数

定数	説明
W = 31	迷路の幅
H = 31	迷路の高さ
GAMECLEAR = 1	ゲームクリア状態
GAMEOVER = 2	ゲームオーバー状態
maze	迷路を保持する2次元配列
player	主人公オブジェクト
aliens	敵オブジェクトを含む配列

変数	説明
scroller	スクロール処理するオブジェクト。PlayerとAlienのprototype
ctx	描画コンテキスト
keyCode	現在どのキーが押されているか
status	ゲームの状態。クリア＝1、ゲームオーバー＝2
timer	タイマー

棒倒し法による迷路作成

迷路を作成するアルゴリズムはたくさんありますが、今回はその中でも最もシンプルな棒倒し法を使用することにしました。簡単に説明すると、格子状に柱を立てて、その柱を4方向のどちらかへ倒していくことで迷路を作成するという方法です。乱数を使用するので、実行するたびに異なる迷路が生成されます。その処理を行っているのが、7のcreateMaze(w, h)関数です。アルゴリズムは非常にシンプルです。迷路データは2次元配列として格納し、壁を1、通路を0としています。

棒倒し法による迷路作成

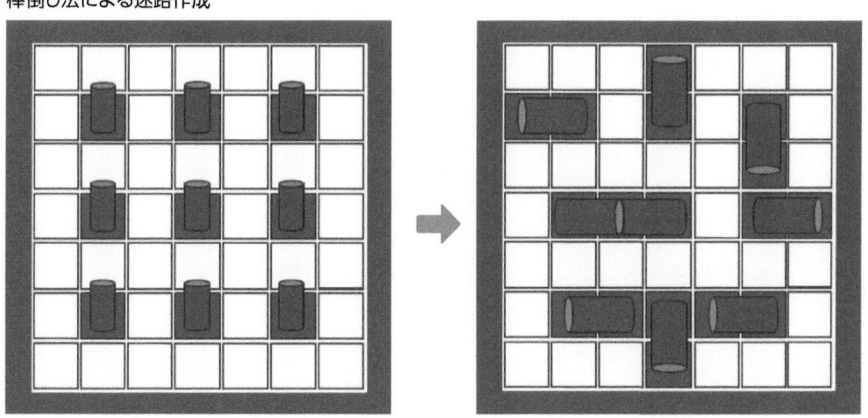

まず 8 の for 文で、上下左右の壁を 1 にします。

```
for (let y = 0; y < h; y++) {
  maze[y] = [];
  for (let x = 0; x < w; x++) {
    maze[y][x] = x == 0 || x == w - 1 || y == 0 || y == h - 1 ? 1 : 0;
  }
}
```
周囲は壁 (1) 、それ以外は通路 (0) で初期化

次に 9 の for 文で、以下のように 1 つ置きに柱を立てていきます。前ページの図左の状態です。

```
for (let y = 2; y < h - 2; y += 2) {
  for (let x = 2; x < w - 2; x += 2) {
    maze[y][x] = 1;
```
柱を立てる

あとは、最上段の柱（「y == 2」のとき）は上下左右 4 方向のどれか、それ以外は下左右の 3 方向のどれかに柱を倒します。柱を倒した場所は壁にします。ほかの柱が倒れているところには別の柱を倒さないようにすると、より複雑な迷路が生成されます。

┃ スムーズスクロール

迷路は碁盤目状のデータとして管理しています。上下左右に移動する際に隣のマスにジャンプして移動する実装だと、動きがカクカクしてぎこちないものになってしまいます。そこで、隣のマスに動くまでを 5 等分して、徐々に移動させることで、スムーズに動くようにしました。

主人公はオブジェクトとして実装していますが、座標に関連するプロパティは以下のとおりです。

主人公のプロパティ

プロパティ	説明
(x, y)	現在のオブジェクトの座標
(dx, dy)	オブジェクトの移動方向
scrollCount	5 等分したうちの何個目かを数えるカウンタ
dir	上下左右の画像の向き

(dx, dy) による移動方向と、右に移動する際の様子を以下に示します。

移動方向

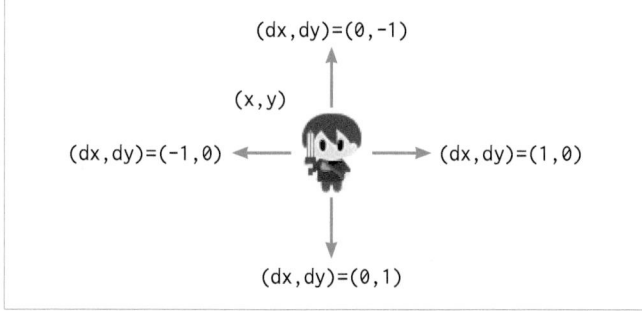

右に移動する様子

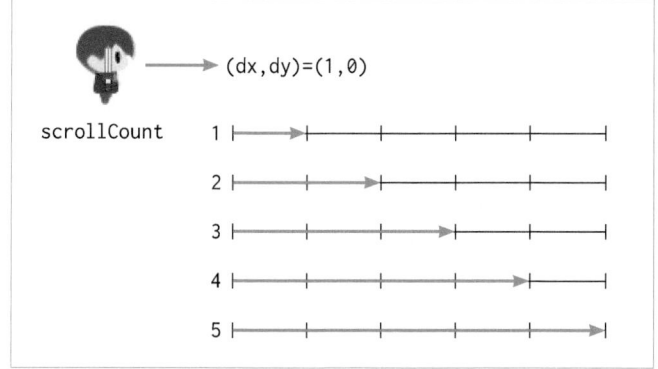

　このゲームで移動するのは主人公Playerだけでなく、敵Alienのオブジェクトも同様に移動します。そこで、共通する処理をScrollerというオブジェクトにまとめ、prototypeとして参照することにしました。その様子を以下に示します。

Playerオブジェクト、AlienオブジェクトはScrollerオブジェクトをprototypeとして参照する

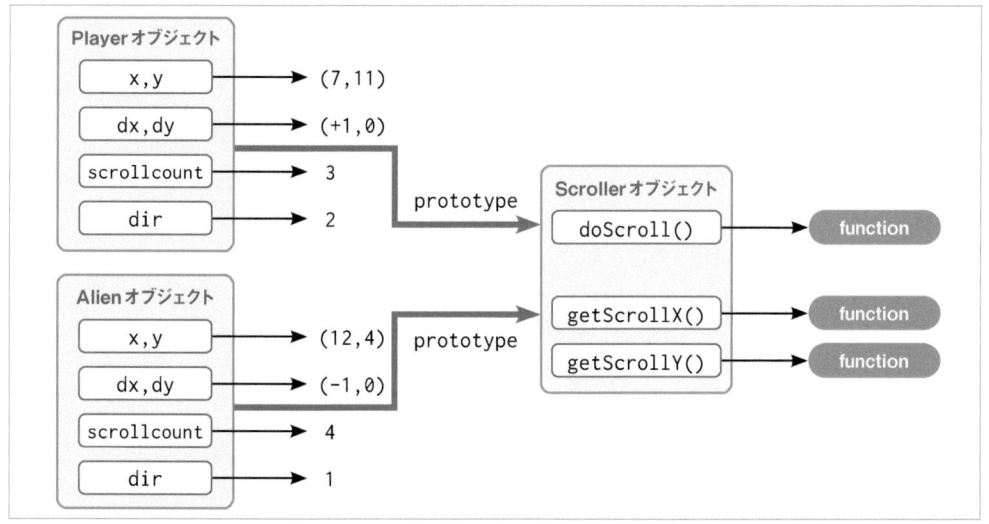

1 Scrollerオブジェクト

Scrollerオブジェクトの実装は以下のとおりです。

```
function Scroller() {                                    スクロール処理オブジェクト
  this.doScroll = function () {        ←Ⓐ             移動先(dx, dy)が設定された場合にスクロール
    if (this.dx == 0 && this.dy == 0) {
      return;                                             移動先dx, dyが0のときは何もしない
    }

    if (++this.scrollCount >= 5) {
      this.x = this.x + this.dx;                          x座標更新
      this.y = this.y + this.dy;                          y座標更新
      this.dx = 0;                                        移動先とカウンタをリセット
      this.dy = 0;
      this.scrollCount = 0;
    }
  };

  this.getScrollX = function () {      ←Ⓑ             現在のx座標を返す
    return this.x * 50 + this.dx * this.scrollCount * 10;  移動中スクロール量を含むx座標
  };

  this.getScrollY = function () {      ←Ⓒ             現在のy座標を返す
    return this.y * 50 + this.dy * this.scrollCount * 10;  移動中スクロール量を含むy座標
  };
}
```

ⒶdoScroll()メソッド

スクロール用カウンタscrollCountを増加させます。(dx, dy)がともに0のときは、何もせずにreturnします。その値が5以上になった場合、一コマ移動させるので、自分の座標(x, y)に(dx, dy)を加えて、カウンタと(dx, dy)を0で初期化します。

ⒷgetScrollX()メソッド

現在のx座標を返します。1マス50ピクセル分なので、座標は「this.x * 50」となります。さらにカウンタが5で1マス、すなわちカウンタ1で10ピクセル分の移動になるため、その分を加算しています。

ⒸgetScrollY()メソッド

y座標の値を返します。実装はx座標と同じです。

2 Playerオブジェクト

Playerオブジェクトの実装は以下のとおりです。

```
function Player(x, y) {                                   主人公オブジェクトコンストラクタ
  this.x = x;                                             x座標
  this.y = y;                                             y座標
```

```
  this.dx = 0;                                              x方向移動量
  this.dy = 0;                                              y方向移動量
  this.dir = 0;                                             向き
  this.scrollCount = 0;                                     スクロールカウンタ

  this.update = function () {    ◀─Ⓐ
    this.doScroll();    ◀─Ⓑ                                 スクロール移動
    if (this.scrollCount > 0) {
      return;                                               スクロール中は何もしない
    }

    if (this.x == W - 2 && this.y == H - 2) {    ◀─Ⓒ
      clearInterval(timer);                                 主人公の座標が(W-2, H-2)のときゲームクリア
      status = GAMECLEAR;
      document.getElementById("bgm").pause();
      repaint();
    }

    this.dx = 0;                                            x方向移動量リセット
    this.dy = 0;                                            y方向移動量リセット
    let nx = 0;                                             仮のx方向移動量
    let ny = 0;                                             仮のy方向移動量
    switch (keyCode) {    ◀─Ⓓ
      case 37:
        nx = -1;
        this.dir = 2;
        break;
      case 38:
        ny = -1;
        this.dir = 0;
        break;
      case 39:
        nx = +1;
        this.dir = 3;
        break;
      case 40:
        ny = +1;
        this.dir = 1;
        break;
    }
    if (maze[this.y + ny][this.x + nx] == 0) {    ◀─Ⓔ       移動先の座標が通路(0)のとき
      this.dx = nx;                                         x方向移動量を設定
      this.dy = ny;                                         y方向移動量を設定
    }
  };

  this.paint = function (gc, x, y, w, h) {    ◀─Ⓕ
    let img = document.getElementById("hero" + this.dir);
    gc.drawImage(img, x, y, w, h);                          主人公描画
  };
}
```

updateメソッド

Ⓑの this.doScroll() で、scrollbar オブジェクトのカウンタ scrollCount を増やします。この値が 0 より大きい場合、スクロール中なので以降の処理は行わず return します。

Ⓒ「(this.x == W - 2 && this.y == H - 2)」のときは、迷路右下に到着したのでゴールとします。

Ⓓでは、keyCode の値に応じて (nx, ny) と dir の値を更新します。

Ⓔの「(maze[this.y + ny][this.x + nx] == 0)」が成立する場合は移動先の場所が通路なので、(dx, dy) を更新します。

Ⓕ**paintメソッド**

主人公の img オブジェクトを取得し、座標 (x, y) に大きさ (w, h) で描画します。

❸ Alienオブジェクト

Alien オブジェクトは敵のキャラクターです。

```
function Alien(x, y) {                                          敵オブジェクトコンストラクタ
  this.x = x;                                                   x座標
  this.y = y;                                                   y座標
  this.dx = 0;                                                  x方向移動量
  this.dy = 0;                                                  y方向移動量
  this.dir = 0;                                                 向き
  this.scrollCount = 0;                                         スクロールカウンタ

  this.update = function () {        ←Ⓐ
    this.doScroll();                 ←Ⓑ                          スクロール

    let diffX = Math.abs(player.getScrollX() - this.getScrollX());  ←Ⓒ   x方向差分    主人公との衝突判定
    let diffY = Math.abs(player.getScrollY() - this.getScrollY());         y方向差分   （x軸、y軸の距離の
    if (diffX <= 40 && diffY <= 40) { ←Ⓓ                                              差が40以下⇒衝突）
      clearInterval(timer);                                    衝突時処理 -> ゲームオーバー
      status = GAMEOVER;
      document.getElementById("bgm").pause();
      repaint();
    }

    let gapx = player.x - this.x;                              主人公とのx方向の差分   敵の次の
    let gapy = player.y - this.y;                              主人公とのy方向の差分   移動先を
    switch (random(4)) {                                                              乱数で求
      case 0:                                                  x軸方向に近づく          める
        this.dx = gapx > 0 ? 1 : -1;          ←Ⓔ
        this.dir = this.dx == -1 ? 2 : 3;
        break;
      case 1:                                                  y軸方向に近づく
        this.dy = gapy > 0 ? 1 : -1;
        this.dir = this.dy == -1 ? 0 : 1;
        break;
```

```
      default:                    Ⓔ          移動しない
        this.dx = 0;
        this.dy = 0;
        break;
    }
  };

  this.paint = function (gc, w, h) {
    let img = document.getElementById("alien" + this.dir);
    gc.drawImage(img, this.getScrollX(), this.getScrollY(), w, h);   敵描画
  };
}
```

　Ⓐのupdateメソッドでは、まずⒷのthis.doScroll()で、scrollbarオブジェクトのカウンタscrollCountを増やします。

　その後、主人公キャラクターとの衝突判定を行います。

　ⒸのMath.abs()は、絶対値を求めるメソッドです。x方向の差分とy方向の差分がともに40以下になったときⒹに衝突として、ゲームオーバーの処理を行います。

　Ⓔの移動先では、徐々に主人公に近づくようAlienの移動先を求めています。gapxは主人公のx座標から敵のx座標を引いた値ですが、この値が正の場合、主人公が右にいることになるので、移動方向dxは1としています。ただ、毎回確実に近づくと難易度が高くなりすぎるので、乱数で調整しています。

4 init()

　Canvasのコンテキストを設定し、createMaze(W, H)を呼び出して迷路データを作成しています。この段階では、ゲームはまだ開始していないことに注意してください。ゲームは、［START］ボタンが押されてgo()が呼び出されてから始まります。

　このように、［START］ボタンの押下で初めてゲームが開始されますが、これには理由があります。HTML/JavaScriptで実装されているゲームの多くはスマホでも動作します。従量課金契約の場合、大量のデータを受信すると、高額な通信料が課される可能性があります。「HTMLのページを閲覧しただけなのに、知らない間に映像や音声のダウンロードが行われ高額な料金が請求された」という状況が発生しないよう、ユーザーの操作に応じた場合でしか音声が再生されないようになっている携帯端末が存在します。

　このような端末の場合、onloadのように自動的に呼び出されるコールバック関数の中でBGM再生用のコードを記述しても音楽の再生が行われません。スマホでもできるだけPCと同じ挙動になるようにしたかったので、明示的にユーザーが［START］ボタンを押下したときにゲームが開始される仕様にしました。

5 go()

　キー、マウス、タッチ用のイベントハンドラを登録しています。以下の行は、タッチの長押しによってコンテキストメニューが表示される挙動を防止するためのものです。

```
maze.oncontextmenu = function (e) {
  e.preventDefault();
};
```
コンテキストメニューを非表示に（タッチ対応）

　その後、setInterval()でメインループのtickを開始し、[START]ボタンを非表示にして、BGMの再生を開始しています。

```
timer = setInterval(tick, 45);
document.getElementById("START").style.display = "none";
document.getElementById("bgm").play();
```

　ちなみに、イベントハンドラをinit()でなく、go()の中で登録しているのには理由があります。もしinit()の中でイベントハンドラを登録してしまうと、[START]ボタン以外の場所がクリックされると、ゲーム開始前にもかかわらず、イベントハンドラが実行されてしまいます。これは意図する挙動ではないため、ゲーム開始直前のgo()で登録しています。

⑥ tick()

　ゲームのメインループです。PlayerとAlienのupdate()メソッドを呼び出し、repaint()で再描画をしています。

⑩ drawCircle(x, y, r, color)

　円をCanvasに描画します。このゲームでは円を描く処理がいろいろな場所に散見されたので、関数としてまとめました。

⑪ repaint()

　まず背景を黒で塗りつぶします。ctx.save()でコンテキストを保存します。ctx.arc(……)で円を描き、ctx.clip()を呼び出すことでクリップ領域を設定しています。こうするとctx.restore()が呼び出されるまで、描画処理はこの円の中だけに限定されます。
　このゲームでは、常に主人公は中心に描画されます。そこで、迷路を主人公と反対側に動かすことで、スクロール効果を演出しています。その座標系を移動する処理をctx.translate()で行っています。あとは二重ループで壁の部分を茶色で塗りつぶし、敵キャラクターを描画しています。
　「ctx.fillStyle = "#eeeeee"; (画面右に地図描画)」以降で、画面右にある小さな地図を描画しています。これも同じく二重ループを使い、小さな地図を描画しています。自分を赤色で、敵を紫で描画しています。最後に、主人公、必要に応じてメッセージを描画しています。

⑫ mykeydown(e)、mykeyup(e)

　押下されているキーのコードを広域変数keyCodeに格納します。キーが離れたときは0を代入します。

🔢 mymousedown(e)

マウスクリックやタッチ時のコールバック関数です。1つのコールバック関数をマウスとタッチで共用するため、以下のコードで座標位置を取得しています。

```
let mouseX = !isNaN(e.offsetX) ? e.offsetX : e.touches[0].clientX;
let mouseY = !isNaN(e.offsetY) ? e.offsetY : e.touches[0].clientY;
```

isNaN()は、数値でないか否かを返す関数です。マウスがクリックされている場合は、e.offsetXに数値が格納されているので、「!isNaN(e.offsetX)」がtrueになり、e.offsetXの値がmouseXに設定されます。数値でない場合は、e.touches[0].clientXでタッチ座標を設定しています。

実は、このゲームの最初のバージョンでは以下のようなコードを使用していました。

```
let mouseX = e.offsetX || e.touches[0].clientX;
```

e.offsetXがtrueと判断されればその値を、そうでない場合はe.touches[0].clientXを使用します。何が問題かわかりますか？ マウスの座標が0のとき、すなわちoffsetXの値が0のときを考えてみてください。0は条件式としてはfalseとなるので、||の右側の式が評価されます。マウスで操作しているのにタッチのプロパティが参照されてしまうのです。

座標値が得られたら、どのボタンの上で押されたのか判定する処理へ進みます。まず、

```
if (670 < mouseX && mouseX < 870 && 70 < mouseY && mouseY < 270) {
```

で、座標値が上下左右ボタンの領域に含まれているか判定します。正確に矢印ボタンの上がクリックされているか判定する必要はありません。対角線を引いて大雑把に調べれば十分です。

左右ボタンを判定する場合は、「(Math.abs(mouseX) > Math.abs(mouseY))」を評価します。Math.abs()は、絶対値を返す関数です。mouseXの絶対値がmouseYの絶対値より大きい範囲は、次ページ図右側のようになります。

ここまでわかれば、mouseXの値が原点より右にあるか左にあるか判定することで、左右どちらのボタンか判断することが可能になります。上下ボタンも同じです。

上下左右ボタンの領域（左）mouseXの絶対値がmouseYの絶対値より大きい範囲（右）

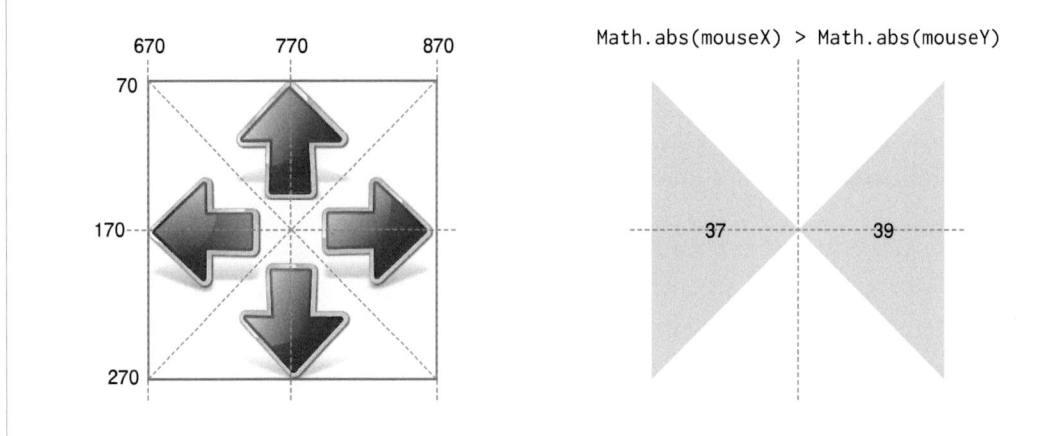

チャレンジ! ▶ 迷路のデザインを変えてみよう

クリップ領域を円ではなく、ほかの形にしてみましょう。また迷路サイズを変えてみたり、迷路作成のアルゴリズムをより複雑なものに変えてみたりといろいろ手を加えてみましょう。

SAMPLE 4.Games/Dungeon/Dungeon-challenge.html
※修正例：ゲームの領域を広くし、星形のクリップが回転するようにする。

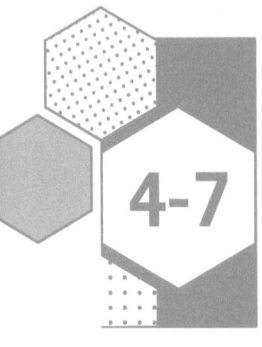

4-7

宇宙船サターンボイジャー *SaturnVoyager*

本格的な3Dゲームを作るのは大変です。3Dモデルを作って、テクスチャを貼り付けて等々、さまざまな処理が必要です。しかし、このゲームのような「なんちゃって3Dゲーム」であればそれほど面倒ではありません。簡単な割には実際に3D空間を移動しているような感覚がするでしょう。

コックピット内で移動したい方向をクリック長押しするか、あるいはキーボードの矢印キー（［←］［↑］［↓］［→］）で移動できます。隕石を避けて進みましょう！

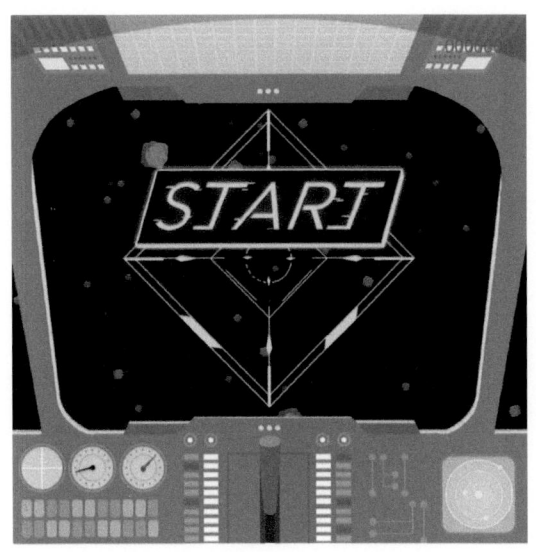

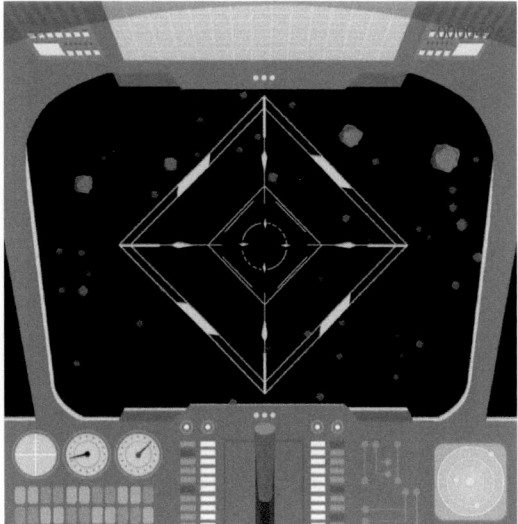

このゲームで学ぶこと

- Canvasの座標系変換に慣れる（画像の回転）
- 疑似3Dモデルに親しむ

```
<!DOCTYPE html>
<html>
  <head>
    <meta charset="UTF-8">
    <title>SaturnVoyager</title>
    <style>
      #space {
        width: 800px;
        height: 800px;              ← A
        touch-action: none;
      }
      #START {
        position: absolute;
        left: 200px;
        top: 200px;
      }
    </style>
    <script>
      "use strict";
      const stars = [];                              星のリスト
      let keymap = [];                               どのキーが押されているか
      let ctx;                                       描画コンテキスト
      let ship;                                      自機
      let score = 0;                                 スコア
      let speed = 25;                                スピード
      let timer = NaN;                               タイマー

      function Ship(x, y) {       ← 1
        this.x = x;                                  自機x座標
        this.y = y;         ← 2                      自機y座標
        this.keydown = function (e) {
          keymap[e.keyCode] = true;                  押されたキーのコードをtrueに設定
        };
                                    ← 3
        this.keyup = function (e) {
          keymap[e.keyCode] = false;                 離したキーのコードをfalseに設定
        };
        this.move = function () {
          if (keymap[37]) {
            this.x -= 30;
          } else if (keymap[39]) {
            this.x += 30;                            右
          }
                                    ← 4
          if (keymap[38]) {
            this.y -= 30;
          } else if (keymap[40]) {                   上
            this.y += 30;
          }                                          下
          this.x = Math.max(-800, Math.min(800, this.x));   x方向移動範囲を-800〜800へ制限
          this.y = Math.max(-800, Math.min(800, this.y));   y方向移動範囲を-800〜800へ制限
```

左

```
    };                    ←4
  }

  function random(v) {       ←5
    return Math.floor(Math.random() * v);          0〜v未満の乱数（整数）を返す
  }

  function init() {          ←6
    for (let i = 0; i < 200; i++) {                星を200個リストに追加
      stars.push({
        x: random(800 * 4) - 1600,
        y: random(800 * 4) - 1600,
        z: random(4095),
        r: random(360),
        w: random(10) - 5,
      });
    }

    ship = new Ship(200, 200);                     自機作成
    onkeydown = ship.keydown;                      キー押下時のイベントハンドラ登録
    onkeyup = ship.keyup;                          キーリリース時のイベントハンドラ登録

    let space = document.getElementById("space");  ←7
    ctx = space.getContext("2d");
    ctx.font = "40pt Arial";
    repaint();
  }

  function go() {            ←8
    let space = document.getElementById("space");
    space.onmousedown = mymousedown;               マウス押下時イベントハンドラ登録
    space.onmouseup = mymouseup;                   マウスリリース時イベントハンドラ登録
    space.oncontextmenu = function (e) {
      e.preventDefault();                          コンテキストメニュー非表示に
    };
    space.addEventListener("touchstart", mymousedown);
    space.addEventListener("touchend", mymouseup);

    document.body.addEventListener(
      "touchmove",
      function (event) {
        event.preventDefault();      ←9                画面タッチによるコンテキストメ
      },                                                ニューを非表示に
      false
    );
    document.getElementById("START").style.display = "none";
    document.getElementById("bgm").play();         ←10    BGM再生開始
    timer = setInterval(tick, 50);
  }

  function mymousedown(e) {   ←11
```

```
    let mouseX =
      (!isNaN(e.offsetX) ? e.offsetX : e.touches[0].clientX) - 400;
    let mouseY =
      (!isNaN(e.offsetY) ? e.offsetY : e.touches[0].clientY) - 400;
    if (Math.abs(mouseX) > Math.abs(mouseY)) {
      keymap[mouseX > 0 ? 37 : 39] = true;
    } else {
      keymap[mouseY > 0 ? 38 : 40] = true;
    }
  }

  function mymouseup(e) {
    keymap = [];
  }

  function tick() {    ◀12
    stars.forEach((s) => {
      s.z -= speed;    ◀13
      s.r += s.w;    ◀14
      if (s.z < 64) {
        if (Math.abs(s.x - ship.x) < 50 && Math.abs(s.y - ship.y) < 50) {
          clearInterval(timer);
          timer = NaN;
          document.getElementById("bgm").pause();
          return;    ◀15
        }
        s.x = random(800 * 4) - 1600;
        s.y = random(800 * 4) - 1600;
        s.z = 4095;
      }
    });

    if (score++ % 10 == 0) {
      speed++;
    }    ◀16
    ship.move();
    repaint();
  }

  function repaint() {    ◀17
    ctx.fillStyle = "black";
    ctx.fillRect(0, 0, 800, 800);
    stars.sort((a, b) => b.z - a.z);    ◀18

    stars.forEach((s) => {
      let z = s.z;
      let x = ((s.x - ship.x) * 512) / z + 400;
      let y = ((s.y - ship.y) * 512) / z + 400;    ◀19
      let size = (50 * 512) / z;
      ctx.save();
      ctx.translate(x, y);
```

マウスとタッチのイベント処理 ->
座標に応じて上下左右キーの
keymapを更新

衝突→ゲームオーバー

通過→奥へ再配置

背景クリア
隕石を距離順にソート

隕石の描画

距離に応じてサイズを設定
コンテキスト保存
x, yへ座標系を平行移動

```
        ctx.globalAlpha = 1 - z / 4096;
        ctx.rotate((s.r * Math.PI) / 180);
        ctx.drawImage(rockImg, -size / 2, -size / 2, size, size);
        ctx.restore();
      });

      ctx.drawImage(scope, 0, 0, 800, 800);
      ctx.fillStyle = "#5aFFFF";
      ctx.fillText(("0000000" + score).slice(-7), 550, 60);
      if (isNaN(timer)) {
        ctx.fillText("GAME OVER", 250, 350);
      }
    }
  </script>
 </head>
 <body onload="init()">
  <!-- Thanks to http://takao-suenobu.com/  & http://dova-s.jp/ -->
  <audio src="Escape.mp3" id="bgm" loop="loop"></audio>
  <canvas id="space" width="800" height="800"></canvas>
  <img id="START" src="start.png" onclick="go()"><br>
  <img id="rockImg" src="rock.png" style="display: none">
  <img id="scope" src="scope.png" style="display: none">
 </body>
</html>
```

19	透明度設定（遠くを暗く） 座標系を回転 コンテキスト復元
20	スコア
21	

4-7-1 | ソースコード解説

使用している定数と広域変数は以下のとおりです。

使用している定数／広域変数

定数	説明
stars	隕石の場所を保持する配列

変数	説明
keymap	現在どのキーが押されているか保持する配列
ctx	描画コンテキスト
ship	自機のオブジェクト
score	現在の点数
speed	スピード
timer	タイマー

■ Ship(x, y)

自機オブジェクトを作るためのコンストラクタです。引数xとyは自機の座標です。

メソッドとプロパティは次のとおりです。

❷ x、y

XとYの座標値を保持するプロパティです。🄐のCSSでwidthとheightを800pxに指定しているので、それぞれ-800から800の範囲をとります。

❸ keydown、keyup

キーの押下状態を保持するためのメソッドです。コードを見るとわかりますが、どのキーが押されたかを配列keymapに記憶しているだけです。キーが押されたので、自機を動かす処理を書きたい衝動に駆られるかもしれません。なぜ、このメソッドの中で自機を移動する処理を行わないか、その理由を考えてみましょう。

キーを押している間は継続して移動させる

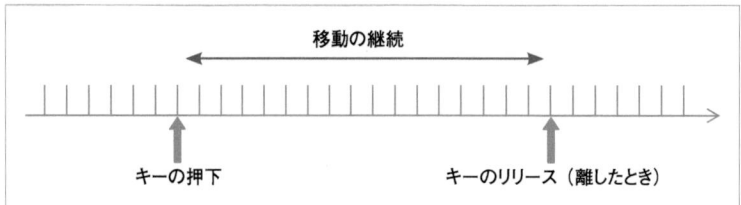

このようなリアルタイムゲームの場合、キーが押されている間はキャラクターを継続して移動させることが普通です。リアルタイムゲームでは定期的にメインループが実行されます。メインループの中で都度キーの押下状態をチェックして、押下されているときに移動処理を行うと、キー押下の間だけ移動するという自然な動きが実現できるのです。keydownに移動処理を書いてしまうと「キーを押すたびに、ちょっとだけ移動する」という状態になってしまうでしょう。

❹ move

キーの押下状態を見て自機を移動します。左右移動の処理を見てみましょう。

```
if (keymap[37]) {
  this.x -= 30;                          左
} else if (keymap[39]) {
  this.x += 30;                          右
}
if (keymap[38]) {
  this.y -= 30;                          上
} else if (keymap[40]) {
  this.y += 30;                          下
}
```

※37〜40は、キーボードの矢印キー［←］（37："ArrowLeft"）、［↑］（38："ArrowUp"）、
［→］（39："ArrowRight"）、［↓］（40："ArrowDown"）を表すKeyCode。p.203参照。

keydown、keyupで見たように、左キーが押下されているときにはkeymap[37]がtrueになります。そこで自機のx座標を30減らします。この値を調整すると自機が動く速さを制御できます。右、上、下、すべて同様です。

左右と上下ではif文が分かれています。すべてのケースをelse ifでつないでいないことに注意してください。これは、左と上が同時に押されたときは左上へ、といった斜め方向への移動を可能にするためです。

最後に、以下のようにMath.maxとMath.minを使って変数の範囲を制限しています。

```
this.x = Math.max(-800, Math.min(800, this.x));     x方向移動範囲を-800 ～ 800へ制限
this.y = Math.max(-800, Math.min(800, this.y));     y方向移動範囲を-800 ～ 800へ制限
```

このような式は、通常の計算式と同様に内側から見ていきます。まず、「Math.min(800, this.x)」でxと800の小さいほうを取得します。これで上限が800に制限されます。

次に「Math.max(–800,……)」で、その戻り値と–800を比べて大きい値を取得します。このように記述することで、if文を使用せずに1行で変数の範囲を制限することができます。ちょっと覚えておくと便利な小技です。

▌ 5 random(v)

vまでの範囲でランダムな整数値を返します。

▌ 6 init()

ゲームの初期化を行います。隕石を200個生成し、配列starsに格納しています。隕石オブジェクトの生成は次のコードで行っています。

```
stars.push({
  x: random(800 * 4) - 1600,
  y: random(800 * 4) - 1600,
  z: random(4095),
  r: random(360),
  w: random(10) - 5,
});
```

波カッコ { } でオブジェクトを作成し、「プロパティ名：プロパティ値;」で、プロパティやメソッドを指定できたことを覚えていますか？ 忘れている人は、p.104「2-7-2 JavaScriptでのオブジェクトの定義方法」を読み直してください。x、y、zは隕石の初期座標値です。

隕石は、xとyともに-1600から1600までの範囲、zは0から4095までの範囲に配置されます。rは隕石の初期角度、wは隕石の回転するスピードです。すべてrandom()で求めています。ちなみに、自機はz=0の平面上を移動し、その座標は(x, y)となります。

隕石のステータス範囲

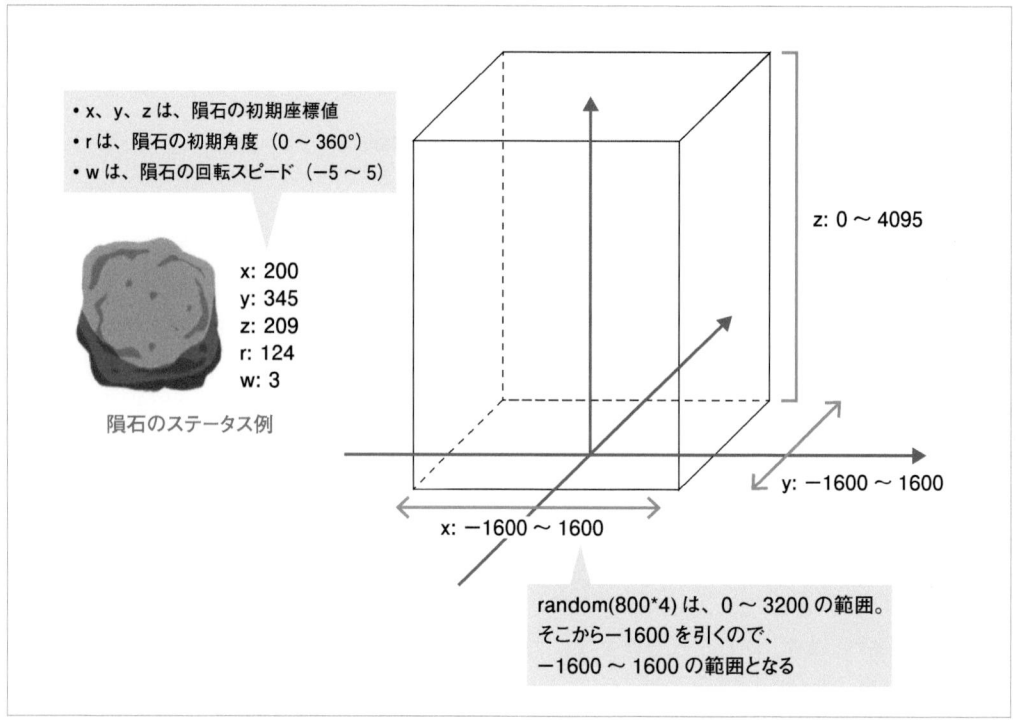

- x、y、zは、隕石の初期座標値
- rは、隕石の初期角度（0～360°）
- wは、隕石の回転スピード（−5～5）

x: 200
y: 345
z: 209
r: 124
w: 3

隕石のステータス例

z: 0 ～ 4095

y: −1600 ～ 1600

x: −1600 ～ 1600

random(800*4) は、0 ～ 3200 の範囲。
そこから−1600 を引くので、
−1600 ～ 1600 の範囲となる

⑦で自機のオブジェクトを作成し、キー押下用のイベントハンドラを設定しています。

`ship = new Ship(200, 200);`	自機作成
`onkeydown = ship.keydown;`	キー押下時のイベントハンドラ登録
`onkeyup = ship.keyup;`	キーリリース時のイベントハンドラ登録

あとはCanvasのコンテキストにフォントを設定し、repaint()で再描画を行っています。

⑧ go()

㉑の［START］ボタンの押下で呼び出される関数です。実際にゲームを開始する関数です。Canvasにマウスやタッチのイベントハンドラを設定しています。

タッチで指を動かしたときに、ブラウザによっては、ゲームの操作ではなく、ゲーム画面を移動する操作と解釈するものがあったため以下のコードを追加しました⑨。

`document.body.addEventListener(`	
`  "touchmove",`	
`  function (event) {`	
`    event.preventDefault();`	画面タッチによるコンテキストメニューを非表示に
`  },`	
`  false`	
`);`	

あとは、10で［START］ボタンを非表示にし、BGMの再生を開始し、メインループtick()を開始しています。

```
document.getElementById("START").style.display = "none";
document.getElementById("bgm").play();                    BGM再生開始
timer = setInterval(tick, 50);
```

11 mymousedown(e)

マウスが押される場所に応じてキーボードの移動キー（上下左右）が押された場合と同じ処理を行っています。内容は、ダンジョン（p.243）のmymousedown(e)とほとんど同じです。

12 tick()

ゲームの心臓部ともいえるメインループです。
まず13の

```
s.z -= speed;
```

で隕石のz方向の値をspeed分減らしています。すなわち、自機のほうへ隕石を近づけています。次に14の

```
s.r += s.w;
```

で、隕石を回転させています。
次の15が衝突判定を行っている箇所です。

```
if (s.z < 64) {
  if (Math.abs(s.x - ship.x) < 50 && Math.abs(s.y - ship.y) < 50) {
    clearInterval(timer);
    timer = NaN;                                            衝突→ゲームオーバー
    document.getElementById("bgm").pause();
    return;
  }
  s.x = random(800 * 4) - 1600;
  s.y = random(800 * 4) - 1600;                             通過→奥へ再配置
  s.z = 4095;
}
```

「s.z < 64」で、隕石がほぼ自分と同じ平面に到達したか判定しています。その場合、さらにx座標とy座標が至近であれば衝突したことになります。その判定をしているのが、以下の条件式です。

```
if (Math.abs(s.x - ship.x) < 50 && Math.abs(s.y - ship.y) < 50) {
```

Math.abs()は、引数の絶対値を求めるメソッドです。つまり、隕石と自機のx、y座標の差がともに50未満のときを衝突とみなしています。衝突した場合は、タイマーとBGMを止めてゲームオーバーとしています。衝突しなかった場合は、自機の動く平面を通り過ぎたことになるので、以下のように、乱数を使って一番奥へ隕石を配置しています。

```
s.x = random(800 * 4) - 1600;
s.y = random(800 * 4) - 1600;                通過→奥へ再配置
s.z = 4095;
```

メインループでの残りの処理 16 は以下のとおりシンプルです。

```
if (score++ % 10 == 0) {
  speed++;
}
ship.move();
repaint();
```

s（スコア）を増やして、10の倍数になったらspeedを増やします。これによりゲームを継続すると、徐々にスピードが増加します。あとはship.move()で自機を移動させ、repaint()で画面を再描画します。

17 repaint()

まず背景をクリアします。18 の行は説明が必要でしょう。

```
stars.sort((a, b) => b.z - a.z);             隕石を距離順にソート
```

この処理は隕石を遠い順番に並べています。なぜこのような処理が必要か考えてみましょう。ところで、ほぼ同じ大きさの隕石が遠方から近づいてくる場合、以下の2つのどちらが自然に見えると思いますか？

隕石の遠近感

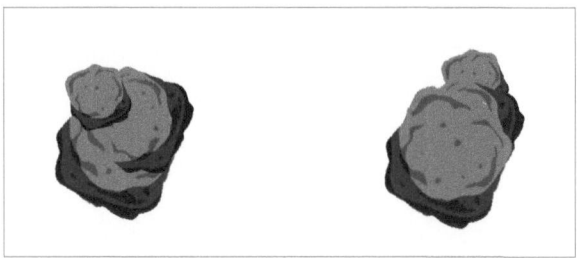

静止画だとわかりづらいかもしれませんが、実際に動いている様子を見ると右側のほうが自然に感じます。これは「近くにあるものが前面に描画されて、奥にあるものを隠している」という現実世界の状況と一致するからです。遠くの小さな隕石が、近くの大きな隕石の前に描画されるようなことは現実世界では起こりえません。その様子を以下に示します。

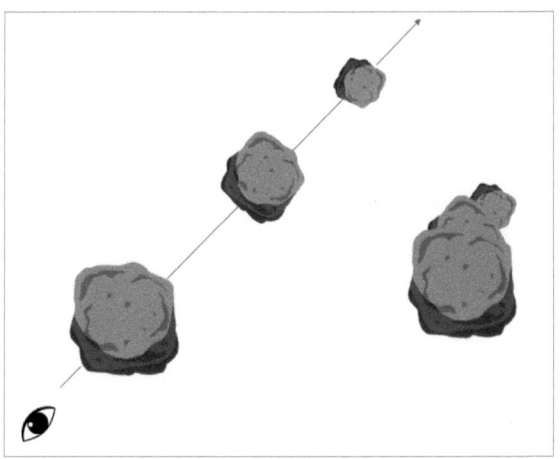

stancには200個の隕石が格納されていますが、並び順はランダムです。奥のものから描画していけば、自然な感じに描画することができます。そこで、Z軸の値順に並べ替えていたのです。

19は、隕石を描画する処理です。

```
stars.forEach((s) => {          隕石の描画
  let z = s.z;
  let x = ((s.x - ship.x) * 512) / z + 400;
  let y = ((s.y - ship.y) * 512) / z + 400;    ←Ⓐ
  let size = (50 * 512) / z;      距離に応じてサイズを設定
  ctx.save();                     コンテキスト保存
  ctx.translate(x, y);            x, yへ座標系を平行移動
  ctx.globalAlpha = 1 - z / 4096;  ←Ⓑ   透明度設定（遠くを暗く）
  ctx.rotate((s.r * Math.PI) / 180);   座標系を回転
  ctx.drawImage(rockImg, -size / 2, -size / 2, size, size);
  ctx.restore();                  コンテキスト復元
});
```

x、y、zの座標値の計算に若干の工夫があります。

xから見ていきましょう。自機から眺めた様子（自機を視点の中心として）を描画したいので、まず、「(s.x - ship.x)」で隕石と自機との差分を求めますⒶ。ただし、モデルとする空間は-1600から1600までの範囲という狭い範囲なので、そのままピクセルで描画しても広がり（物体の遠近）が生まれません。

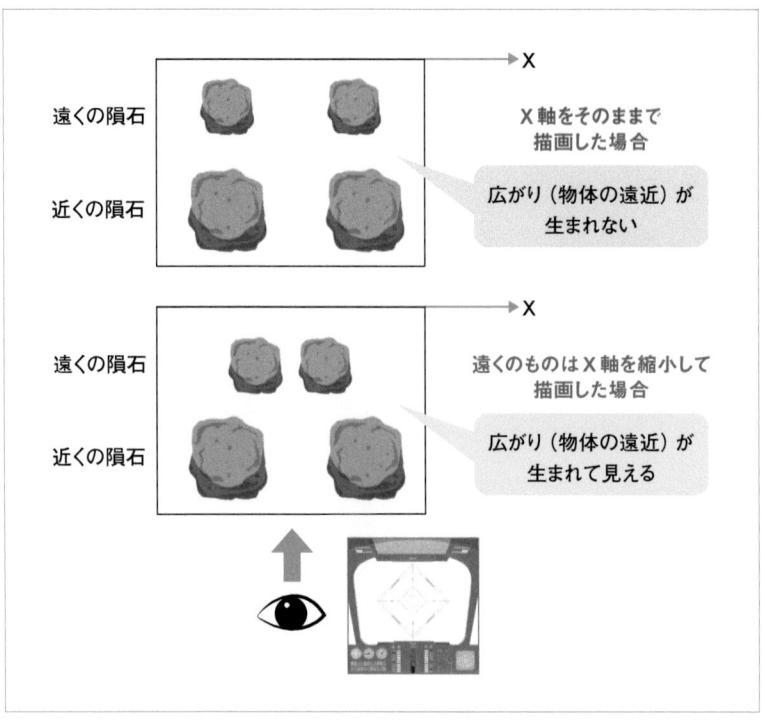

そこで、「((s.x - ship.x) * 512)」として拡大（512倍）しています。この値は、いろいろためして適当に設定したものです。

次に、512倍した値をzで割っていますが、これは遠くの隕石ほど画面中央からの差分を小さくするための処理です。+400は、800 x 800という描画領域の中心を原点とするためのものです。y軸方向の処理もx軸方向とまったく同じです。

隕石の回転描画は、p.184「3-3-1 座標系の基礎」で時計を描画したときと同じ処理です。save()で現在のコンテキストを保存し、translate(x, y)で(x, y)を原点にし、rotate()で座標系を回転しています。

Ⓑは、遠くの隕石ほど暗く描画するための処理です。

`ctx.globalAlpha = 1 - z / 4096;`	透明度設定（遠くを暗く）

globalAlphaは、これからCanvasに描画する内容の透明度（α値）を設定するプロパティです。隕石が近くにある場合zは小さな値になるため、globalAlphaは1に近づきます。すなわち、オリジナルの画像に近い状態で描画されます。

一方、遠くにある場合、globalAlphaは0に近づき、ほとんど透明（背景の黒に溶け込む感じ）に描画されます。あとは、照準器の画像とスコア、ゲームオーバー時のテキストを描画しています。

⑳の行は少し特殊なので、説明をしておきます。

```
ctx.fillText(("0000000" + score).slice(-7), 550, 60);
```

これは、スコアの左を0で埋めて描画するための処理です。仮に、スコアが123という数値だったとします。文字列と数値の足し算を行うと、数値は文字列に変換され、文字列の連結が行われます。

　すなわち「('0000000' + score)」は、「'0000000123'」という文字列になります。String.prototype.slice()は、文字列の一部を切り出して返します。マイナスの数を指定した場合、文字列の末尾から切り取って返されます。つまり、左を0で埋めた文字列が取得できるのです。ゲームではこのような表示がよく行われるので真似をしてみました。

　以上が疑似3Dゲームの説明です。短いコードの割には、それっぽい効果が演出できていると思いませんか。自分が学生のころスペースハリアーというゲームが人気を集めていました。今思うと疑似3Dゲームに触れた最初の機会だったのかもしれません。

 チャレンジ！ ▶ 各パラメータを変更して確認してみよう

ゲームのコードを入力して実行確認できたら、512倍やspeedといったパラメータをいろいろ変更して、それがどのように反映されるか確認してください。

ファンキーブロック *FunkyBlocks*

いわゆる"落ちモノ系"ゲームの一例として作ってみました。縦横方向に同じ色が3つ以上揃うと消えて、上からブロックが落ちてきます。連鎖するほど高得点となります。

このゲームで学ぶこと

- 本格的なゲームを作る
- 効果音の再生方法を知る

```
<!DOCTYPE html>
<html>
  <head>
    <meta charset="UTF-8">
    <title>FunkyBlocks</title>
    <style>
      #canvas {
        width: 800px;
        height: 600px;
        touch-action: none;
      }
      #START {
        position: absolute;
        left: 200px;
        top: 200px;
      }
    </style>
    <script>
      "use strict";

      let ctx;
      let tiles = [];                          タイル用配列
      let moves = [];                          移動中タイルの配列
      let mIndex = 0;                          連鎖メッセージのインデックス
      let mCount = 0;                          連鎖メッセージの透明度用カウンタ
      let times = [];                          残り時間画像の配列
      let timer = NaN;                         タイマー
      let startTime = NaN;                     開始時刻
      let elapsed = 0;                         経過時間
      let score = 0;                           スコア
      let bgimage;                             背景画像
      let sound;                               連鎖効果音
      let mouseX = null;                       マウス押下時x座標
      let mouseY = null;                       マウス押下時y座標
      let mouseUpX = null;                     マウスリリース時x座標
      let mouseUpY = null;                     マウスリリース時y座標
      let message = [
        "",
        "good",
        "very good",
        "super",
        "wondeful!",                           連鎖メッセージ
        "great!!",
        "amazing",
        "brilliant!",
        "excellent!!",
      ];

      function rand(v) {
```

```
      return Math.floor(Math.random() * v);                    0 〜 vまでの乱数（整数）を返す
    }

    function iterate(f) {    ◀━1                               すべてのタイルに関数fを適用
      for (let x = 0; x < 12; x++) {
        for (let y = 0; y < 12; y++) {
          f(x, y, tiles[x][y]);                                (x, y)の座標とタイルを引数に関数f()を実行
        }
      }
    }

    function Tile(x, y) {    ◀━2                               タイルオブジェクト
      this.x = x;                                              今のx座標
      this.y = y;                                              今のy座標
      this.px = x;                                             移動先のx座標
      this.py = y;                                             移動先のy座標
      this.count = 0;                                          移動量計算用カウンタ
      this.getX = function () {
        return this.x + ((this.px - this.x) * this.count) / 20; 移動中も考慮したx座標
      };
      this.getY = function () {
        return this.y + ((this.py - this.y) * this.count) / 20; 移動中も考慮したy座標
      };
      this.move = function (px, py, color) {
        this.px = px;                                          移動先のx座標
        this.py = py;                                          移動先のy座標
        this.color = color;                                   移動先の色
        this.count = 20;                                       座標計算用カウンタ（20カウントかけて移動）
        this.moving = true;                                    移動中フラグ
        moves.push(this);                                      移動中の配列に自身を追加
      };
      this.update = function () {
        if (--this.count <= 0) {
          this.moving = false;                                 カウンタが0になったら移動中フラグをクリア
        }
      };
    }

    function init() {        ◀━3                               ゲーム初期化
      for (let x = 0; x < 12; x++) {                           タイルオブジェクトの生成
        tiles[x] = [];
        for (let y = 0; y < 12; y++) {
          tiles[x][y] = new Tile(x, y);
        }
      }

      iterate(function (x, y, t) {                             3つ連続しないよう初期色の配置
        while (true) {
          let r = rand(5);
          if (setColor(x, y, r)) {
            t.color = r;
```

```
      break;
    }
  }
});

for (let i = 0; i <= 15; i++) {
  let t = document.createElement("img");
  t.src = "time" + i + ".png";
  times.push(t);
}

bgimage = document.getElementById("bgimage");
let canvas = document.getElementById("canvas");
ctx = canvas.getContext("2d");
ctx.textAlign = "center";

sound = document.getElementById("sound");
repaint();
}

function go() {          ←━ 4
  let canvas = document.getElementById("canvas");
  canvas.onmousedown = mymousedown;
  canvas.onmouseup = mymouseup;
  canvas.addEventListener("touchstart", mymousedown);
  canvas.addEventListener("touchmove", mymousemove);
  canvas.addEventListener("touchend", mymouseup);

  startTime = new Date();
  timer = setInterval(tick, 25);

  document.body.addEventListener(
    "touchmove",
    function (event) {
      event.preventDefault();
    },
    false
  );
  document.getElementById("START").style.display = "none";
  document.getElementById("bgm").play();
}

function tick() {        ←━ 5
  mCount = Math.max(0, mCount - 1);
  if (mCount == 0) {
    mIndex = 0;
  }

  if (moves.length > 0) {
    for (let i = 0; i < moves.length; i++) {
      moves[i].update();
```

残り時間の画像を初期化

Canvas初期化

ゲーム実行開始

イベントハンドラ登録

コンテキストメニュー非表示に

メインループ

メッセージフェードアウト用にmCountを1減らす
（0以上の範囲で）

mCountが0のとき、連鎖メッセージの
インデックスを0にリセット

移動中のタイル（moves）がある場合に、それら
タイルを移動

```
    }
    moves = moves.filter(function (t) {            移動が完了していないオブジェクトのみ抽出
      return t.count != 0;
    });
    if (moves.length == 0) {                       移動完了
      let s = removeTile();                        タイル消去（戻り値sは消去したタイルの個数）
      if (s > 0) {
        mIndex = Math.min(message.length - 1, mIndex + 1);   次の連鎖メッセージへ
        mCount = 50;                               メッセージ透明度カウンタを初期化
        score += s * 10 + mIndex * s * 100;        連鎖に応じてスコア加算
        sound.pause();
        sound.currentTime = 0;
        sound.play();                              連鎖用効果音再生
      }
      fall();                                      ブロック落下
    }
  }

  elapsed = (new Date().getTime() - startTime) / 1000;   経過時間
  if (elapsed > 69) {
    clearInterval(timer);                          70秒でゲーム終了
    timer = NaN;
  }
  repaint();
}

function setColor(x, y, c) {        ←6           仮に(x, y)の座標に色cを設定したとき、3つ同
  let flag = true;                                 じ色が並んでいるか否かを返す
  if (1 < x) {
    let c0 = tiles[x - 2][y].color;
    let c1 = tiles[x - 1][y].color;
    flag &= !(c0 == c1 && c1 == c);                左方向に3つ連鎖していないか
  }
  if (x < 8) {
    let c0 = tiles[x + 2][y].color;
    let c1 = tiles[x + 1][y].color;
    flag &= !(c0 == c1 && c1 == c);                右方向に3つ連鎖していないか
  }
  if (1 < y) {
    let c0 = tiles[x][y - 2].color;
    let c1 = tiles[x][y - 1].color;
    flag &= !(c0 == c1 && c1 == c);                上方向に3つ連鎖していないか
  }
  if (y < 8) {
    let c0 = tiles[x][y + 2].color;
    let c1 = tiles[x][y + 1].color;
    flag &= !(c0 == c1 && c1 == c);                下方向に3つ連鎖していないか
  }
  return flag;
}
```

```
function mymousedown(e) {        ← 7
  mouseX = !isNaN(e.offsetX) ? e.offsetX : e.touches[0].clientX;
  mouseY = !isNaN(e.offsetY) ? e.offsetY : e.touches[0].clientY;
}
```
マウス押下 x 座標
マウス押下 y 座標

```
function mymousemove(e) {        ← 8
  mouseUpX = !isNaN(e.offsetX) ? e.offsetX : e.touches[0].clientX;
  mouseUpY = !isNaN(e.offsetY) ? e.offsetY : e.touches[0].clientY;
}
```
マウスリリース x 座標
マウスリリース y 座標

```
function mymouseup(e) {        ← 9
  let sx = Math.floor((mouseX - 34) / 44);
  let sy = Math.floor((mouseY - 36) / 44);
  let nx = sx;
  let ny = sy;
  let mx = !isNaN(e.offsetX) ? e.offsetX : mouseUpX;
  let my = !isNaN(e.offsetY) ? e.offsetY : mouseUpY;

  if (Math.abs(mx - mouseX) > Math.abs(my - mouseY)) {

    nx += mx - mouseX > 0 ? 1 : -1;
  } else {
    ny += my - mouseY > 0 ? 1 : -1;
  }

  if (nx > 11 || ny > 11 || nx < 0 || ny < 0) {
    return;
  }
  if (tiles[sx][sy].moving || tiles[nx][ny].moving) {
    return;
  }

  let c = tiles[sx][sy].color;
  tiles[sx][sy].move(nx, ny, tiles[nx][ny].color);
  tiles[nx][ny].move(sx, sy, c);
  repaint();
}
```
移動元タイルの x 番号
移動元タイルの y 番号
移動先タイルの x 番号
移動先タイルの y 番号

押下時からリリース時の x と y 方向の移動量で大きいほうに移動
x 方向に移動

y 方向に移動

移動先が範囲外のときは何もしない

対象となるタイルが移動中のときは何もしない

(sx, sy)と(nx, ny)のタイルの色を入れ替え

```
function removeTile() {        ← 10
  for (let y = 0; y < 12; y++) {
    let c0 = tiles[0][y].color;
    let count = 1;
    for (let x = 1; x < 12; x++) {
      let c1 = tiles[x][y].color;
      if (c0 != c1) {
        c0 = c1;
        count = 1;
      } else {
        if (++count >= 3) {
          tiles[x - 2][y].remove = true;
          tiles[x - 1][y].remove = true;
          tiles[x - 0][y].remove = true;
```
横方向に3つ以上連続するタイルに remove フラグをセット
0 列目の色
同色が連続する数

右方向に移動しながらタイルの色を取得

色が異なる場合はその色から数えなおし

連続する個数が3を超えた場合、そのタイルに remove フラグをセット

```
          }
        }
      }
    }

    for (let x = 0; x < 12; x++) {
      let c0 = tiles[x][0].color;
      let count = 1;
      for (let y = 1; y < 12; y++) {
        let c1 = tiles[x][y].color;
        if (c0 != c1) {
          c0 = c1;
          count = 1;
        } else {
          if (++count >= 3) {
            tiles[x][y - 2].remove = true;
            tiles[x][y - 1].remove = true;
            tiles[x][y - 0].remove = true;
          }
        }
      }
    }
    let removed = 0;
    iterate(function (x, y, t) {
      if (t.remove) {
        removed++;
      }
    });
    return removed;
  }

  function fall() {              ←11
    for (let x = 0; x < 12; x++) {

      for (let y = 11, sp = 11; y >= 0; y--, sp--) {
        while (sp >= 0) {
          if (tiles[x][sp].remove) {
            sp--;
          } else {
            break;
          }
        }
        if (y != sp) {
          let c = sp >= 0 ? tiles[x][sp].color : rand(5);
          tiles[x][y].move(x, sp, c);
        }
      }
    }
    iterate(function (x, y, t) {
      t.remove = false;
    });
```

縦方向に3つ以上連続するタイルにremoveフラグをセット
0行目の色
同色が連続する数

下方向に移動しながらタイルの色を取得

色が異なる場合はその色から数えなおし

連続する個数が3を超えた場合、そのタイルに
removeフラグをセット

削除したタイルの個数を戻り値として返す（スコ
ア計算用）

落下処理

横方向は左から右へ

縦方向は下から上へ（spは削除したタイルをス
キップするカウンタ）

yとspが異なる（削除されたタイルがあった）→タイルを移動する
範囲外のときは乱数で色を設定

すべてのタイルでremoveフラグをリセット

```
      }

    function repaint() {   ◀—12
      ctx.drawImage(bgimage, 0, 0);

      let images = [block0, block1, block2, block3, block4];
      iterate(function (x, y, t) {
        if (!t.remove) {
          ctx.drawImage(
            images[t.color],
            t.getX() * 44 + 34,
            t.getY() * 44 + 36,
            42,
            42
          );
        }
      });

      ctx.font = "bold 80px sans-serif";
      ctx.fillStyle = "rgba(255, 255, 255, " + mCount / 50 + ")";
      ctx.fillText(message[mIndex], 300, 300);
      ctx.fillStyle = "white";

      if (isNaN(timer)) {
        ctx.fillText("FINISH", 350, 300);
      }

      ctx.fillStyle = "rgba(220, 133, 30, 50)";
      ctx.font = "bold 50px sans-serif";
      ctx.fillText(("0000000" + score).slice(-7), 680, 170);

      let index = Math.min(15, Math.floor(elapsed / (69 / 15)));
      ctx.drawImage(times[index], 615, 327);
    }
  </script>
</head>
<body onload="init()">
  <!-- Thanks to http://takao-suenobu.com/  & http://dova-s.jp/ -->
  <audio src="sound.mp3" id="sound"></audio>
  <audio src="letsgo.mp3" id="bgm"></audio>
  <canvas id="canvas" width="800" height="600"></canvas>
  <img id="START" src="start.png" onclick="go()"><br>
  <img id="bgimage" src="back.png" style="display: none">
  <img id="block0" src="block0.png" style="display: none">
  <img id="block1" src="block1.png" style="display: none">
  <img id="block2" src="block2.png" style="display: none">
  <img id="block3" src="block3.png" style="display: none">
  <img id="block4" src="block4.png" style="display: none">
</body>
</html>
```

タイル描画

連鎖メッセージ描画

スコア

残り時間

使用している広域変数は以下のとおりです。

使用している広域変数

変数	説明
ctx	描画コンテキスト
tiles	タイルオブジェクト（ブロック）を格納する二次元配列
moves	移動中のタイル（ブロック）を保持する配列
mIndex	メッセージへのインデックス（＝何連鎖中かを保持）
mCount	メッセージフェードアウト効果を演出するためのカウンタ
times	残り時間画像を格納する配列
timer	タイマー
startTime	ゲーム開始時刻
elapsed	経過時間
score	スコア
bgimage	背景画像
sound	ブロックが消えたときの効果音
mouseX	マウス押下時のX座標
mouseY	マウス押下時のY座標
mouseUpX	マウスリリース時（マウスを離したとき）のX座標
mouseUpY	マウスリリース時（マウスを離したとき）のY座標
message	メッセージの配列

　このゲームで中心的な役割をするのは、画面内のブロックを表すタイルオブジェクトです。タイルオブジェクトは、以下のように2次元配列として実装されています。

タイルオブジェクト

　ゲームの進行に伴ってタイルオブジェクトも移動するように見えますが、実際にはタイルオブジェクトは動きません。つまり、仮に (0, 0) のタイル（ブロック）を右に移動させても以下のようにはなりません。

実際にはタイルオブジェクトは動かない（下図のようにはならない）

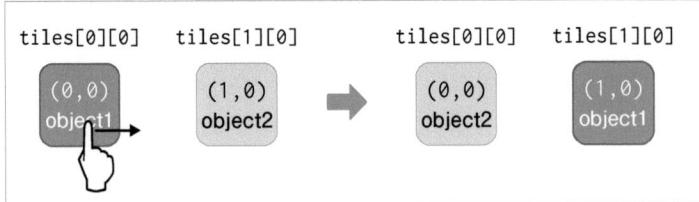

代わりに、タイルオブジェクトの色だけを入れ替えています。

タイルオブジェクトの色だけを入れ替えている

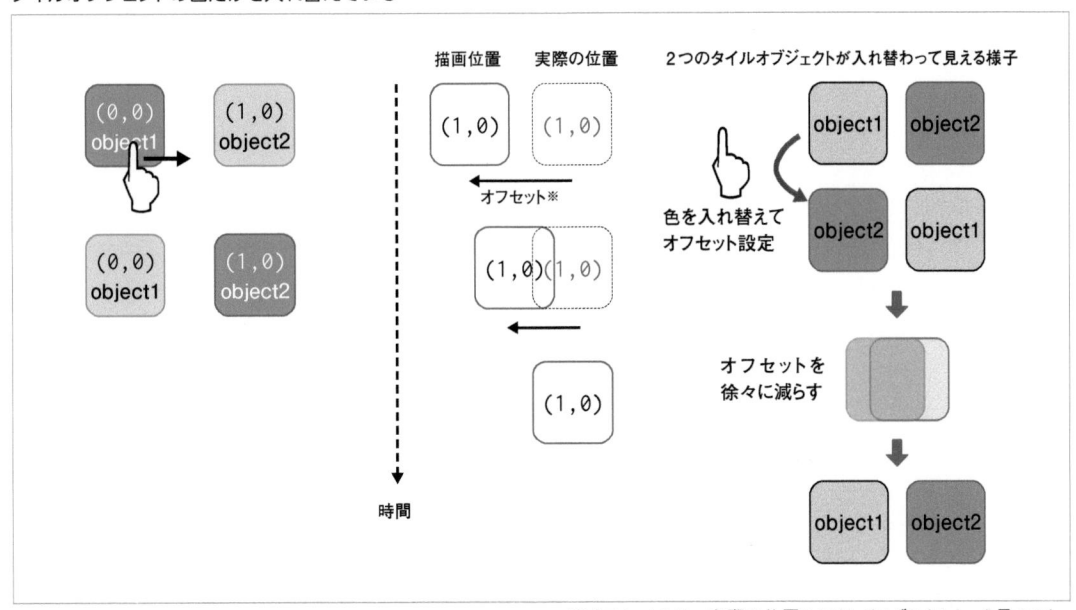

※オフセットとは、実際の位置からどれだけずらすかという量のこと。

　(0, 0) のタイルを右に移動する操作を行ったとします。このときは、(0, 0)と(1, 0)の色を入れ替えます。し
かし、単に色を入れ替えただけでは、スムーズに動く視覚効果が得られません。そこで、上図中央のように、描
画位置のオフセットをカウンタで調整し、入れ替える2つのタイルにこの効果を適用しています。こうすること
で、上図右側にあるように2つのタイルのスムーズな入れ替えを演出しています。
　タイルは、Tileオブジェクトとして実装しています ❷。

```function Tile(x, y) {```	タイルオブジェクト
``` this.x = x;```	今のx座標
``` this.y = y;```	今のy座標
``` this.px = x;```	移動先のx座標
``` this.py = y;```	移動先のy座標
``` this.count = 0;```	移動量計算用カウンタ
``` this.getX = function () {```	
``` return this.x + ((this.px - this.x) * this.count) / 20;```	移動中も考慮したx座標
``` };```	

```
  this.getY = function () {
    return this.y + ((this.py - this.y) * this.count) / 20;   移動中も考慮したy座標
  };
  this.move = function (px, py, color) {
    this.px = px;                                              移動先のx座標
    this.py = py;                                              移動先のy座標
    this.color = color;                                        移動先の色
    this.count = 20;                                           座標計算用カウンタ（20カウントかけて移動）
    this.moving = true;                                        移動中フラグ
    moves.push(this);                                          移動中の配列に自身を追加
  };
  this.update = function () {
    if (--this.count <= 0) {
      this.moving = false;                                     カウンタが0になったら移動中フラグをクリア
    }
  };
}
```

オブジェクトは、現在の座標 (x, y)、移動先の座標 (px, py)、移動までのカウンタ count をプロパティとして持ちます。getX() と getY() は、描画座標を返すメソッドです。count の値によってオフセットを調整しています。count に 0 や 20 といった値を代入してどんな値が返るか考えてみると理解しやすいかもしれません。「move(px, py, color)」は、タイルを視覚的に移動させるメソッドです。移動先の座標と色を指定します。count を 20 で初期化し、moving フラグを true にし、移動タイル格納配列 moves に自分を挿入します。update はカウンタをデクリメント（=1減らす）し、0 になったときにフラグを false に戻します。個々の処理はそれほど複雑ではありません。

では主な関数を見ていきましょう。

■1 iterate(f)

引数に関数オブジェクトを取り、すべてのタイルオブジェクトについてその関数を実行します。このゲームでは、3つ並んでいないか検査する、個々のタイルオブジェクトが削除対象か否か調べる、個々のタイルオブジェクトを描画するといった処理を行う必要がありました。いずれも2重ループを使ってすべてのタイルオブジェクトを処理する必要がありますが、個々の処理内容は異なります。そこで、共通部分である2重ループのみを iterate(f) で括りだし、個別の処理を関数オブジェクトで指定するように実装しました。これにより、2重ループの数を減らすことができました。

```
function iterate(f) {                                          すべてのタイルに関数fを適用
  for (let x = 0; x < 12; x++) {
    for (let y = 0; y < 12; y++) {
      f(x, y, tiles[x][y]);                                    (x, y)の座標とタイルを引数に関数f()を実行
    }
  }
}
```

3 init()

　まず、2重ループでタイルオブジェクトの二次元配列を作成します。その後、各タイルオブジェクトに色を設定しますが、最初の段階では上下左右に3つ以上同じ色が並ばないようにしなくてはなりません。その処理を行っているのが以下の部分です。

```
iterate(function (x, y, t) {                         3つ連続しないよう初期色の配置
  while (true) {
    let r = rand(5);
    if (setColor(x, y, r)) {
      t.color = r;
      break;
    }
  }
});
```

　関数オブジェクトを引数としてiterateを呼び出しています。これにより、すべてのタイルオブジェクトの位置について関数が呼び出されます。関数オブジェクトの引数は、x座標、y座標、タイルオブジェクトtとなります。色を5色から乱数で選び、setColor()で色を設定します。設定できた場合はtrueが返るので、次のタイルオブジェクトの色設定に進みます。falseが返った場合は色が連続しているので、再度乱数の生成から処理を行います。この関数オブジェクトが呼び出される様子は、コードを見るだけではわかりにくいのでデバッガを使って動きを確認することをお勧めします。

　次に、残り時間の画像の配列を作成し、配列timesに格納します。あとはCanvasのコンテキストを設定し、repaint()で描画を行っています。

　残り時間は、画面右下に表示している15個（3×5）のブロックを1つずつ消すことで表現しています。このブロックはJavaScriptで表示することもできますが（経過時間に応じてタイルオブジェクトの数を変更など）、ここではゲーム素材のデザイナーが用意してくれた計16枚の画像——time0.png（ブロック15枚）〜 time15.png（ブロック0枚）——を順に表示しています。

経過時間を表す16枚の画像（time0.png 〜 time15.png）

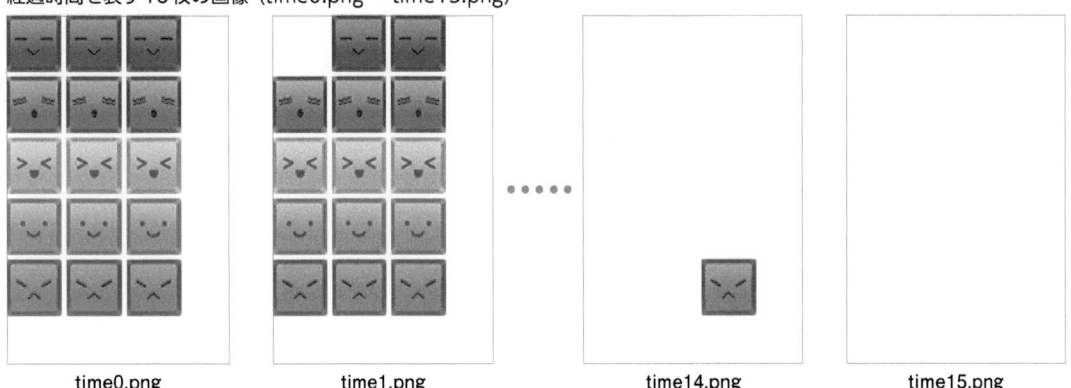

time0.png　　　　　time1.png　　　　　time14.png　　　　　time15.png

4 go()

　ゲームを実際に開始する関数です。[START] ボタンを押すと呼び出されます。まず、Canvasにマウスや
タッチのイベントハンドラを登録します。そして、メインループtick()を開始し、[START] ボタンを非表示にし
て、BGMの再生を開始しています。

5 tick()

　ゲームの心臓部分ともいえるメインループです。25msec（ミリ秒）ごとに呼び出されます。まず、

```
mCount = Math.max(0, mCount - 1);          メッセージフェードアウト用にmCountを1減らす（0以上の範囲で）
if (mCount == 0) {
  mIndex = 0;                              mCountが0のとき、連鎖メッセージのインデックスを0にリセット
}
```

で、メッセージフェードアウト効果を演出しています。mCountは、連鎖時に表示されるメッセージの色の濃
さです。Math.max(0, mCount - 1)は、マイナスにならないように単にmCountを1減らしています。
mCountが0になったときはメッセージが消えたときなので、mIndexを0にして連鎖をクリアしています。

　この次のif文の条件式「(moves.length > 0)」は、移動中のタイルの有無を判定しています。移動中のタイ
ルがある場合には、「moves[i].update()」ですべてのタイルの状態を更新します。

```
if (moves.length > 0) {
  for (let i = 0; i < moves.length; i++) {
    moves[i].update();                    移動中のタイル（moves）がある場合に、それらタイルを移動
  }
```

　以下のコードでは、移動中のタイルのみを抽出しています。Arrayオブジェクトのfilter()メソッドは、引数の
関数がtrueを返した要素を選択（フィルタリング）して、配列として戻します。つまり、タイルのcountが0で
ないもの、すなわち、まだ移動中のタイルが配列としてmovesに戻されます。

```
moves = moves.filter(function (t) {       移動が完了していないオブジェクトのみ抽出
  return t.count != 0;
});
if (moves.length == 0) {                   移動完了
  let s = removeTile();                    タイル消去（戻り値sは消去したタイルの個数）
  if (s > 0) {
    mIndex = Math.min(message.length - 1, mIndex + 1);   次の連鎖メッセージへ
    mCount = 50;                           メッセージ透明度カウンタを初期化
    score += s * 10 + mIndex * s * 100;    連鎖に応じてスコア加算
```

　「(moves.length == 0)」がtrueの場合は、すべてのタイルが移動を完了したので、removeTile()を呼び
出して3つ以上連続したタイルの消去処理を行います。この関数は消去したタイルの枚数を返します。その数
が0より大きい場合は連鎖となるので、音を鳴らしてメッセージのインデックスmIndexや、メッセージのフェー
ドアウトカウンタmCountを初期化し、スコアを加算します。

あとは、ゲーム開始からの経過時間を以下の式で求め、69秒（BGMの再生時間）を超えたときにゲーム終了としています。

```
elapsed = (new Date().getTime() - startTime) / 1000;          経過時間
```

6 setColor(x, y, c)

初期化時に色を設定する関数です。上下左右に3つ以上同じ色が隣り合わない場合にtrueを、そうでない場合はfalseを返します。左右上下の4方向を調べていますが、端に近い場合は連続するタイルがないので、4つのif文を使ってその条件を調べています。

「flag &= !(c0 == c1 && c1 == c)」は、少し説明が必要でしょう。引数の色がc、隣の色がc1、さらに隣の色がc0です。この3つの色が同じとき「(c0 == c1 && c1 == c)」がtrueになります。その前にある「!」は否定演算子で、trueとfalseを逆転させます。

つまり、この行は「flag = flag & (3つの色がすべて同じではない)」という処理を行っているのと同じです。ここで&はAND演算で、両方がtrueのときのみ結果がtrueとなります。よって、3つの色が同じだと、「flag = flag & false」となり、flagもfalseとなります。この比較を左右上下4方向について行い、すべての方向で3つ色が揃っていないときのみtrueが返るようにしています。

7 mymousedown(e)

マウス押下時、タッチ操作時の座標をmouseXとmouseYに格納します。

8 mymousemove(e)

タイルを移動する場合、マウス押下時とリリース時（離したとき）の座標を比較して、どの方向に操作されたか調べています。ほとんどの場合、リリース時の座標はmymouseup(e)で取得できますが、特定のブラウザでタッチ操作が行われた場合に座標値が取得できないことがありました。そのような状況に対処するため、最後に移動した際の座標をmymousemove(e)で取得し、「(mouseUpX, mouseUpY)」に保存しています。

9 mymouseup(e)

マウスが離されたときのコールバックです。タイル領域の左上座標は(34, 36)、タイル1つ分の幅と高さが44です。以下の式でマウス押下時にどのタイルが選択されたかを調べます。

```
let sx = Math.floor((mouseX - 34) / 44);          移動元タイルのx番号
let sy = Math.floor((mouseY - 36) / 44);          移動元タイルのy番号
```

次に、タッチやマウスの操作方向を調べます。押下時の座標は(mouseX, mouseY)です。リリース時の座標は(mx, my)です。これらの座標を比較し、x軸方向、y軸方向のどちらに大きく移動しているか調べます。

```
if (Math.abs(mx - mouseX) > Math.abs(my - mouseY)) {          押下時からリリース時のxとy方向の移動量で大きいほうに移動
```

この条件式がtrueのときは、y軸方向よりもx軸方向への移動量が多いことになります。この場合、移動方向に応じてnxを1か-1に設定します。y軸方向でも同様の処理を行います。

　移動先の座標が範囲外の場合、もしくは、タイルが移動中である場合はreturnで戻ります。

```if (nx > 11 || ny > 11 || nx < 0 || ny < 0) {```
``` return;```
```}```
	移動先が範囲外のときは何もしない

```if (tiles[sx][sy].moving || tiles[nx][ny].moving) {```
``` return;```
```}```
	対象となるタイルが移動中のときは何もしない

　そうでない場合は、以下の行でそれぞれのタイルの場所と色を入れ替える処理を開始します。

```let c = tiles[sx][sy].color;```
```tiles[sx][sy].move(nx, ny, tiles[nx][ny].color);```
```tiles[nx][ny].move(sx, sy, c);```
```repaint();```
	(sx, sy)と(nx, ny)のタイルの色を入れ替え

🔟 removeTile()

　横方向、縦方向に3つ以上同じ色が並んだときに、そのタイルオブジェクトのremoveプロパティにtrueを設定します。

```for (let y = 0; y < 12; y++) {```
``` let c0 = tiles[0][y].color;```
``` let count = 1;```
	0列目の色
	同色が連続する数

で上から1行ずつ調べていきます。左端の色をc0に、連続数を示すcountを1に初期化します。

```for (let x = 1; x < 12; x++) {```
``` let c1 = tiles[x][y].color;```
``` if (c0 != c1) {```
```   c0 = c1;```
```   count = 1;```
``` } else {```
```   if (++count >= 3) {```
```   tiles[x - 2][y].remove = true;```
```   tiles[x - 1][y].remove = true;```
```   tiles[x - 0][y].remove = true;```
```   }```
``` }```
```}```
	右方向に移動しながらタイルの色を取得
	
	色が異なる場合はその色から数えなおし
	
	連続する個数が3を超えた場合、そのタイルにremoveフラグをセット

　次に横方向に調べます。「let x = 1」として隣のタイルから調べていることに注意してください。そのタイルの色をc1に格納し、色が違う場合(c0 != c1)、c0とcountをクリアします。色が同じ場合はelseに進み、countの値が3以上になったら、該当するタイルのremoveプロパティをtrueにしています。removeプロパ

ティは、もともとTileオブジェクトにはなかったものです。JavaScriptではこのように実行中にプロパティを追加／削除することが可能です。

縦方向についても同様の処理を行います。最後に、以下の行でremoveプロパティがtrueに設定されたタイルの数を数えています。

```
let removed = 0;
iterate(function (x, y, t) {
  if (t.remove) {
    removed++;
  }
});
return removed;
```

削除したタイルの個数を戻り値として返す（スコア計算用）

⑪ fall()

落下処理を行います。コードは短いですが、今回の関数の中で一番複雑な処理かもしれません。落下なので、x軸方向への移動はありません。そこで、外側のループをx軸方向として、左列から右列へ順番に処理を行います。

落下処理なので、y軸方向は下から上方向へ見ていきます。yは、現在のタイルを示す値で、11から0まで順番に減らします。一方spは、落下元のタイルを示す値です。削除されたタイルをスキップして減少させます。removeTile()で削除されたタイルにremoveプロパティを設定したことを思い出してください。この値が異なる場合にタイルが落下することになります。その様子を以下に示します。

タイル落下の様子

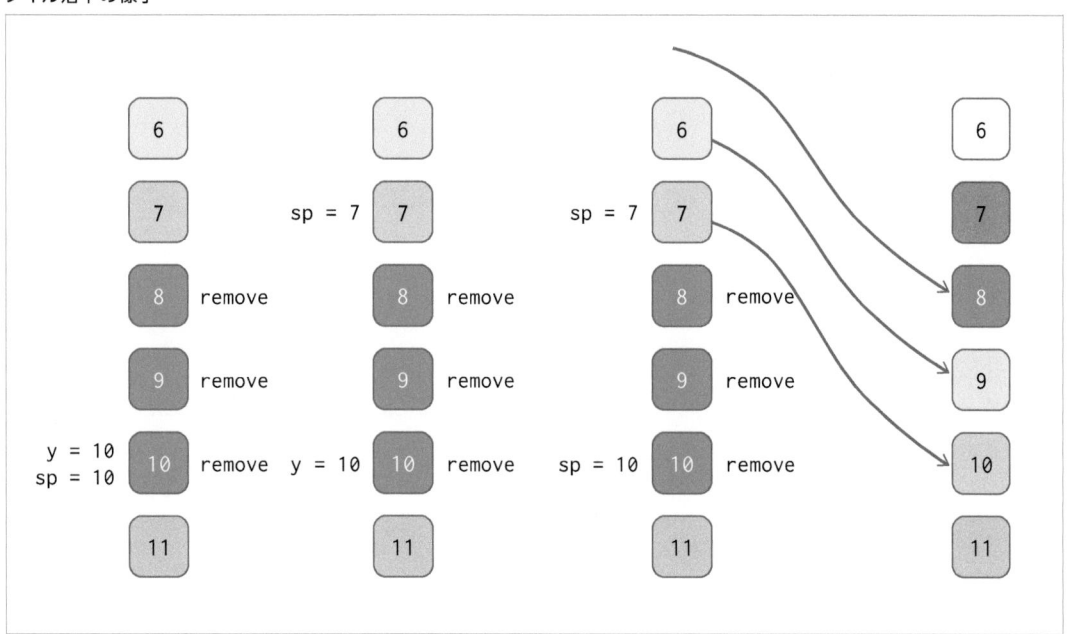

yもspも11で初期化し、ループを実行する都度デクリメントします。removeのタイルがある場合、spはそれをスキップするためにさらにデクリメントします。その処理が以下の部分です。

```
while (sp >= 0) {
  if (tiles[x][sp].remove) {
    sp--;
  } else {
    break;
  }
}
```
縦方向は下から上へ（spは削除したタイルをスキップするカウンタ）

　yとspとの値が違う場合、タイルが削除されたことを意味します。よって、移動元 tiles[x][sp] を、移動先tiles[x][y] にmoveします。spが0未満のときは落ちてくるタイルがないので乱数で色を決めています。

　この時点で落下処理が終わったので、「iterate(function (x, y, t) { t.remove = false; })」で、removeプロパティにfalseを代入しています。

⑫ repaint()

　ここまで読み進めてきた方であれば、詳しい説明はいらないはずです。背景画像とタイルを描画し、必要に応じてメッセージも描画しています。メッセージの濃度を以下の行で調整しています。

```
ctx.fillStyle = "rgba(255, 255, 255, " + mCount / 50 + ")";
```

　また、残り時間は配列に格納した画像で表現しています。

```
let index = Math.min(15, Math.floor(elapsed / (69 / 15)));
ctx.drawImage(times[index], 615, 327);
```
残り時間

　少し長めのコードになりましたが、380行程度という長さの割には見た目も良い面白いゲームに仕上がったのではないでしょうか。

 チャレンジ! ▶ ゲームに工夫を加えて完成度を高めてみよう

背景／ブロック（タイル）の画像やメッセージを変更する、連鎖による加点を凝ったものにするなど、まだまだ改良の余地があります。自分なりの工夫を加えることで、より高い完成度のゲームに仕上げてください。

食べ尽くせ！ *Chase*

4-9

マウスを操作して大きなゲームキャラクターを移動させて、小さなゲームキャラクターを追いかけるゲームです。マウスとゲームキャラクターの距離に応じてスピードが変化するため操作には慣れが必要です。

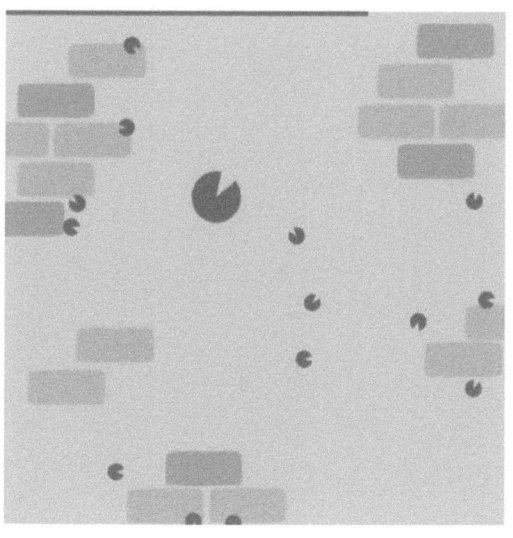
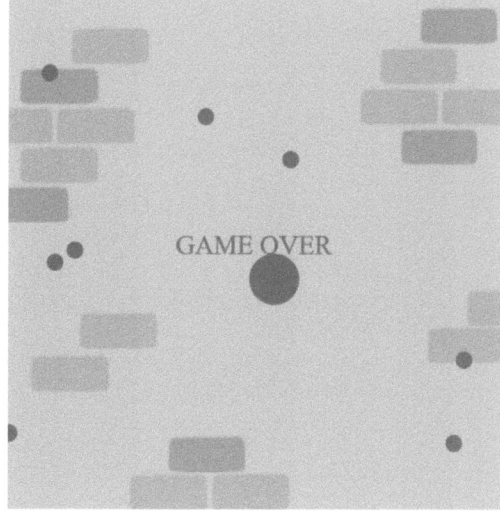

このゲームで学ぶこと

- クラス（class）の使い方や継承の仕方

```
<!DOCTYPE html>
<html>
  <head>
    <meta charset="UTF-8">
    <title>Chase</title>
    <script>
      "use strict";
      class Sprite {        ← 1
        constructor(x, y, r) {        ← 1-A
          this.x = x;                              x座標
          this.y = y;                              y座標
          this.sx = 0;                             x方向速度
          this.sy = 0;                             y方向速度
          this.r = r;                              半径
          this.count = 0;                          カウンタ
        }
        draw() {        ← 1-B
          this.count += 0.5;
          let t = Math.sin(this.count) * 0.5;
          let d = Math.atan2(this.sy, this.sx);        ← 1-C
          ctx.beginPath();
          ctx.moveTo(this.x, this.y);
          ctx.arc(this.x, this.y, this.r, d + t, d + Math.PI * 2 - t);
          ctx.closePath();
          ctx.fill();
        }
      }

      class Eat extends Sprite {        ← 2
        tick() {        ← 2-A
          this.sx += (mouse.x - this.x) / 50;          マウスとの距離に応じて速度を加減
          this.sy += (mouse.y - this.y) / 50;
          this.sx *= 0.98;                             徐々に減速
          this.sy *= 0.98;
          this.x += this.sx;                           速度を座標に反映
          this.y += this.sy;
          this.draw();
        }
      }

      class Dot extends Sprite {        ← 3
        constructor() {
          super(Math.random() * 500 + 50, Math.random() * 500 + 50, 10);        ← 3-A
          this.sx = Math.random() * 10 - 5;
          this.sy = Math.random() * 10 - 5;
        }

        tick() {        ← 3-B
          this.x = (this.x + this.sx + 600) % 600;
          this.y = (this.y + this.sy + 600) % 600;
```

```
      this.draw();
  }
}

let ctx;                                              描画コンテキスト
let dots = [];                                        餌の配列
let life = 600;                                       残り時間
let timerId = NaN;                                    タイマー
let back;                                             背景画像
const mouse = { x: 0, y: 0 };                         マウスの座標
const eat = new Eat(300, 300, 30);                    自分

onload = function () {        ◄ 4                      初期化
  ctx = document.getElementById("field").getContext("2d");  ◄ 4-A
  ctx.font = "32px 'Times New Roman'";
  window.onmousemove = (e) => {        ◄ 4-B
    mouse.x = e.clientX;
    mouse.y = e.clientY;
  };                                                  マウス移動ハンドラ
  for (let i = 0; i < 15; i++) {       ◄ 4-C
    dots.push(new Dot());
  }
  back = document.getElementById("back")    ◄ 4-D
  timerId = setInterval(tick, 50);                    タイマー開始
};

function tick() {       ◄ 5                           メインルーチン
  ctx.drawImage(back, 0, 0);                          背景画像を描画
  ctx.fillStyle = "#aa0";        ◄ 5-1
  eat.tick();                                         自分 移動と描画

  dots.forEach((d) => {       ◄ 5-2
    d.tick();                                         餌 移動と描画
  });

  dots = dots.filter((d) => {     ◄ 5-3               衝突判定：xとyの距離の差が
    return Math.abs(eat.x - d.x) > 30 || Math.abs(eat.y - d.y) > 30;    30以上の餌のみ残す
  });

  life -= 3;
  ctx.fillRect(0, 0, life, 5);
  if (life < 0) {       ◄ 5-4
    clearInterval(timerId);                           ゲームオーバー
    ctx.fillText("GAME OVER", 200, 300);
  }
  if (dots.length == 0) {
    clearInterval(timerId);
    ctx.fillText("CLEAR !!!", 200, 300);
  }
}
</script>
```

```
      </head>

    <body>
      <canvas id="field" width="600" height="600"></canvas>
      <img src="back.png" id="back" style="display: none">
    </body>
  </html>
```

4-9-1 ソースコード解説

使用している定数と広域変数は以下のとおりです。

使用している定数／広域変数

定数	説明
mouse	マウスの座標
eat	自分（追いかける側）のオブジェクト

変数	説明
ctx	描画コンテキスト
dots	餌の配列
life	残り時間
timerId	タイマー
back	背景画像

■ クラスでゲームキャラクターを管理する

使用しているクラスは、Dot（追われる側）■ とEat（追いかける側）■ の2つです。ともにSprite クラス■ を継承（extend）しています。Spriteクラスでは、DotとEatに共通の内容を実装しています。

1 Spriteクラス

このクラスには、コンストラクタ（constructor()）とdraw()メソッドがあります。コンストラクタ 1-A では、(座標x, 座標y, 半径r) を引数として受け取り、速度やカウンタ0で初期化します。

draw()メソッド 1-B は、countの値を徐々に増やしながら、その値に応じて口をパクパク開け閉めするアニメーションを描画しています。atan2()関数 1-C を使用して、移動方向のx軸成分sxとy軸成分syから、移動方向の角度（θ）を求めています。cos()関数／ sin()関数を使用すると角度からX軸方向成分、Y軸方向成分を求めることができますが、atan2()はちょうどその逆の処理を行う関数です。

cos()関数／sin()関数／atan2()関数

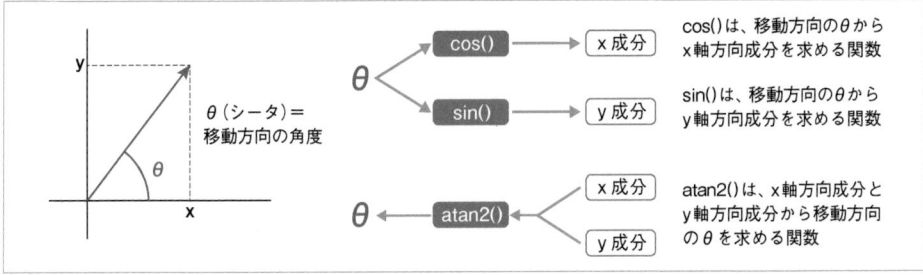

② Eatクラス

このクラスには、tick()メソッド `2-A` を実装しています。このメソッドは、アニメーションのフレーム（画面）を描画するたびに呼び出されます。マウスの座標と現在の位置の差分から速度を求めて、親クラスのメソッド this.draw() を呼び出して描画しています。

③ Dotクラス

このクラスでは、コンストラクタで初期座標、初期速度をランダムで設定しています。super()関数 `3-A` は、親クラスのコンストラクタを呼び出します。その際、親クラスのコンストラクタで必要な引数X座標、Y座標、半径を指定しています。tick()メソッド `3-B` は、フレームの描画ごとに呼び出されます。X座標、Y座標を更新して、親クラスのメソッド this.draw() を呼び出して描画しています。

実装した関数と処理内容

④ onload = function () {

onloadに登録した関数で、次のような初期化処理を行っています。

- コンテキストを取得してフォントを設定 `4-A`
- onmousemove イベントハンドラの登録 `4-B`
- 15個の餌（Dot）を作成して、配列dotsに格納 `4-C`
- タイマー（tick()関数を50msecごとに実行） `4-D`

⑤ tick()

tick()関数は、50msecごとにタイマーから呼び出されます。tick()では、以下のような処理を行います。

① 背景画像を描画し、eat.tick()メソッドで自分を更新します `5-1`。
② 続いて、配列dotsのforEach()メソッドを使って、個々のdotオブジェクトを取り出して、そのtick()メソッドを呼び出して餌を更新します `5-2`。
③ その後、自分との距離が30以上ある餌のみをfilter()メソッドでフィルタリングして取り出しています `5-3`。
④ 変数lifeの値を減らしていき、それが0未満になるか、それとも餌が0個になったらゲームオーバーかクリアのメッセージを表示してタイマーを停止しています `5-4`。

超難度・忍者ジャンパー　*Jumper*

4-10

マウスを押すと画面上部のゲージが伸びていき、離すとジャンプします。落ちないようにジャンプして遠くまで進んでいくゲームです。

このゲームで学ぶこと

- クラス（class）と配列の利用例

```
<!DOCTYPE html>
<html>
  <head>
    <meta charset="UTF-8">
    <title>Jumper</title>
    <script>
      class Jumper {          ← 1                              棒人間クラス
        constructor() {       ← 1-A
          this.y = 200;                                        座標
          this.sy = 0;                                         加速度（1フレームでの上下方向移動量）
          this.index = 0;                                      画像のインデックス
          this.images = [];                                    画像の配列
          this.landed = true;                                  着地しているか否か
          for (let i = 0; i < 8; i++) {
            this.images.push(document.getElementById("stick" + i));
          }
        }
        jump(power) {         ← 1-B
          if (this.landed) {
            this.y -= 10;                                      着地時にはpowerに応じてジャンプ
            this.sy = -power;
          }
        }
        paint() {             ← 1-C
          if (!this.landed) {
            this.index = (this.index + 1) % this.images.length;
            this.sy += 0.3;                                    ジャンプ中：画像のコマを進め、加速度を加
            this.y += this.sy;                                 えて、上下方向に移動
          }
          ctx.drawImage(this.images[this.index], 100, this.y);
          this.landed = false;
          boxes.forEach((b) => {
            let foot = this.y + 150;                           足のＹ座標
            let right = b.x + b.w;                             箱の右端座標
            if (b.x < 150 && 150 < right && b.y <= foot && foot <=
b.y + 40) {
              this.landed = true;
              this.y = b.y - 150;
            }
          });
        }
      }

      class Box {             ← 2                              箱クラス
        constructor(x, y, w) {   ← 2-A
          this.x = x;
          this.y = y;
          this.w = w;
        }
        paint() {             ← 2-B
```

```
      ctx.fillStyle = 'rgba(50, 0, 0, 0.5)';
      ctx.fillRect(this.x, this.y, this.w, 600);
  }
}

let ctx;                                              描画コンテキスト
let jumper;                                           主人公（忍者）
let power = 0;                                        ジャンプの力
let timerId = NaN;                                    タイマー
let isMouseDown = false;                              マウス押下中か否か
let boxes = [new Box(0, 350, 300)];                   箱のリスト（最初の1つは設定）
let back;                                             背景画像

onload = function () {   ◄── 3
  jumper = new Jumper(100, 200);   ◄── 3-A            主人公（忍者）オブジェクト作成
  for (let x = 400; x < 3000; ) {   ◄── 3-B
    let w = Math.random() * 200 + 100;
    let y = Math.random() * 300 + 300;               箱を追加（x軸で3000まで）
    boxes.push(new Box(x, y, w));
    x += w + Math.random() * 200 + 100;
  }

  ctx = document.getElementById("field").getContext("2d");   ◄── 3-C
  ctx.font = "72px 'sans-serif'";
  ctx.strokeStyle = "#000000";
  ctx.lineWidth = 5;
  back = document.getElementById("back")   ◄── 3-D

  window.onpointerdown = () => {
    isMouseDown = true;                              マウス押下中
  };
  window.onpointerup = () => {   ◄── 3-E
    isMouseDown = false;                             マウスを離した→ジャンプ
    jumper.jump(power / 20);
  };

  timerId = setInterval(tick, 50);   ◄── 3-F         タイマーの開始
};

function tick() {   ◄── 4                            メインループ
  power = isMouseDown ? Math.min(power + 10, 600) : 0;   ◄── 4-A   マウス押下→パワー増加
  ctx.fillStyle = "#ffffff";   ◄── 4-B
  ctx.fillRect(0, 0, 800, 600);
  ctx.drawImage(back, 0, 0);
  ctx.fillStyle = "#000000";
  ctx.fillRect(0, 0, power, 15);
  jumper.paint();   ◄── 4-C                          主人公（忍者）描画
  boxes.forEach((b) => {   ◄── 4-D
    if (!jumper.landed) {
      b.x -= 5;                                      ジャンプ中は箱を左へ移動
    }
```

```
        b.paint();                                               箱の描画
    });
    if (jumper.y > 500) {        ← 4-E
      clearInterval(timerId);                                    落下時はゲームオーバー
      ctx.fillText("Game Over", 150, 300);
    }
    if (boxes[boxes.length - 1].x < 0) {    ← 4-F
      clearInterval(timerId);                                    すべての箱を飛んだらクリア
      ctx.fillText("CLEAR !!!", 150, 300);
    }
  }
    </script>
  </head>
  <body>
    <canvas id="field" width="800" height="600"></canvas>
    <img src="back.png" id="back" style="display: none">
    <img src="stick0.png" id="stick0" style="display: none">
    <img src="stick1.png" id="stick1" style="display: none">
    <img src="stick2.png" id="stick2" style="display: none">
    <img src="stick3.png" id="stick3" style="display: none">
    <img src="stick4.png" id="stick4" style="display: none">
    <img src="stick5.png" id="stick5" style="display: none">
    <img src="stick6.png" id="stick6" style="display: none">
    <img src="stick7.png" id="stick7" style="display: none">
  </body>
</html>
```

4-10-1 │ ソースコード解説

使用している広域変数は以下のとおりです。

使用している広域変数

変数	説明
ctx	描画コンテキスト
jumper	主人公（忍者）
power	ジャンプの力
timerId	タイマー
isMouseDown	マウス押下中か否か
boxes	箱のリスト（最初の1つは設定）
back	背景画像

クラスでゲームキャラクターと建物を管理する

使用しているクラスは、Jumper（主人公）**1**とBox（建物）**2**の2つです。

1 Jumperクラス

このクラスには、次のようなメソッドがあります。

- constructor() `1-A`── オブジェクトを初期化するコンストラクタです。座標や速度などのプロパティを初期化し、アニメーション用の画像を8つ読み込み、imagesプロパティに格納しています。
- jump() `1-B`── ジャンプ時に呼び出されるメソッドです。着地している状態であれば（landedプロパティがtrue）、主人公が建物と衝突しないようy座標を10減らし、上方向の初速syに -powerを代入しています。
- paint() `1-C`── 主人公（忍者）の描画／衝突処理を行うメソッドです。着地状態でなければ、アニメーションの画像番号indexプロパティを増やし、重力がかかるようにy方向の速度を0.3増やして、そのy軸方向の速度をyプロパティに足しています。
  drawImage()メソッドで主人公を描画し、配列boxesから個々の建物（Box）を取り出して、衝突しているかどうかを判定しています。衝突していればlandedプロパティをtrueに設定して、建物の上に主人公が来るようにb.y − 150をプロパティyに設定しています。

2 Boxクラス

このクラスには、コンストラクタとpaint()メソッドがあります。コンストラクタ `2-A`では建物の左上の座標(x, y)と幅wを初期化して、paint()メソッド `2-B`ではその矩形をfillRect()メソッドで塗りつぶしています。

実装した関数と処理内容

3 onload = function () {

onloadに登録した関数で、次のような初期化処理を行っています。

- Jumperオブジェクトの作成 `3-A`
- 建物（Box）をリストに追加 `3-B`
- 描画コンテキストの取得と、フォントや線幅／色などの設定 `3-C`
- 背景画像backの取得 `3-D`
- onpointerdown ／ onpointerup イベントハンドラの登録 `3-E`
- タイマー（tick()関数を50msecごとに実行） `3-F`

onpointermoveはマウスやタッチなどの操作で移動したとき、onpointerupはマウスやタッチなどが画面から離れたときに呼び出されるイベントハンドラです。ここに関数を登録しておくと、イベントが起きたときに関数が呼び出されます。

4 tick()

tick()関数は、次のように各フレームでの処理を行います。

① マウス押下時にpowerを増やします `4-A`。
② 背景をクリアして画像を描画し、powerのゲージを描画します `4-B`。

③ jumper オブジェクトの paint() メソッドで主人公を描画します 4-C 。

④ 配列 boxes から個々の建物 Box を取り出し、主人公がジャンプ中であれば、建物を左へ移動します 4-D 。

⑤ 主人公の y 座標が 500 を超えると、ゲームオーバーにします 4-E 。

⑥ 配列 boxes には、すべての建物オブジェクトが入っています。その個数は boxes.length で取得でき、その一番右端のオブジェクトは boxes[boxes.length − 1] で取得できます 4-F 。その x 座標が 0 より小さいときは、すべての建物を飛んだということでゲームクリアとしています。

チャレンジ! ▶ 敵要素を増やしてみよう

画面右から左へ手裏剣が飛んでくるようにしてください。手裏剣にぶつかったらゲームオーバーとします。

SAMPLE 4.Games/Jumper/Jumper-challenge.html

インベーダーを撃ち落とせ！ *Shooting*

4-11

マウスで自機を移動して、クリックで弾丸を発射します。ランダムに敵が出現して攻撃してくるので、うまく避けながら敵を撃墜しましょう。

このゲームで学ぶこと

- クラス（class）と配列の利用例
- 衝突判定

```
<!DOCTYPE html>
<html>
  <head>
    <meta charset="UTF-8">
    <title>Shooting</title>
    <script>
      "use strict";
      class Star {        ◀ 1                                    星クラス
        constructor() {        ◀ 1-A
          this.x = Math.random() * 600;                          x座標
          this.y = Math.random() * 600;                          y座標
          this.r = Math.random() * 5 + 1;                        半径
        }
        tick() {        ◀ 1-B
          this.y += this.r;                                      下に移動
          if (this.y > 600) {                                    画面下部にきたら上へ移動
            this.y -= 600;
          }
          drawCircle(this.x, this.y, this.r, "#888800");
        }
      }

      class Ship {        ◀ 2                                    自機クラス
        constructor() {        ◀ 2-A
          this.img = document.getElementById("ship");
          this.x = 300;
          this.y = 500;
          this.sx = 0;
          this.sy = 0;
        }
        move(mouseX, mouseY) {        ◀ 2-B
          this.sx = (mouseX - this.x) / 10;                      マウスx方向へ移動
          this.sy = (mouseY - this.y) / 10;                      マウスy方向へ移動
        }
        tick() {        ◀ 2-C
          this.x += this.sx;                                     速度sxを座標xに反映
          this.y += this.sy;                                     速度syを座標yに反映
          ctx.drawImage(this.img, this.x - 50, this.y - 50);
        }
        shoot() {        ◀ 2-D
          bullets.push(new Bullet(this.x, this.y, 0, -25, true)); 発射
        }
      }

      class Enemy {        ◀ 3                                   敵クラス
        constructor() {        ◀ 3-A
          this.img = document.getElementById("enemy");
          this.x = Math.random() * 400 + 100;                    x座標
          this.y = 0;                                            y座標
          this.sx = Math.random() * 5 - 2.5;                     x方向初速
```

```
    this.sy = Math.random() * 15 + 15;                           y方向初速
    this.shoot = false;
  }
  tick() {          ◀ 3-B
    this.sy -= 1;                                                速度を減らす
    this.x += this.sx;                                          速度sxを座標xに反映
    this.y += this.sy;                                          速度syを座標yに反映
    ctx.drawImage(this.img, this.x - 50, this.y - 50);

    if (this.shoot == false && this.sy < 0) {
      let theta = Math.atan2(ship.y - this.y, ship.x - this.x);
      let sx = Math.cos(theta) * 10;                            速度が上向きになったタイミングで
      let sy = Math.sin(theta) * 10;                            弾丸発射
      bullets.push(new Bullet(this.x, this.y, sx, sy, false));
      this.shoot = true;
    }
  }
}

class Bullet {  ◀ 4                                            弾丸クラス
  constructor(x, y, sx, sy, isShip) {     ◀ 4-A
    this.x = x;
    this.y = y;
    this.sx = sx;
    this.sy = sy;
    this.isShip = isShip;         ◀ 4-B                         自機か否か
  }
  tick() {     ◀ 4-C
    this.x += this.sx;
    this.y += this.sy;
    drawCircle(this.x, this.y, 5, this.isShip ? "blue" : "red");
  }
}

function drawCircle(x, y, r, color) {        ◀ 5               (x, y)を中心に半径r、色colorの円を描画
  ctx.fillStyle = color;
  ctx.beginPath();
  ctx.moveTo(x, y);
  ctx.arc(x, y, r, 0, Math.PI * 2);
  ctx.closePath();
  ctx.fill();
}

let ctx;                                                       描画コンテキスト
let ship;                                                      自機
let back;                                                      背景画像
let count = 0;                                                 敵出現用カウンタ
let interval = 50;                                             敵出現頻度
let timerId;                                                   タイマー
let bullets = [];                                              弾丸のリスト
let enemies = [];                                              敵のリスト
```

```
const stars = [];                                              星のリスト

onload = function () {           ◀ 6
  ctx = document.getElementById("field").getContext("2d");  ◀ 6-A
  ctx.font = "32px 'Times New Roman'";
  ship = new Ship();        ◀ 6-B                               自機オブジェクト作成
  back = document.getElementById("back");        ◀ 6-C
  window.onpointermove = (e) => {
    ship.move(e.clientX, e.clientY);                            マウス移動⇒自機を移動
  };
                                        ◀ 6-D
  window.onpointerdown = (e) => {
    ship.shoot();                                               マウス押下⇒弾丸発射
  };
  timerId = setInterval(tick, 50);        ◀ 6-E                 タイマー開始
  for (let i = 0; i < 50; i++) {
    stars.push(new Star());        ◀ 6-F                        星を作成してリストに追加
  }
};

function tick() {        ◀ 7
  count++;
  ctx.fillStyle = "black";
  ctx.fillRect(0, 0, 600, 600);
  ctx.drawImage(back, 0, 0);                                    背景描画
                                        ◀ 7-A
  stars.forEach((s) => s.tick());                               星の移動と描画
  ship.tick();
  if (count % interval == 0) {        ◀ 7-B
    enemies.push(new Enemy());                                  interval フレームごとに敵を作成
    interval = Math.max(5, interval - 5);
  }
  let gameOver = false;
  enemies.forEach((e) => {        ◀ 7-C
    e.tick();                                                   敵を移動
    if (dist(e, ship) < 100) {
      gameOver = true;                                          敵との距離が100未満⇒ゲームオーバー
    }
  });
  bullets.forEach((b) => {        ◀ 7-D
    b.tick();                                                   弾丸移動
    if (!b.isShip && dist(b, ship) < 30) {
      gameOver = true;                                          弾丸との距離が30未満⇒ゲームオーバー
    }
  });
  enemies = enemies.filter((e) => {        ◀ 7-E
    return !bullets.some((b) => {
      return b.isShip && dist(e, b) < 50;                       弾丸と敵の衝突判定
    });
  });
  if (gameOver) {
    clearInterval(timerId);
    ctx.fillStyle = "yellow";
```

[実践] ゲームプログラミング

```
        ctx.fillText("GAME OVER", 200, 300);
      }
    }

    function dist(e0, e1) {    ←8
      return Math.sqrt(
        Math.abs(e0.x - e1.x) ** 2 + Math.abs(e0.y - e1.y) ** 2
      );
    }
  </script>
</head>

<body>
  <canvas id="field" width="600" height="600"></canvas>
  <img id="back" src="back.png" style="display: none">
  <img id="enemy" src="enemy.png" style="display: none">
  <img id="ship" src="ship.png" style="display: none">
</body>
</html>
```

2つのオブジェクト間の距離を求める

4-11-1 | ソースコード解説

使用している定数と広域変数は以下のとおりです。

使用している定数／広域変数

定数	説明
stars	星リスト

変数	説明
ctx	描画コンテキスト
ship	自機
back	背景画像
count	敵出現用カウンタ
interval	敵出現頻度
timerId	タイマー
bullets	弾丸リスト
enemies	敵リスト

クラスで星、自機、敵、弾丸を管理する

使用しているクラスは、星のStar 1、自機のShip 2、敵のEnemy 3、弾丸のBullet 4です。

① Starクラス

　星を表すクラスです。コンストラクタ 1-A は、ランダムな場所に星を配置します。tick() 1-B はフレーム（画面）ごとに呼び出されるメソッドで、星を下に移動します。半径分下に移動するため、大きい星ほど早くスクロールするようになります。

② Shipクラス

　自機を表すクラスです。次のようなメソッドがあります。

- コンストラクタ 2-A ——座標／速度／画像の初期化を行います。
- move() 2-B ——マウスの座標に向かって移動するよう速度 sx、sy を更新します。
- tick() 2-C ——フレームごとに呼び出されます。速度を座標に反映し、画像を描画します。
- shoot() 2-D ——弾丸を発射します。

③ Enemyクラス

　敵を表すクラスです。次のようなメソッドがあります。

- コンストラクタ 3-A ——座標／速度／画像の初期化を行います。
- tick() 3-B ——フレームごとに呼び出されます。x 方向は一定の速度、y 方向は速度を減らしながら移動することで、放物線のような軌跡を描いています。速度が上向きになった時点で、自機に向けて弾丸を発射します。

④ Bulletクラス

　弾丸を表すクラスです。敵の弾丸と自機の弾丸を区別するため、isShip というプロパティを保持しています 4-B。コンストラクタ 4-A で座標と速度を初期化し、tick() メソッド 4-C で移動／描画を行っています。

実装した関数と処理内容

⑤ drawCircle()

　drawCircle() 関数は、引数の座標 (x,y) に半径 r、色 color で円を描画します。

⑥ onload = function () {

　onload に登録した関数で、次のような初期化処理を行っています。

- 描画コンテキストの取得と、フォントや線幅／色などの設定 6-A
- 自機のオブジェクト Ship の作成 6-B
- 背景画像 back の取得 6-C
- onpointermove ／ onpointerdown イベントハンドラの登録 6-D
- タイマー（tick() 関数を 50msec ごとに実行） 6-E
- 星のオブジェクトを作成して、配列 stars に追加 6-F

onpointermoveはマウスやタッチなどの操作で移動したとき、onpointerdownはマウスやタッチなどの操作で押されたときに呼び出されるイベントハンドラです。ここに関数を登録しておくと、イベントが起きたときに関数が呼び出されます。

7 tick()

tick()関数はタイマーから呼び出され、各フレームの処理を行います。

① 背景と星を描画します 7-A 。

② 自機の処理をship.tick()で行い、間隔intervalごとに敵オブジェクトを作成して配列enemiesに追加します 7-B 。

③ 配列enemiesからforEach()メソッドで個々の敵を取り出し、移動させ、自機との距離が100未満になったらゲームオーバーとします 7-C 。

④ 配列bulletsから弾丸を取り出して、tick()メソッドで移動させ、敵の弾丸かつ自機との距離が30未満の場合はゲームオーバーとします 7-D 。

⑤ 配列enemiesのfilter()メソッドを使用して、弾丸と衝突していない敵のみが残るようにしています 7-E 。配列bulletsから個々の弾丸を取り出し、some()メソッドを使用して、自機の発射した弾丸との距離が50未満の場合は、敵を撃ち落としたとして処理しています。

⑥ ゲームオーバーの場合は、タイマーを停止して、メッセージを表示しています。

8 dist()

dist()関数は、2つのオブジェクト間の距離を返しています。

チャレンジ! ▶ スコアを表示してみよう

撃ち落とした敵の数に応じてスコアが増えるようにしてください。

SAMPLE 4.Games/Shooting/Shooting-challenge.html

Chapter

5

物理エンジンを
使ったゲーム

本書の締めくくりとして物理エンジンを使ったゲームを紹
介します。この章で利用する物理エンジンは、JavaScript
で自作したものです。紙面の都合上、物理エンジンの
ソースコードの解説は割愛しますが、物理エンジンがどの
ように作られているか、その中身に興味がある方は、以下
のURLにある解説記事を参照してください。なお、物理
エンジンの中身を理解するには、ある程度の数学（特に
ベクトル演算）や物理の基礎知識が必要です。ただし、
物理エンジンを利用するだけならば、それらの知識は必要
ありません。

https://thinkit.co.jp/series/4770

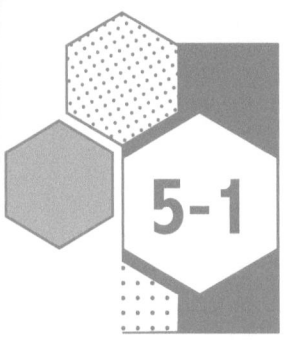

物理エンジンとは

5-1

物理エンジンとは、さまざまな物理法則をシミュレートし、物体の衝突や動きを計算するものです。これを利用することで実世界のようなリアルな動きを再現できます。使い方は簡単です。工夫次第でいろいろなゲームを作ることができるのでぜひ試してみてください。

5-1-1 | なぜ物理エンジンを使おうと思ったか？

　アングリーバードやモンスターストライクなど物理エンジンを利用したパズル系のゲームが人気です。「より多くの読者に興味を持ってもらうために物理エンジンを使ったリアルなゲームを作りたい。しかしながら、既存のライブラリを使ってもそれだけで本1冊くらいのボリュームになってしまう」と悩みました。

　リアルな動きを再現するためには、摩擦、衝突、慣性、重力、運動量保存、重心、角速度といったさまざまな物理法則に基づいた計算を行う必要がありますが、その実装は容易ではありません。そこで、多くのゲームは既存の物理エンジンライブラリを利用しています。代表的なライブラリにBox2D、PhysicsJS、Unityなどがあります。ライブラリを使うと複雑な物理計算を自分で行う必要がなくなりますが、それでもライブラリの習得には時間と労力がかかります。

　そこで、本書では極限までシンプルにした物理エンジンを自作することにしました。角速度や質量は考慮しない、矩形／円／線しかサポートしないなど、物理エンジンと名乗るにはせんえつなほどシンプルなものです。行数はたった250程度です。しかしながら、シンプルなだけに使いやすく、修正や拡張も簡単です。まさに「百聞は一見にしかず」です。まずはサンプルを実行してみて、どのような動きをするのか確かめてください。"どんなふうに作られているのだろう"と興味を持っていただけたなら、この制作に多くの休暇を費やした私の努力が報われたことになります。

5-1-2 | 物理エンジンの仕組み

　物理エンジンを利用する前に、その概要について説明しておきます。一般的な物理エンジンでは、最初に仮想的な空間を作成し、その中にオブジェクトを配置します。2次元エンジンなら矩形、円、ポリゴンを、3次元のエンジンであれば立方体や球となるでしょう。エンジンによっては複雑な形状を指定したり、それらを組み合わせたりすることが可能です。それぞれのオブジェクトは固定されているものと動きのあるものに大別されますが、動いているものであれば速度や加速度、回転といったパラメータを指定します。

2次元の物理エンジン

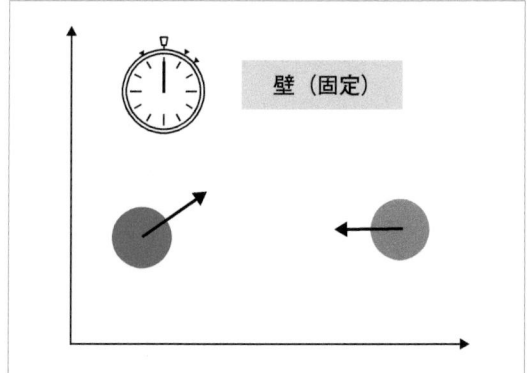

　初期化が終わったら、この仮想世界の時間を少しだけ進めます。すると、速度の設定されているオブジェクトは新しい場所へ移動します。重力加速度が設定されている場合は、その加速度も考慮に入れます。場所の移動が完了したら画面を更新します。

オブジェクトの移動

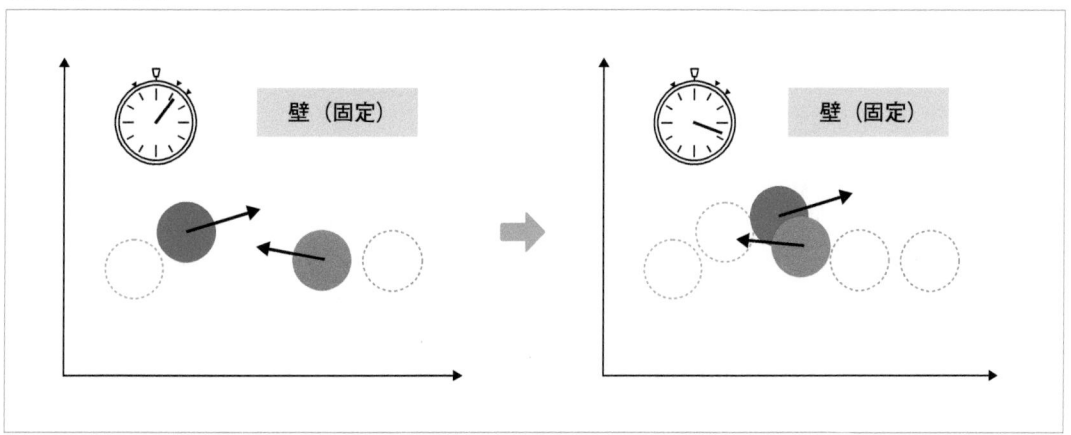

　この作業を繰り返し行います。するとそのうちオブジェクト同士が衝突します。衝突したらオブジェクトの向きや速度を変化させます。物理エンジンの基本的な動作はこれを繰り返すだけです。

• 時計を進めて場所を計算　➡　描画　➡　時計を進めて場所を計算　➡　描画　➡ ……

　このように物理エンジンの原理は簡単です。面倒なのは移動や衝突時の計算です。以下のような処理を計算で求める必要があります。

• オブジェクトの位置計算（速度／加速度／摩擦／重力／回転等）
• 衝突判定
• 衝突時の処理（反発係数／重力／エネルギー保存則等）

これらの計算をどこまで正確に行うか、どの程度複雑な形状（とその組み合わせ）をサポートするか、といったところが物理エンジンの特徴につながっていきます。本書で紹介するエンジンはあくまでも入門用なので、円／矩形／直線しかサポートしません。また、オブジェクトの回転もサポートしません。移動するのは円のみで矩形と直線は仮想空間内で固定されているものとします。かなり割り切った仕様ですが、シンプルなゲームには十分利用できます。

5-1-3 | 本書で使用した物理エンジンのソースコード

今回実装した物理エンジン Tiny2D.js の全ソースコードを次に示します。エンジンを使うだけであれば、ソースコードの内容を理解する必要はないのでご安心ください。"こんな程度の行数で実装されているんだ"と眺めていただければ十分です。

しかしながら、ソースコードの内容を理解できれば、自分で機能を追加したり、パフォーマンスをチューニングすることもできます。物理エンジンの実装を理解するには、どうしてもある程度の数学、特にベクトル演算や物理の基礎知識が必要となります。おそらく高校1〜2年程度の数学／物理基礎で対応できる範囲でしょう。数学／物理は苦手という人もいるかもしれませんが、ぜひ以下のURLにある物理エンジン Tiny2D.js の解説記事をのぞいてみてください。

https://thinkit.co.jp/series/4770

自作した物理エンジン Tiny2D.js　　　　　　　　　　　　　　　**SAMPLE** 4.Games/Physics/Tiny2D.js

```
"use strict";

let BodyStatic = 1;
let BodyDynamic = 2;
let ShapeCircle = 3;
let ShapeRectangle = 4;
let ShapeLine = 5;

function Vec(x, y) {
    this.x = x;
    this.y = y;
}

Vec.prototype.add = function (v) {                          加算
    return new Vec(this.x + v.x, this.y + v.y);
}

Vec.prototype.mul = function (x, y) {                       掛算
    let r = y || x;
    return new Vec(this.x * x, this.y * r);
}
```

```
Vec.prototype.dot = function (v) {                                                内積
    return this.x * v.x + this.y * v.y;
}


Vec.prototype.cross = function (v) {                                              外積
    return this.x * v.y - v.x * this.y;
}


Vec.prototype.move = function (dx, dy) {                                          自分を移動
    this.x += dx;
    this.y += dy;
}


function RectangleEntity(x, y, width, height) {                                   矩形オブジェクト
    this.shape = ShapeRectangle;
    this.type = BodyStatic;
    this.x = x;
    this.y = y;
    this.w = width;
    this.h = height;
    this.deceleration = 1.0;
    this.isHit = function (i, j) {
        return (this.x <= i && i <= this.x + this.w &&
            this.y <= j && j <= this.y + this.h)
    }
}


function LineEntity(x0, y0, x1, y1, restitution) {                               線オブジェクト
    this.shape = ShapeLine;
    this.type = BodyStatic;
    this.x = (x0 + x1) / 2;
    this.y = (y0 + y1) / 2;
    this.x0 = x0;
    this.y0 = y0;
    this.x1 = x1;
    this.y1 = y1;

    this.restitution = restitution || 0.9;
    this.vec = new Vec(x1 - x0, y1 - y0);
    let length = Math.sqrt(Math.pow(this.vec.x, 2) + Math.pow(this.vec.y, 2));
    this.norm = new Vec(y0 - y1, x1 - x0).mul(1 / length);
}


function CircleEntity(x, y, radius, type, restitution, deceleration) {           円オブジェクト
    this.shape = ShapeCircle;
    this.type = type || BodyDynamic;
    this.x = x;
    this.y = y;
    this.radius = radius;
    this.restitution = restitution || 0.9;
    this.deceleration = deceleration || 1.0;
```

```
    this.accel = new Vec(0, 0);
    this.velocity = new Vec(0, 0);

    this.move = function (dx, dy) {                          円を移動
        this.x += dx;
        this.y += dy;
    }

    this.isHit = function (x, y) {
        let d2 = Math.pow(x - this.x, 2) + Math.pow(y - this.y, 2);
        return d2 < Math.pow(this.radius, 2);
    }

    this.collidedWithRect = function (r) {                   円と矩形の衝突
        let nx = Math.max(r.x, Math.min(this.x, r.x + r.w)); 矩形の4辺上で最も円に
        let ny = Math.max(r.y, Math.min(this.y, r.y + r.h)); 近い座標(nx, ny)を求め
                                                             る
        if (!this.isHit(nx, ny)) {                           衝突なし→リターン
            return;
        }

        if (this.onhit) {                                    衝突時のコールバック
            this.onhit(this, r);
        }

        let d2 = Math.pow(nx - this.x, 2) + Math.pow(ny - this.y, 2);
        let overlap = Math.abs(this.radius - Math.sqrt(d2));
        let mx = 0, my = 0;

        if (ny == r.y) {                                     上辺衝突
            my = -overlap;
        } else if (ny == r.y + r.h) {                        下辺衝突
            my = overlap;
        } else if (nx == r.x) {                              左辺衝突
            mx = -overlap;
        } else if (nx == r.x + r.w) {                        右辺衝突
            mx = overlap;
        } else {                                             矩形の中
            mx = -this.velocity.x;
            my = -this.velocity.y;
        }

        this.move(mx, my);
        if (mx) {                                            X軸方向へ反転
            this.velocity = this.velocity.mul(-1 * this.restitution, 1);
        }
        if (my) {                                            Y軸方向へ反転
            this.velocity = this.velocity.mul(1, -1 * this.restitution);
        }
    }
```

```
    this.collidedWithLine = function (line) {
        let v0 = new Vec(line.x0 - this.x + this.velocity.x, line.y0 - this.y +
this.velocity.y);
        let v1 = this.velocity;
        let v2 = new Vec(line.x1 - line.x0, line.y1 - line.y0);
        let cv1v2 = v1.cross(v2);
        let t1 = v0.cross(v1) / cv1v2;
        let t2 = v0.cross(v2) / cv1v2;
        let crossed = (0 <= t1 && t1 <= 1) && (0 <= t2 && t2 <= 1);

        if (crossed) {
            this.move(-this.velocity.x, -this.velocity.y);
            let dot0 = this.velocity.dot(line.norm);
            let vec0 = line.norm.mul(-2 * dot0);
            this.velocity = vec0.add(this.velocity);
            this.velocity = this.velocity.mul(line.restitution * this.restitution);
        }
    }


    this.collidedWithCircle = function (peer) {
        let d2 = Math.pow(peer.x - this.x, 2) + Math.pow(peer.y - this.y, 2);
        if (d2 >= Math.pow(this.radius + peer.radius, 2)) {
            return;
        }

        if (this.onhit) {
            this.onhit(this, peer);
        }
        if (peer.onhit) {
            peer.onhit(peer, this);
        }

        let distance = Math.sqrt(d2) || 0.01;
        let overlap = this.radius + peer.radius - distance;

        let v = new Vec(this.x - peer.x, this.y - peer.y);
        let aNormUnit = v.mul(1 / distance);
        let bNormUnit = aNormUnit.mul(-1);


        if (this.type == BodyDynamic && peer.type == BodyStatic) {
            this.move(aNormUnit.x * overlap, aNormUnit.y * overlap);
            let dot0 = this.velocity.dot(aNormUnit);
            let vec0 = aNormUnit.mul(-2 * dot0);
            this.velocity = vec0.add(this.velocity);
            this.velocity = this.velocity.mul(this.restitution);
        }
        else if (peer.type == BodyDynamic && this.type == BodyStatic) {
            peer.move(bNormUnit.x * overlap, bNormUnit.y * overlap);
            let dot1 = peer.velocity.dot(bNormUnit);
            let vec1 = bNormUnit.mul(-2 * dot1);
```

円と線の衝突

法線と速度の内積

円と円の衝突

法線単位ベクトル1
法線単位ベクトル2

法線と速度の内積

法線と速度の内積

物理エンジンを使ったゲーム

```
                peer.velocity = vec1.add(peer.velocity);
                peer.velocity = peer.velocity.mul(peer.restitution);
            }
            else {
                this.move(aNormUnit.x * overlap / 2, aNormUnit.y * overlap / 2);
                peer.move(bNormUnit.x * overlap / 2, bNormUnit.y * overlap / 2);

                let aTangUnit = new Vec(aNormUnit.y * -1, aNormUnit.x);      接線ベクトル1
                let bTangUnit = new Vec(bNormUnit.y * -1, bNormUnit.x);      接線ベクトル2

                let aNorm = aNormUnit.mul(aNormUnit.dot(this.velocity));     aベクトル法線成分
                let aTang = aTangUnit.mul(aTangUnit.dot(this.velocity));     aベクトル接線成分
                let bNorm = bNormUnit.mul(bNormUnit.dot(peer.velocity));     bベクトル法線成分
                let bTang = bTangUnit.mul(bTangUnit.dot(peer.velocity));     bベクトル接線成分

                this.velocity = new Vec(bNorm.x + aTang.x, bNorm.y + aTang.y);
                peer.velocity = new Vec(aNorm.x + bTang.x, aNorm.y + bTang.y);
            }
        }
    }
}

function Engine(x, y, width, height, gravityX, gravityY) {            物理エンジン
    this.worldX = x || 0;
    this.worldY = y || 0;
    this.worldW = width || 1000;
    this.worldH = height || 1000;
    this.gravity = new Vec(gravityX, gravityY);
    this.entities = [];

    this.setGravity = function (x, y) {
        this.gravity.x = x;
        this.gravity.y = y;
    }

    this.step = function (elapsed) {
        let gravity = this.gravity.mul(elapsed, elapsed);
        let entities = this.entities;

        entities.forEach(function (e) {                              entityを移動
            if (e.type == BodyDynamic) {
                let accel = e.accel.mul(elapsed, elapsed);
                e.velocity = e.velocity.add(gravity);
                e.velocity = e.velocity.add(accel);
                e.velocity = e.velocity.mul(e.deceleration);
                e.move(e.velocity.x, e.velocity.y);
            }
        });

        this.entities = entities.filter(function (e) {               範囲外のオブジェクトを削除
            return this.worldX <= e.x && e.x <= this.worldX + this.worldW &&
                this.worldY <= e.y && e.y <= this.worldY + this.worldH;
```

```
        }, this);

        for (let i = 0 ; i < entities.length - 1 ; i++) {
            for (let j = i + 1; j < entities.length ; j++) {
                let e0 = entities[i], e1 = entities[j];
                if (e0.type == BodyStatic && e1.type == BodyStatic) {
                    continue;
                }

                if (e0.shape == ShapeCircle && e1.shape == ShapeCircle) {
                    e0.collidedWithCircle(e1);
                } else if (e0.shape == ShapeCircle && e1.shape == ShapeLine) {
                    e0.collidedWithLine(e1);
                } else if (e0.shape == ShapeLine && e1.shape == ShapeCircle) {
                    e1.collidedWithLine(e0);
                } else if (e0.shape == ShapeCircle && e1.shape == ShapeRectangle) {
                    e0.collidedWithRect(e1);
                } else if (e0.shape == ShapeRectangle && e1.shape == ShapeCircle) {
                    e1.collidedWithRect(e0);
                }
            }
        }
    }
}
```

衝突判定 & 衝突処理

物理エンジンを使ったゲーム

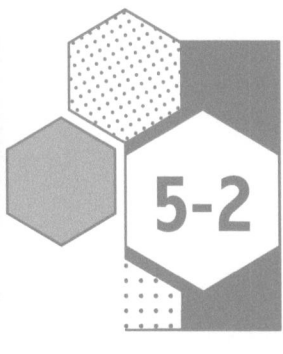

物理エンジンの利用例

簡単なサンプルを作って、自作物理エンジンTiny2D.jsの使い方を見てみましょう。難しい部分もありますが、ここまで読み進んでこられた方であれば理解できるはずです。読み終えたら、ぜひこの物理エンジンを使って、オリジナルのゲームづくりに挑戦してみてください。

5-2-1 | デモ（demo.html）

　矩形、線、円（固定）、円（移動）といったオブジェクトを画面上に配置しただけのサンプルです。シンプルなページですが、それなりに面白い動きをします。

demo

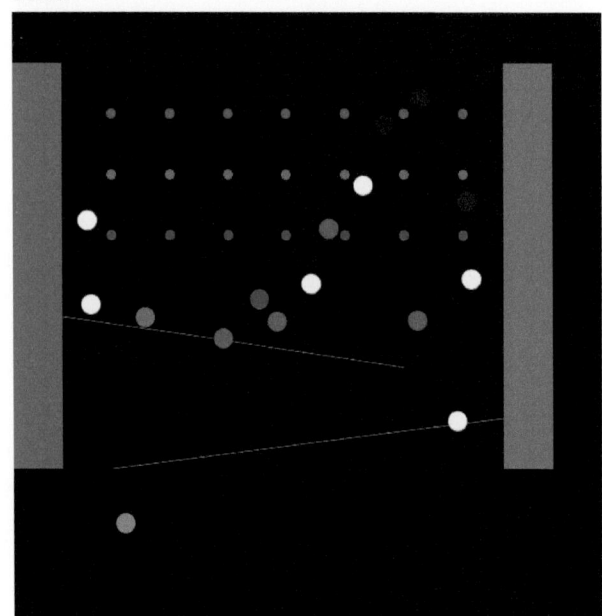

```html
<!DOCTYPE html>
<html>
  <head>
    <meta charset="UTF-8">
    <title>demo</title>
    <style>
      #canvas {
        width: 600px;
        height: 600px;
      }
    </style>
    <script src="Tiny2D.js"></script>
    <script>
      "use strict";
      let engine;
      let ctx;
      let colors = ["yellow", "green", "orange", "blue", "white"];

      function rand(v) {
        return Math.floor(Math.random() * v);
      }

      function init() {          ←1
        let r;
        engine = new Engine(0, 0, 600, 800, 0, 9.8);

        r = new RectangleEntity(500, 50, 50, 400);
        r.color = "green";
        engine.entities.push(r);

        r = new RectangleEntity(0, 50, 50, 400);
        r.color = "yellow";
        engine.entities.push(r);

        r = new LineEntity(50, 300, 400, 350);
        r.color = "orange";
        engine.entities.push(r);

        r = new LineEntity(500, 400, 100, 450);
        r.color = "orange";
        engine.entities.push(r);

        for (let i = 0; i < 7; i++) {
          for (let j = 0; j < 3; j++) {
            r = new CircleEntity(i * 60 + 100, j * 60 + 100, 5, BodyStatic);
            r.color = colors[j];
            engine.entities.push(r);
          }
        }
```

物理エンジン

描画コンテキスト

色の配列

0〜vまでの乱数（整数）を返す

初期化関数

物理エンジン作成

矩形を作成しエンジンに追加

線分を作成しエンジンに追加

7 x 3 = 21 個の円（固定）を
作成

```
        for (let i = 0; i < 20; i++) {                              20 個の円（移動）を作成
          r = new CircleEntity(rand(400) + 50, rand(200), 10, BodyDynamic);
          r.color = colors[rand(5)];
          r.velocity.x = rand(10) - 5;  ┐
          r.velocity.y = rand(10) - 5;  ┘  ◄─ 2
          engine.entities.push(r);
        }

        ctx = document.getElementById("canvas").getContext("2d");
        setInterval(tick, 50);
      }

      function tick() {          ◄─ 3                              メインループ
        engine.step(0.01);       ◄─ 4                              物理エンジンの時刻を進める
        repaint();
      }

      function repaint() {       ◄─ 5
        ctx.fillStyle = "black";  ◄─ 6                             背景をクリア
        ctx.fillRect(0, 0, 600, 600);
        engine.entities.forEach((e) => {   ◄─ 7                    物理世界のモノを描画
          ctx.fillStyle = e.color;
          ctx.strokeStyle = e.color;
          switch (e.shape) {
            case ShapeRectangle:                                  矩形の場合
              ctx.fillRect(e.x, e.y, e.w, e.h);
              break;
            case ShapeCircle:                                     円の場合
              ctx.beginPath();
              ctx.arc(e.x, e.y, e.radius, 0, Math.PI * 2);
              ctx.closePath();
              ctx.fill();
              break;
            case ShapeLine:                                       線分の場合
              ctx.beginPath();
              ctx.moveTo(e.x0, e.y0);
              ctx.lineTo(e.x1, e.y1);
              ctx.stroke();
              break;
          }
        });
      }
    </script>
  </head>

  <body onload="init()">
    <canvas id="canvas" width="600" height="600"></canvas>
  </body>
</html>
```

物理エンジンはいろいろなページから参照するので、「Tiny2D.js」(p.296) として保存しました。JavaScript
ファイルは、拡張子を「.js」にします。このような外部の JavaScript ファイルを取り込む場合は、以下のよう
に <script> 要素を使用します。

```
<script src="Tiny2D.js"></script>
```

ではプログラムを見ていきましょう。広域変数は、engine (物理エンジンオブジェクト)、ctx (描画コンテ
キスト)、colors (色の配列) の3つだけです。関数rand(v)は、整数の乱数を返します。

1 init()

init() から実行が開始されます。物理世界を作成してオブジェクトを配置しています。

`function init() {`	初期化関数
`  let r;`	
`  engine = new Engine(0, 0, 600, 800, 0, 9.8);  ←Ⓐ`	物理エンジン作成
`  r = new RectangleEntity(500, 50, 50, 400);`	矩形を作成しエンジンに追加
`  r.color = "green";`	
`  engine.entities.push(r);`	
`  r = new RectangleEntity(0, 50, 50, 400);`	
`  r.color = "yellow";`	
`  engine.entities.push(r);  ←Ⓑ`	
`  r = new LineEntity(50, 300, 400, 350);`	線分を作成しエンジンに追加
`  r.color = "orange";`	
`  engine.entities.push(r);`	
`  r = new LineEntity(500, 400, 100, 450);`	
`  r.color = "orange";`	
`  engine.entities.push(r);`	
`  for (let i = 0; i < 7; i++) {`	
`    for (let j = 0; j < 3; j++) {`	7 x 3 = 21 個の円 (固定) を作成
`      r = new CircleEntity(i * 60 + 100, j * 60 + 100, 5, BodyStatic);`	
`      r.color = colors[j];`	
`      engine.entities.push(r);`	
`    }`	
`  }`	

物理世界はEngineオブジェクトとして実装されており、以下の命令で作成しますⒶ。

`engine = new Engine(0, 0, 600, 800, 0, 9.8);`	物理エンジン作成

Engineオブジェクトのコンストラクタの引数は、物理世界のx座標、y座標、幅、高さ、x方向の重力、y方向の重力です。ここでは、左上座標 (0,0)、幅600、高800で下方向に重力がある世界を作っています。

物理エンジン Tiny2D.jsでサポートしている物理オブジェクトは、以下の3種類です。

- `RectangleEntity(x, y, width, height)`
  (x, y)を左上座標とする幅width、高さheightの矩形を作成します。

- `CircleEntity(x, y, radius, type, restitution, deceleration)`
  (x, y)を中心座標とする半径radiusの円を作成します。typeはBodyStatic（円が固定されている）か、BodyDynamic（動的に動くか）を指定します。デフォルトはBodyDynamicです。restitutionは反発係数、decelerationは減速度合いとなります。restitution, decelerationは省略可能です。

- `LineEntity(x0, y0, x1, y1, restitution)`
  (x0, y0)から(x1, y1)への線を引きます。restitutionは反発係数です。restitutionは省略可能です。

矩形、円、線を作成していますが、それぞれのオブジェクトのコンストラクタを呼び出してオブジェクトを作成しているだけです。特に難しいところはないでしょう。作成しているオブジェクトの様子を次の図に示します。

矩形、円、線オブジェクトの作成

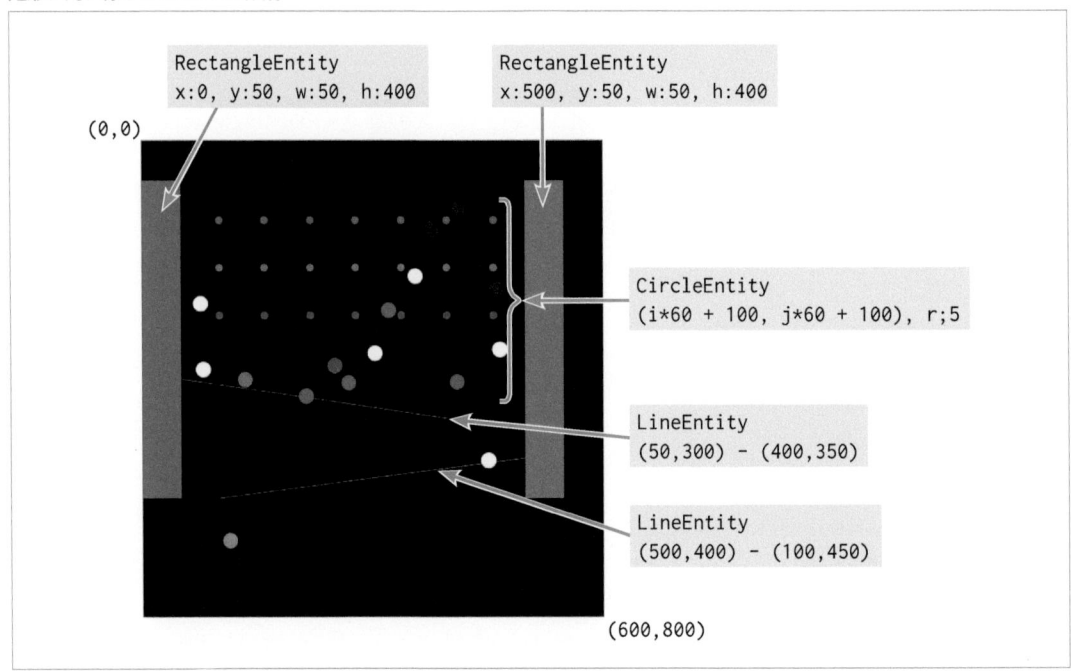

作成したオブジェクトは、engine.entities.push(r) で物理世界に追加します Ⓐ。あとは ④ の engine.step() で物理世界の時計を進めれば、物理世界のオブジェクトが動き始めます。その座標を取得して描画すれば、あたかも物が動いているように見えるというわけです。

ちなみに、円オブジェクトは動かすことができますが、その初速度を ② で

```
r.velocity.x = rand(10) - 5;
r.velocity.y = rand(10) - 5;
```

のように設定しています。あとは最後に描画コンテキストを取得し、setInterval()でメインループを開始しています。

　JavaScriptではオブジェクトにプロパティを追加することができます。RectangleEntityやCircleEntityといった物理世界のオブジェクトも例外ではありません。今回は描画用にcolorプロパティを追加しています。

▌3 tick()

　tick()では、エンジンの時間を0.01進め、再描画を行うという処理を行っています。

▌5 repaint()

　repaint()では、再描画を行います。まず6で、画面全体を黒で塗りつぶしてクリアします。

　物理世界にあるオブジェクトは、物理エンジンのentitiesプロパティ（配列）に格納されているので、7のforEach文で要素を順番に取り出します。

```
engine.entities.forEach((e) => {
  ctx.fillStyle = e.color;        ─┐
  ctx.strokeStyle = e.color;       ├─ ← Ⓐ
  switch (e.shape) {    ← Ⓑ
    case ShapeRectangle:                        矩形の場合
      ctx.fillRect(e.x, e.y, e.w, e.h);
      break;
    case ShapeCircle:                           円の場合
      ctx.beginPath();
      ctx.arc(e.x, e.y, e.radius, 0, Math.PI * 2);
      ctx.closePath();
      ctx.fill();
      break;
    case ShapeLine:                             線分の場合
      ctx.beginPath();
      ctx.moveTo(e.x0, e.y0);
      ctx.lineTo(e.x1, e.y1);
      ctx.stroke();
      break;
  }
});
```

　Ⓐで、コンテキストのfillStyle（塗りつぶし色）とstrokeStyle（描画色）をその要素のcolorプロパティで設定し、Ⓑのswitch文を使って、形状に応じた処理を呼び出しています。ShapeRectangle（矩形）のときはfillRect()を使って矩形を描画し、ShapeCircle（円）のときはarc()を使って円を描画し、ShapeLine（線）のときはmoveTo()とlineTo()で線を描画しています。

　たったこれだけで物理オブジェクトが画面上を動き回ってくれるのです。面白いと思いませんか？

ところで、このデモを実行していると、円が線を飛び越えるという現象に気づいた人もいるでしょう。これは、物理エンジンTiny2D.jsの既知の問題です。動く円が何かと衝突して向きを変えるとき、その速度ベクトルを変更するとともに、めり込みを解消するため、重なり量を移動させています。実はその際にも本当は衝突判定をすべきですが、この物理エンジンでは衝突判定をしていないのです。よって、移動量が大きかったりする場合に、このような現象が起きてしまいます。修正も検討しましたが、コード量が増えそうだったので、今回は見送りました。

　さて、物理エンジンTiny2D.jsの基本的な使い方がわかったところで、簡単なゲームを2つつくってみましょう。

 チャレンジ! ▶ 円を画像にしてみよう

動く円を画像に置き換えてください。

SAMPLE 4.Games/Physics/demo-challenge.html

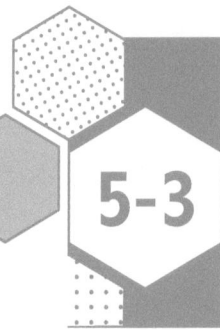

ビリヤード　*Billiard*

5-3

いよいよ、本書の締めくくりとなる物理エンジンを使ったゲームです。玉を突くだけの簡単なビリヤードを作ってみましょう。手玉の上でマウスをクリックしたままドラッグし、マウスを離すとそのボールが動き出します。

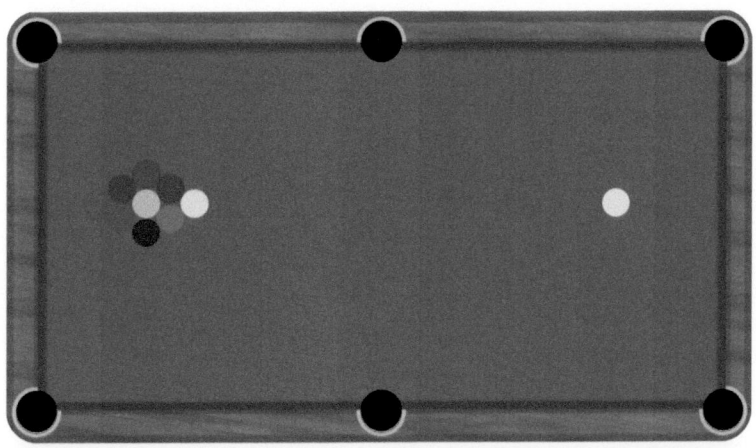

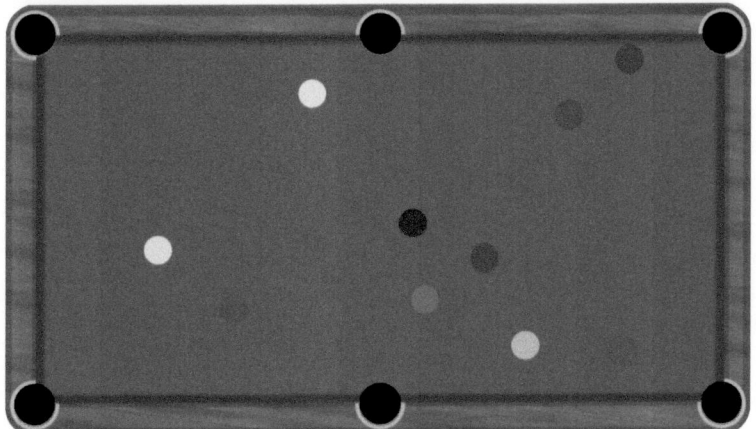

このゲームで学ぶこと

- マウスやタッチの座標が物理世界のオブジェクトに含まれるか検出する（手玉の検出）
- 物理世界のオブジェクトが衝突したときにオブジェクトを消去する（ポケットへ落下時）

```
<!DOCTYPE html>
<html>
  <head>
    <meta charset="UTF-8">
    <title>Billiard</title>
    <style>
      #canvas {
        width: 800px;
        height: 450px;
        touch-action: none;
      }
    </style>
    <script src="Tiny2D.js"></script>
    <script>
      let ctx;                                              描画コンテキスト
      let engine;                                           物理エンジン
      let target;                                           選択中の玉
      let mousePos = null;                                  マウス座標

      let walls = [
        [-100, -100, 1000, 140],
        [-100, 410, 1000, 100],
        [-100, -100, 140, 650],                             上下左右の壁
        [760, -100, 100, 650],
      ];

      let holes = [
        [35, 35],
        [400, 35],
        [765, 35],
        [35, 415],                                          6つの穴（ポケット）
        [400, 415],
        [765, 415],
      ];

      let balls = [
        { x: 200, y: 200, c: "#FFF400" },
        { x: 125, y: 185, c: "#005CD3" },
        { x: 150, y: 170, c: "#CE2721" },
        { x: 100, y: 200, c: "#BD4CB8" },
        { x: 175, y: 215, c: "#F06700" },
        { x: 125, y: 215, c: "#0B8A17" },                   玉
        { x: 175, y: 185, c: "#B70D3A" },
        { x: 150, y: 230, c: "#333333" },
        { x: 150, y: 200, c: "#FFD300" },
        { x: 650, y: 200, c: "#CAFDFF" },
      ];

      onload = function init() {   ◀━1                      初期化関数
        engine = new Engine(-100, -100, 1000, 650, 0, 0);   エンジン初期化 & イベントハンドラ
        let canvas = document.getElementById("canvas");     設定
```

```
        canvas.onmousedown = mymousedown;
        canvas.onmousemove = mymousemove;
        canvas.onmouseup = mymouseup;                          イベントハンドラ登録
        canvas.addEventListener("touchstart", mymousedown);
        canvas.addEventListener("touchmove", mymousemove);
        canvas.addEventListener("touchend", mymouseup);

        walls.forEach(function (w) {                           壁を作成してエンジンに追加
          let r = new RectangleEntity(w[0], w[1], w[2], w[3]);
          r.color = "gray";                              ◀ 2
          engine.entities.push(r);
        });

        balls.forEach(function (b) {                           玉を作成してエンジンに追加
          let r = new CircleEntity(b.x, b.y, 15, BodyDynamic, 0.9, 0.99);
          r.color = b.c;                                 ◀ 3
          b.entity = r;
          engine.entities.push(r);
        });

        holes.forEach(function (h) {                           穴を作成してエンジンに追加
          let r = new CircleEntity(h[0], h[1], 20, BodyStatic);
          r.color = "rgba(255,255,255,0)";
          r.onhit = function (me, peer) {                      穴 (me) に衝突した玉 (peer) を削除
            engine.entities = engine.entities.filter(function (e) {
              return e != peer;                          ◀ 4
            });
          };
          engine.entities.push(r);
        });

        ctx = canvas.getContext("2d");
        ctx.font = "20pt Arial";                               その他 (Canvas、Timer) の
        ctx.strokeStyle = "blue";                              初期化
        setInterval(tick, 50);
      };

      function tick() {
        engine.step(0.01);                                     物理エンジンの時刻を進める
        repaint();                                             再描画
      }

      function mymousedown(e) {   ◀ 5
        let mouseX = !isNaN(e.offsetX) ? e.offsetX : e.touches[0].clientX;
        let mouseY = !isNaN(e.offsetY) ? e.offsetY : e.touches[0].clientY;  ◀ 6
        for (let i = 0; i < balls.length; i++) {
          if (balls[i].entity.isHit(mouseX, mouseY)) {   ◀ 7
            target = balls[i].entity;
            mousePos = { x: mouseX, y: mouseY };                マウス座標の玉をtargetに設定
            break;
          }
```

```
        }
      }

    function mymousemove(e) {      ←8
      let mouseX = !isNaN(e.offsetX) ? e.offsetX : e.touches[0].clientX;
      let mouseY = !isNaN(e.offsetY) ? e.offsetY : e.touches[0].clientY;
      if (target) {
        mousePos = { x: mouseX, y: mouseY };                          マウスの座標を更新
      }
    }

    function mymouseup(e) {      ←9
      if (target) {
        let dx = mousePos.x - target.x;
        let dy = mousePos.y - target.y;
        target.velocity.x = dx / 10;                                 玉にx方向の速度を設定
        target.velocity.y = dy / 10;                                 玉にy方向の速度を設定
      }
      target = null;
    }

    function repaint() {
      ctx.drawImage(billiard, 0, 0, 800, 450);                       背景クリア

      for (let i = 0; i < engine.entities.length; i++) {             ボール・壁の描画
        let e = engine.entities[i];
        ctx.fillStyle = e.color;
        switch (e.shape) {
          case ShapeCircle:
            ctx.beginPath();
            ctx.arc(e.x, e.y, e.radius, 0, Math.PI * 2);
            ctx.closePath();
            ctx.fill();
            break;
        }
      }

      if (target && mousePos) {
        ctx.beginPath();
        ctx.moveTo(target.x, target.y);
        ctx.lineTo(mousePos.x, mousePos.y);
        ctx.stroke();
      }
    }
  </script>
 </head>
 <body>
  <canvas id="canvas" width="800" height="450"></canvas>
  <img id="billiard" src="billiard.png" style="display: none">
 </body>
</html>
```

5-3-1 ソースコード解説

基本的な作りはdemo.htmlと同じなので、説明が重複する部分は割愛します。広域変数のwallsは壁、holesは穴、ballsは玉の座標情報です。

■1 init()

初期化を行うため、onloadに初期化関数を代入しています。このようにすることで、body onload="init()"と同じ効果を実現できます。

```
onload = function init() {
```

初期化処理として、まず各種イベントハンドラを設定します。次に■2で、wallsの要素をforEach文を使って順番に取り出し、RectangleEntityオブジェクトを作って壁を構築しています。Array.forEach()メソッドを使っていますが、for文でもかまいません。好きなほうを使ってください。

ボールも同様にオブジェクトを作成しています■3。穴だけは衝突処理が必要なので、若干異なります。穴にボールがぶつかった（＝穴にボールが落ちた）ときは、ボールを削除する必要があるからです。以下のコード■4で、その処理を行っています。

```r.onhit = function (me, peer) {```
``` engine.entities = engine.entities.filter(function (e) {```
```   return e != peer;```
``` });```
```};```
	穴（me）に衝突した玉（peer）を削除

rは、穴のオブジェクトです。これにonhit()メソッドを追加しています。このメソッドは、自身がほかのオブジェクトと衝突したときに呼び出されます。引数のmeは自分で、peerは衝突相手のオブジェクトです。

Array.filter()を使いpeer以外の要素、すなわち衝突相手以外の要素を抽出しています。filter()の引数には関数を指定しますが、配列内の要素がpeerでないとき（e != peer）にtrueを返しています。こうすることで、衝突した要素のみが物理エンジンのentitiesから取り除かれ、物理世界からなくなります。あとは、描画コンテキストを取得しメインループを開始しているだけです。

■5 mymousedown(e)

マウス押下時のコールバック関数です。玉の上でマウスが押されたときは、その玉を手玉として覚えておき、マウスが移動した場所までの線を描画します。マウスが離されたときに、その距離と向きをもとに手玉に初速度を与えます。

マウス押下時の座標は、(e.offsetX, e.offsetY)で取得できます。タッチの場合は、e.touches[0].clientXで取得します■6。

この座標が玉に含まれているかを■7の「balls[i].entity.isHit(mouseX, mouseY)」で判定しています。こ

こで、「balls[i].isHit(mouseX, mouseY)」ではないことに注意してください。balls[i] は物理世界の玉オブ
ジェクトではなく、物理世界の玉を作成するための座標データを格納している広域変数だからです。init()で
は、以下のように玉オブジェクトを初期化しました③。

```
balls.forEach(function (b) {                                    玉を作成してエンジンに追加
  let r = new CircleEntity(b.x, b.y, 15, BodyDynamic, 0.9, 0.99);
  r.color = b.c;
  b.entity = r;
  engine.entities.push(r);
});
```

　rはCircleEntityオブジェクトで物理世界の玉に該当します。forEach()では、配列の個々の要素が関数の
引数として渡されます。上記のコードでは、bがそれにあたります。そのentityプロパティに物理世界のオブ
ジェクトを格納しているので、物理世界の玉オブジェクトは「balls[i].entity」で参照することができるのです。
ともあれ、マウスを含む円が見つかった場合、その円を手玉として広域変数targetに格納し、マウス押下時の
座標をmousePosに保存しておきます。

8 mymousemove(e)

　マウス移動時のコールバック関数です。手玉があるときは、mousePosを更新します。

9 mymouseup(e)

　マウスリリース時のコールバック関数です。手玉があるときは、現在のマウス位置mousePosと手玉target
の座標の差分から手玉に初速度を与えます。
　再描画の関数repaint()は、demo.htmlのコードとほとんど同じです。手玉targetとmousePosがあると
きは、それらを結ぶ線を描画しています。

タッチデバイス対応について

　このゲームでは、クリックされた座標が円の中にあるときにその球を手玉としています。マウスの場合、接点
が1×1ピクセルなので円の中をクリックするのは簡単です。
　一方、タッチデバイスの場合、指が接する面積が広くなるため円の中をクリックするのが難しくなります。そ
のため、スマホのように画面が小さいデバイスでは、手玉を操作しづらくなってしまいます。
　ボールを作成しているコードは以下の箇所です③。

```
let r = new CircleEntity(b.x, b.y, 15, BodyDynamic, 0.9, 0.99);
```

　この半径15を大きくすることで、玉が大きくなります。玉が大きくなれば、操作性は改善するかもしれません。
　ただし、玉の大きさを大きくする手法は、場当たり的な対処にすぎません。スマホを想定してゲームを作る場
合は、最初から指でも操作しやすい仕様にしておくことが大切です。

ライブラリ

本書では、JavaScriptに関する理解を深めていただくために「すべてのソースコードを掲載する」というスタンスでプログラムを書き、外部のライブラリは使用しませんでした。しかし、実際の開発現場では、ライブラリを使うことが多くなるはずです。ライブラリとは、再利用可能な部品（関数やクラス）をまとめたものです。必要に応じて便利に使用できます。

たとえば、3Dオブジェクトを描画する機能を提供するThree.jsは、商用利用可能な人気のライブラリです。以下のURLでは、Three.jsの利用例が公開されています。これを見ると、そのすごさを実感できるでしょう。

https://threejs.org/examples/

Three.jsの利用例（https://threejs.org/examples/）

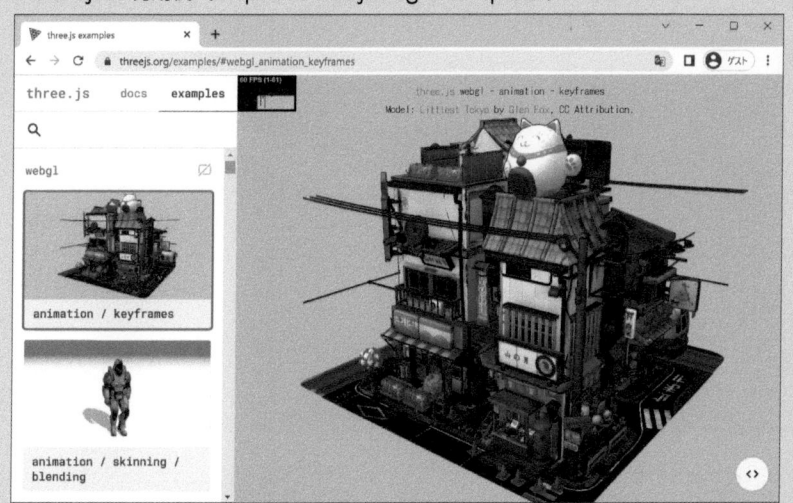

Three.jsが提供するような機能をすべて自分で実装するのは大変です。3Dを扱うときには、このようなライブラリを活用するとよいでしょう。

これから何か実装するときには、まず「実装したい機能を提供するライブラリがないか」調べてみてください。「ライセンスに注意しつつ、多くのユーザーに支持され、安定したものを選択する」、そのようなスタンスでライブラリを効果的に活用してください。ただし、ライブラリによっては、途中で開発が中止になったり、公開が停止されたりすることもあるので注意が必要です。

ベジタブルマーチ *VegetableMarch*

本書の最後を締めくくるゲームです。近くにある同じ野菜をつなげてどんどん消していく、ツムツム風のゲームです。物理エンジンと落ちモノ系ゲームの組み合わせといったところでしょうか。一度に多くの野菜を消すほど高得点となります。

```
<!DOCTYPE html>
<html>
  <head>
    <meta charset="UTF-8">
    <title>VegetableMarch</title>
    <style>
      #canvas {
        width: 800px;
        height: 600px;
        touch-action: none;
      }
      #START {
        position: absolute;
        left: 200px;
        top: 200px;
      }
    </style>
    <script src="Tiny2D.js"></script>
    <script>
      "use strict";

      let ctx;                              描画コンテキスト
      let engine;                           物理エンジン
      let veges = [];                       野菜を格納する配列
      let timer = NaN;                      タイマー
      let startTime = NaN;                  ゲーム開始時刻
      let elapsed = 0;                      経過時間
      let score = 0;                        スコア
      let walls = [
        [-60, -100, 100, 800],
        [500, -100, 100, 800],            壁（左右底）のx, y, w, h座標
        [-60, 520, 700, 100],
      ];
      let images = [];                      野菜の画像を格納する配列

      function rand(v) {
        return Math.floor(Math.random() * v);
      }

      function init() {        ←1          エンジン初期化 & Canvas初期化
        let canvas = document.getElementById("canvas");
        ctx = canvas.getContext("2d");
        ctx.font = "20pt Arial";
        ctx.strokeStyle = "blue";
        ctx.lineWidth = 5;
        ctx.textAlign = "center";

        engine = new Engine(-100, -100, 700, 700, 0, 9.8);

        walls.forEach(function (w) {        壁
```

```
      let r = new RectangleEntity(w[0], w[1], w[2], w[3]);
      r.color = "gray";
      engine.entities.push(r);
  });

  for (let i = 0; i < 7; i++) {                                野菜
    for (let j = 0; j < 10; j++) {
      let x = i * 60 + 75 + rand(5);
      let y = j * 50 + 50 + rand(5);
      let r = new CircleEntity(x, y, 25, BodyDynamic, 1, 0.98);
      r.color = rand(5);
      engine.entities.push(r);
    }
  }

  for (let i = 0; i < 5; i++) {
    images.push(document.getElementById("fruit" + i));        野菜画像を配列に格納
  }

  repaint();
}

function go() {          ◀ 2
  let canvas = document.getElementById("canvas");
  canvas.onmousedown = mymousedown;
  canvas.onmousemove = mymousemove;
  canvas.onmouseup = mymouseup;                               キャンバスにイベントハンドラ登録
  canvas.addEventListener("touchstart", mymousedown);
  canvas.addEventListener("touchmove", mymousemove);
  canvas.addEventListener("touchend", mymouseup);

  document.body.addEventListener(
    "touchmove",
    function (event) {
      event.preventDefault();     ◀ 3
    },
    false
  );
  document.getElementById("START").style.display = "none";  ◀ 4   タッチ時のコンテキストメニュー非表示に
  document.getElementById("bgm").play();

  startTime = new Date();
  timer = setInterval(tick, 50);
}

function tick() {      ◀ 5                                    メインループ
  engine.step(0.01);   ◀ 6                                    物理エンジンの時刻を進める

  elapsed = (new Date().getTime() - startTime) / 1000;
  if (elapsed > 57) {
    clearInterval(timer);                                     57秒でタイムアップ
```

```
      timer = NaN;
    }
    repaint();                                              再描画
  }


  function mymousedown(evt) {        ←7                     マウス押下時の処理
    let x = !isNaN(evt.offsetX) ? evt.offsetX : evt.touches[0].clientX;   マウス押下 x 座標
    let y = !isNaN(evt.offsetY) ? evt.offsetY : evt.touches[0].clientY;   マウス押下 y 座標
    engine.entities.forEach(function (e) {
      if (e.isHit(x, y) && e.shape == ShapeCircle) {
        veges.push(e);                                      円が選択されたら、野菜とみなして
        e.selected = true;                                  配列 veges に追加
      }
    });
  }


  function mymousemove(evt) {        ←8                     マウス移動時の処理
    if (veges.length == 0) {
      return;
    }

    let x = !isNaN(evt.offsetX) ? evt.offsetX : evt.touches[0].clientX;
    let y = !isNaN(evt.offsetY) ? evt.offsetY : evt.touches[0].clientY;
    let p = veges[veges.length - 1];                        リストの最後の野菜を取得


    engine.entities.forEach(function (e) {        ←9
      if (e.isHit(x, y) && e.shape == ShapeCircle) {
        if (veges.indexOf(e) < 0 && e.color == p.color) {
          let d2 = Math.pow(e.x - p.x, 2) + Math.pow(e.y - p.y, 2);   最後の野菜との距離
          if (d2 < 4000) {
            veges.push(e);                                  距離が4000未満であれば連結→リ
            e.selected = true;                              ストに追加して、野菜を選択状態に
          }
        }
      }
    });
  }


  function mymouseup(evt) {          ←10                    マウスリリース時の処理
    if (veges.length > 1) {
      engine.entities = engine.entities.filter(function (e) {
        return e.selected != true;                          非選択状態の野菜だけをフィルタ
      });                                                   （＝選択状態の野菜を削除）

      for (let i = 0; i < veges.length; i++) {              消去分を追加
        let x = 75 + rand(350);
        let r = new CircleEntity(x, 0, 25, BodyDynamic, 1, 0.98);
        r.color = rand(5);
        engine.entities.push(r);
      }
      score += veges.length * 100;
```

```
    }
    veges.forEach(function (e) {
      delete e.selected;
    });
    veges = [];
  }

  function repaint() {          ← 11
    ctx.drawImage(fruitbg, 0, 0);                          背景クリア

    for (let i = 0; i < engine.entities.length; i++) {     野菜を描画
      let e = engine.entities[i];
      let img = images[e.color];
      if (e.shape == ShapeCircle) {
        ctx.drawImage(img, e.x - 28, e.y - 28, 62, 62);
        if (e.selected) {
          ctx.strokeStyle = "yellow";
          ctx.beginPath();
          ctx.arc(e.x, e.y, e.radius, 0, Math.PI * 2);
          ctx.closePath();
          ctx.stroke();
        }
      }
    }

    if (veges.length > 0) {                                線
      ctx.strokeStyle = "#B1EB22";
      ctx.beginPath();
      ctx.moveTo(veges[0].x, veges[0].y);
      for (let i = 1; i < veges.length; i++) {
        ctx.lineTo(veges[i].x, veges[i].y);
      }
      ctx.stroke();
    }

    ctx.save();
    ctx.fillStyle = "#F9D79F";
    ctx.font = "bold 24pt sans-serif";
    ctx.font;
    ctx.translate(650, 442);                               メッセージ
    ctx.rotate(-0.05);
    ctx.fillText(isNaN(timer) ? "FINISH" : "Score", 0, 0);
    ctx.restore();

    ctx.save();
    ctx.font = "bold 32pt sans-serif";
    ctx.translate(650, 365);
    ctx.rotate(0.08);                                      スコア
    ctx.fillStyle = "#F9D79F";
    ctx.fillText(("0000000" + score).slice(-7), 0, 0);
    ctx.restore();
```

```
        ctx.save();
        ctx.fillStyle = "rgba(215, 130, 40, 0.5)";
        ctx.beginPath();
        ctx.moveTo(656, 153);
        ctx.arc(
          656,
          153,
          88,
          -Math.PI / 2,
          (elapsed / 57) * Math.PI * 2 - Math.PI / 2
        );
        ctx.closePath();
        ctx.fill();
        ctx.restore();
      }
    </script>
  </head>
  <body onload="init()">
    <!-- Thanks to http://takao-suenobu.com/  & http://dova-s.jp/ -->
    <audio src="bgm.mp3" id="bgm"></audio>
    <canvas id="canvas" width="800" height="600"></canvas>
    <img id="START" src="start.png" onclick="go()">
    <img id="fruitbg" src="fruitbg.png" style="display: none">
    <img id="fruit0" src="fruit0.png" style="display: none">
    <img id="fruit1" src="fruit1.png" style="display: none">
    <img id="fruit2" src="fruit2.png" style="display: none">
    <img id="fruit3" src="fruit3.png" style="display: none">
    <img id="fruit4" src="fruit4.png" style="display: none">
  </body>
</html>
```

残り時間

5-4-1 | ソースコード解説

使用している広域変数は以下のとおりです。

使用している広域変数

変数	説明
ctx	描画コンテキスト
engine	物理エンジン
veges	野菜を格納する配列
timer	タイマー
startTime	ゲーム開始時刻

変数	説明
elapsed	経過時間
score	スコア
walls	壁オブジェクト
images	野菜の画像を格納する配列

主な関数について以下に説明します。

1 init()

初期化関数です。Canvasのコンテキスト設定、物理エンジンオブジェクトの作成、壁や野菜オブジェクトの作成を行い、描画を明示的に行うためにrepaint()を呼び出します。ゲーム開始のタイマーを開始するのは［START］ボタンが押されたタイミングであり、文書（ページ）をロードした時点ではないことに注意してください。

2 go()

ゲーム開始時に呼び出される関数です。［START］ボタンの画像<img id="START" src="start.png" onclick="go()">のonclick属性から呼び出されます。

まず、Canvasのタッチやマウスのイベントハンドラを登録します。以下のコード 3 は、タッチ時にコンテキストメニューが表示されるのを防止するための処理です。

```
document.body.addEventListener(
  "touchmove",
  function (event) {
    event.preventDefault();
  },
  false
);
```

また、4 の

```
document.getElementById("START").style.display = "none";     タッチ時のコンテキストメニュー非表示に
```

で［START］ボタンを非表示にしています。その後、BGMの再生を開始し、setInterval()でメインループを開始しています。

5 tick()

6 のengine.step(0.01)で、物理エンジンの時刻を進めます。経過秒数を

```
elapsed = (new Date().getTime() - startTime) / 1000;
```

で求め、57秒（BGMの再生時間）を過ぎたらタイマーを停止させています。

7 mymousedown(evt)

マウス押下やタッチ時、その座標に野菜オブジェクトがあったならば、そのオブジェクトを配列vegesに格納し、そのオブジェクトのselectedプロパティをtrueに設定します。

8 mymousemove(evt)

マウス移動時のイベントハンドラです。配列vegesが空のときは単にreturnします。

「let p = veges[veges.length - 1]」では、配列にある最後の野菜を取得し、変数pに格納しています。これは、マウスが動いたとき、最後に選ばれた野菜と今のマウス位置にある野菜を比較し、距離が近く同じ野菜のときに限り、その野菜を選択するという処理を行う必要があるためです。その処理を行っているのが以下の部分です 9 。

```
engine.entities.forEach(function (e) {
  if (e.isHit(x, y) && e.shape == ShapeCircle) {
    if (veges.indexOf(e) < 0 && e.color == p.color) {
      let d2 = Math.pow(e.x - p.x, 2) + Math.pow(e.y - p.y, 2);   最後の野菜との距離
      if (d2 < 4000) {
        veges.push(e);                                           距離が4000未満であれば連結→リストに追加し
        e.selected = true;                                       て、野菜を選択状態に
      }
    }
  }
});
```

最初のif文が、対象となるオブジェクトにマウスの座標が含まれているか、形状が円か否かを判断しています。それらの条件を満たしている場合は、次のif文ですでに野菜が選択されていないか（配列vegesに含まれていないか＝「veges.indexOf(e) < 0」）、かつ、最後の野菜と今の野菜が同じ種類か（e.color == p.color）を判断しています。それらの条件を満たすと、最後のif文に進みます。ここで2つの野菜の距離が一定値以下であるか判断し、その条件を満たしたときに、その野菜を配列vegesに格納し、selectedプロパティをtrueに設定します。

10 mymouseup(evt)

マウスが離されたときのコールバックです。選択状態の野菜が2つ以上ある場合（veges.length > 1）、その野菜をArray.filter()を使って物理世界から取り除きます。Array.filter()は、条件に合致した要素だけを含む配列を返します。条件は関数メソッドで指定します。消去したらその分の野菜を追加しています。

そして、選択された野菜の数に応じてスコアを加算します。最後に、すべての野菜のselectedプロパティを削除し、配列vegesを空で初期化しています。

11 repaint()

特に難しい処理はありません。これまでと同様に、背景をクリアして物理世界に含まれるShapeCircleを描画します。選択状態にある場合（e.selectedがtrueのとき）は、円を強調描画して選択されていることが視覚的にわかるようにしています。あとは、選択状態にある円の中心を線で結んで描画し、ゲーム終了時のメッセージ、スコアの描画、残り時間の扇形の描画を行います。

一見すると複雑そうに見えるゲームですが、非常にシンプルに実装できていることがわかるでしょう。コード

の内容は、ビリヤード（p.309）とあまり変わりません。しかしながら、アイディア次第でまったく別のゲームになっているのです。物理エンジンの威力を感じていただける一例ではないでしょうか。

ライブラリとフレームワーク

フレームワークは、ライブラリと混同されることがよくあります。ライブラリが再利用可能な部品を提供するのに対し、フレームワークは開発アプリ／システムの枠組み（骨組み）です。フレームワークから、自分が実装する部品（プログラム）を呼び出してもらうようなイメージです。以下の図を見てみてください。

ライブラリとフレームワークの違い

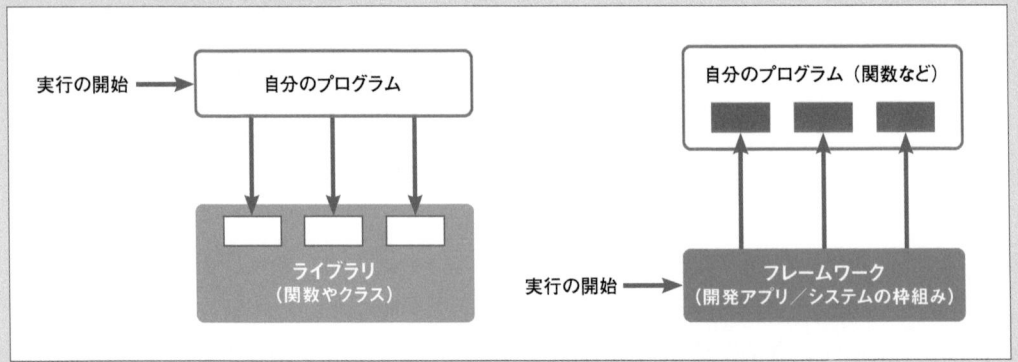

上図の左側がライブラリです。実行は自分のプログラムから開始します。必要に応じてライブラリの中の関数やクラスを利用します。
上図の右側はフレームワークです。実行はフレームワーク側から始まり、必要に応じて自分のプログラムが呼び出されます。使われ方は違いますが、いずれも、コードの再利用を行うことで、開発期間を短縮し、高品質なソフトウェアを実装することが可能となります。

最近、Webアプリの開発／実装では、React、Vue.js、Angularといったフレームワークが人気です。これらのフレームワークを利用すると、DOM（Document Object Model）を使ってページを調整する作業が大幅に軽減されます。ある程度JavaScriptに慣れたら、このようなフレームワークの利用に取り組んでみるとよいでしょう。

■Build a simple 2D physics engine for JavaScript games

https://developer.ibm.com/tutorials/wa-build2dphysicsengine/

　筆者には"目の肥えた読者には物理エンジン"という変な思い込みがあり、2D物理エンジンライブラリを検索していた時に見つけたサイトです。執筆に着手した当初は、自分でエンジンを作るなどまったく想像もしていませんでしたが、記事を読むにつれ"この程度なら自分で作れるかも"という思いになりました。この記事なくしてTiny2D.jsはありえませんでした。

■物理エンジン実装時に参考にしたリンク

http://kanasana.sblo.jp/article/28818677.html

http://hakuhin.jp/as/collide.html

http://marupeke296.com/COL_2D_No10_SegmentAndSegment.html

　ベクトル演算の復習では上記サイトの情報を参考にさせていただきました。

■Kickass Java Programming：Cutting-Edge Java Techniques With an Attitude

ISBN: 978-1883577995

　Java言語の本（英語）ですが、2D描画や3Dモデリングなどさまざまな技法が説明されている良書です。Saturn Voyagerはこの本のサンプルをヒントに実装しました。

■ゲームを作りながら楽しく学べるHTML5＋CSS＋JavaScript プログラミング 改訂版

（インプレスR&D刊 電子書籍版／紙書籍版　ISBN:9784844397519）

　本書の姉妹書とも言える拙著です。掲載しているゲームはすべて異なります。ほかのゲームやコードも見てみたいという方はご覧いただければ幸いです。

■BGM

http://takao-suenobu.com/

　http://dova-s.jp/ というサイトからスエノブさんの素材をBGMとして利用させていただきました。ゲームの印象をガラッと変えることができました。

■その他（リバーシのアルゴリズム）

http://uguisu.skr.jp/othello/5-1.html

あ と が き

　おつかれさまでした。中には難しいと感じる箇所もあったかもしれません。できるだけソースコードを入力してほしかったので、短いソースコードになるよう心がけました。「こんな短いプログラムでこんなことができるんだ！」と思っていただければとても嬉しいです。

　情報が大学入試の科目に採用されたり、学校教育にプログラミングが組み込まれたりしています。プログラミングスクールも増加の一途です。この業界に追い風が吹くことは良いことなのですが、"楽しむ"という視点が少し足りないようにも感じます。楽しくないと継続は困難です。本書でゲームの作成を通して、プログラミングの楽しさを伝えられたらと願っています。

　世の中には、いろいろなプログラミング言語があります。Python、Java、C#、Go ……それぞれ得意分野が異なります。しかしながら、変数や配列、制御構造、クラスやオブジェクトなど共通する部分は少なくありません。本書でJavaScriptに親しんだ方であれば、よりスムーズに習得できるはずです。ぜひいろいろな言語／分野にチャレンジしてください。新しい世界が見えてくるはずです。

　プログラミングは、将来の選択肢の幅を広げてくれるスキルセットです。楽しみながらそんなスキルを習得していただく──本書がその一助になればこれ以上の喜びはありません。

　今回の改訂にあたり、ピーチプレス社の芹川 宏さんには自分の拙い原稿を校正いただくとともに、書籍として素晴らしい体裁に仕上げていただきました。また、「次の世代にプログラミングの面白さを伝えたい」と日頃から感じていた筆者に、改訂の機会を提供していただいたインプレスの方々にも深く感謝しております。

　本書が皆様のお役に立つことを切に願っております。

田中 賢一郎

索 引

サンプルファイル

15puzzle.html	189
15puzzle-challenge.html	192
15puzzle-modified.html	192
andor.html	077
array.html	085
array-shuffle.html	136
array0.html	126
Billiard.html	310
BMI.html	076
c2f.html	092, 095
calculation.html	069
calendar.html	167
canvas-circle.html	179
canvas-clock0.html	185
canvas-clock1.html	186
canvas-context.html	172
canvas-image.html	182
canvas-line-mouse0.html	176
canvas-line-mouse1.html	176
canvas-line.html	175
canvas-rect.html	177
canvas-soccer.html	180
canvas-strings.html	181
CarryIt.html	200
CarryIt-challenge.html	207
challenge-book.html	062
challenge-canvas.html	174
challenge-periodic-table.html	169
Chase.html	276
condition.html	073
css-basic0.html	041
css-basic1.html	043
css-calendar.html	060
css-history0.html	046
css-history1.html	048
css-history2.html	051
css-layout0.html	053
css-layout1.html	053
css-layout2.html	055
css-rgb-color.html	059
css-style0.html	044
date0.html	123
date1.html	124
demo.html	303
demo-challenge.html	308
Dungeon.html	228
Dungeon-challenge.html	244
EggCatch.html	224
elseifelseif.html	079
event-scope0.html	147
event-scope1.html	149
event-scope2.html	151
eventarg1.html	143
eventarg2.html	145, 146
eventload0.html	138
eventload1.html	139
eventload2.html	139
eventload3.html	140
eventload4.html	140
FlipCards.html	194
FlipCards-challenge.html	198
funcobj0.html	153, 154
FunkyBlocks.html	259
history.html	165
html-basic1.html	024
html-basic2.html	027
html-major-element1.html	031
html-major-element2.html	031
html-major-element3.html	033
html-major-element4.html	034
ifelse.html	075
Jumper.html	281
Jumper-challenge.html	285
kaibun.html	090, 128
mouseclick0.html	141
mouseclick1.html	142
object-car1.html	105
object-car2.html	107
object-create1.html	117
object-pen1.html	105
object-pen2.html	106
object-pen3-class.html	111
object-pen3.html	109
object-pen4.html	114
page1.html	035
page2.html	035
random0.html	125
random1.html	125
recipe.html	163
requestAnimationFrame.html	122
ReversiblePiece.html	209
ReversiMock.html	119
SaturnVoyager.html	246
scope.html	093
Shooting.html	287
Shooting-challenge.html	292
switch.html	081
timer.html	121
VegetableMarch.html	317

● 第1章　HTML＋CSSの基本

いろいろなページのソースを見てみよう ……………………………………………………… 023
前ページのHTMLを入力して表示してみよう …………………………………………… 025
実際にファイルサイズを比較してみよう ……………………………………………………… 037
HTMLで自分のページを作ってみよう ……………………………………………………… 038
style属性を試してみよう ……………………………………………………………………… 045
HTMLで自分のページを作ってみよう　challenge-book.html ……………………… 062

● 第2章　JavaScriptの基本

プログラムを入力して実行してみよう（2-3-1｜比較した結果に応じて処理を変える）……… 074
身長と体重から肥満度を判断する　BMI.html …………………………………………… 076
西暦から干支（十干と十二支）を表示する　switch-eto.html ………………………… 082
配列を定義してみよう　array.html ………………………………………………………… 085
1から指定した数までの合計を求める　1-to-N.html …………………………………… 087
for文の演習のプログラムをwhile文を使って書き直してみよう　1-to-N-while.html … 088
for文で回文を表示するページを作ろう　kaibun.html ………………………………… 090
摂氏を華氏に変換する関数を定義してみよう　c2f.html ……………………………… 092
デバッガを使ってみよう ……………………………………………………………………… 099
身の回りのものから、オブジェクト、プロパティ、メソッドを考えてみよう ………………… 103
オブジェクトをJavaScriptで表現してみよう ……………………………………………… 104
carオブジェクトのプロパティをページに表示してみよう ………………………………… 105
carオブジェクトにメソッドを定義してみよう ……………………………………………… 107
プログラムを入力して確認してみよう（2-7-2｜JavaScriptでのオブジェクトの定義方法）… 112
プログラムを入力して確認してみよう（2-7-5｜DOM（Document Object Model）） … 118
オブジェクトのメソッド、プロパティを調べてみよう ……………………………………… 114
3×3の○×ゲーム盤を作ってみよう　TicTacToe.html ………………………………… 120
プログラムを入力して実行してみよう（2-8-3｜Arrayオブジェクト） …………………… 127
ストップウォッチで経過時間を表示するページを作ってみよう　date1.html ………… 124
2〜5の乱数を生成してみよう　random1.html ………………………………………… 125
これまでの知識をもとに自由にWebページを作ってみよう　challenge-periodic-table.html … 169

● 第3章　Canvasの基本

Canvasで図形を描いてみよう　challenge-canvas.html ……………………………… 174
マウスの軌跡を線で描いてみよう　canvas-line-mouse0.html　canvas-line-mouse1.html … 176
サッカー場を作ってみよう　canvas-soccer.html ……………………………………… 180
時計を作ってみよう　canvas-clock1.html ……………………………………………… 186

● 第4章　［実践］ゲームプログラミング

行と列を増やしてみよう　15puzzle-challenge.html …………………………………… 192
枚数を変えてみよう　FlipCards-challenge.html ……………………………………… 198
自作パズルに挑戦してみよう　CarryIt-challenge.html ……………………………… 207
迷路のデザインを変えてみよう　Dungeon-challenge.html …………………………… 244
各パラメータを変更して確認してみよう ……………………………………………………… 257
ゲームに工夫を加えて完成度を高めてみよう ……………………………………………… 274
敵要素を増やしてみよう　Jumper-challenge.html …………………………………… 285
スコアを表示してみよう　Shooting-challenge.html …………………………………… 292

● 第5章　物理エンジンを使ったゲーム

円を画像にしてみよう　demo-challenge.html ………………………………………… 308

記号・数字

!	216
!= （条件式）	073
"use strict"	190
#id （IDセレクタ）	050
#RRGGBB	058
%	058, 071
&&	077
*	071
* （セレクタ）	049
*=	071
.html	026
.クラス名 （クラスセレクタ）	050
/	071
/* ～ */	070
//	069
/=	071
:	083
?	083
[ ] （配列）	084
^ （演算子）	206
	（演算子）	206
			077
+	071
++	083
+=	071
-	071
--	083
-=	071
== （条件式）	073
===	133
> （条件式）	073
>= （条件式）	073
<!DOCTYPE html>	028
< （条件式）	073
</ ～ >	024
<= （条件式）	073
<>	024
<a>	030, 034, 035
<body>	024
 	030
<button>	030
<canvas>	172
<div>	030, 031
<h1>	024, 030, 031
～を連続して記述	053
<h2>	024, 030, 031
<h3>	024, 030, 031
<img>	030, 034, 035
<input>	030

<li>	030, 031
<meta charset="UTF-8">	026
<ol>	030, 031
<p>	024, 030, 031
<span>	030, 031
～を連続して記述	053
<style>	047, 048
～とセレクタの使用例	051
<table>	030, 032, 033
<td>	030, 033
<title>	024
<tr>	030, 032, 033
<ul>	030, 031
<video>	166
0x2	204
0オリジン	125
10進数から16進数の変換	059
16進数	058

A

Alienオブジェクト （ダンジョン）	240
AND演算	204
AND条件式	077
AND条件とOR条件をテストするページ	077
Angular	324
appendChild()	117
arc()	178
Array.prototype.every()	158
Array.prototype.filter()	159
Array.prototype.forEach()	157
Array.prototype.shuffle	136, 196
Array.prototype.some()	159
Array.prototype.sort()	160
Arrayオブジェクト	125, 126

B

background-color	045
beginPath()	174, 175
BMP	037
border	032, 056, 057
box-shadow	045
Box2D	294
Boxクラス （超難度・忍者ジャンパー）	284
break文	088
Bulletクラス （インベーダーを撃ち落とせ!）	291

C

canFlip() （リバーシ）	220
Canvas	172
円、円弧の描画	178
画像の描画	181

矩形の描画 ···································· 177
座標系の設定 ································ 184
図形描画の主なプロパティ ············ 174
直線、多角形の描画 ····················· 175
文字の描画 ·································· 180
Capturing ·· 151
charAt() ··· 127
CircleEntity()　Tiny2D.js ················· 306
clacWeightData()　リバーシ ············· 219
className ··· 196
class構文 ··· 110
class属性 ···································· 029, 050
clearInterval() ···································· 121
clearRect() ··· 177
clearTimeout() ····························· 121, 196
clicked() ··· 217
clientX/Y ··· 145
closePath() ··· 175
cm ·· 058
color ··· 045
colspan属性 ······································· 034
const ··· 069
continue文 ··· 088
copyData()　リバーシ ······················ 219
clearInterval() ···································· 196
createElement() ··································· 117
CSS ··· 020, 042
　～の主なプロパティ ···················· 045
　～のプロパティを操作（変更）する例 ··· 114
　～プロパティの使用例 ················· 046
　カスケード ······························· 042
CSSの書き方 ······································ 044
　<style>要素での指定 ·················· 047
　インラインスタイルでの指定 ········· 044
　セレクタ ·································· 049
　プロパティ ······························ 045
ctx.fillStyle ·· 174
ctx.fillText ··· 256
ctx.globalAlpha ·································· 256
ctx.lineCap ·· 174
ctx.lineWidth ····································· 174
ctx.restore() ······································· 185
ctx.rotate() ··· 185
ctx.save() ··· 185
ctx.shadowBlur ··································· 174
ctx.shadowColor ································· 174
ctx.strokeStyle ···································· 174
ctx.translate() ······························ 185, 242

D

Dateオブジェクト ···························· 123, 124

dist()　インベーダーを撃ち落とせ！ ···· 292
document.createElement() ··················· 117
document.getElementById() ················· 112
document.getElementsByClassName() ····· 144
DOM ······································· 020, 116
DOMContentLoaded ·························· 140
Dotクラス　食べ尽くせ！ ·················· 279
drawCircle()　インベーダーを撃ち落とせ！ ··· 291
drawCircle()　ダンジョン ·················· 242
drawImage() ······································· 181

E

E:first-child ·· 050
E:first-letter ······································· 050
E:nth-child() ······································· 050
Eatクラス　食べ尽くせ！ ··················· 279
element ·· 025
else ··· 074
else if ·· 075
　～で複数の条件を表現 ················· 079
Enemyクラス　インベーダーを撃ち落とせ！ ··· 291
engine.entities.push()　Tiny2D.js ········ 306
engine.step()　Tiny2D.js ··················· 306
Engineオブジェクト　Tiny2D.js ·········· 305
Event Bubbling ··································· 151
every() ··· 158

F

fall() ·· 273
false ·· 72
fill() ·· 175
fillRect() ·· 177
fillStyle ·· 175
fillText() ·· 180
filter() ····································· 156, 159, 226
font-family ··· 045
font-size ·· 045
font-style ··· 045
forEach() ······································ 156, 226
for文 ··· 086
function ······································· 066, 067
function check ···································· 074

G

getDate() ··· 124
getElementById() ································· 112
getElementsByClassName() ·················· 144
getFlipCells()　リバーシ ···················· 220
getFlipCellsOneDir()　リバーシ ··········· 221
getFullYear() ······································ 124

getHours() ······································· 124
getMilliseconds() ····························· 124
getMinutes() ··································· 124
getMonth() ···································· 124
getSeconds() ·································· 124
getTime() ······································ 124
go() 宇宙船サターンボイジャー ·················· 252
go() ダンジョン ································ 241
go() ファンキーブロック ························ 270
go() ベジタブルマーチ ·························· 322

H

height ··· 056
HTML ·· 020
　　～の主な要素 ······························· 030
　　～の書き方の規則／例 ······················ 027
HTMLタグ ································ 020, 025
　　～による見映え設定 ························· 041
HTML文書 ····································· 024
HTML要素 ····································· 025
　　箇条書き ···································· 031
　　画像の表示 ································· 034
　　画像フォーマット ···························· 036
　　テーブル ···································· 032
　　見出しと段落に使う要素 ····················· 030

I

IDセレクタ ····································· 050
if文 ······································· 074, 075
indexOf() ·································· 126, 127
init() 宇宙船サターンボイジャー ·················· 251
init() スライドパズル ···························· 190
init() ダンジョン ······························· 241
init() デモ ····································· 305
init() 荷物を運ぼう ····························· 202
init() ビリヤード ······························· 313
init() ファンキーブロック ························ 269
init() ベジタブルマーチ ························· 322
init() リバーシ ································· 214
isNaN() ···································· 152, 243
iterate() ファンキーブロック ···················· 268

J

JavaScript ································· 020, 064
　　class構文 ·································· 110
　　～からCSSを操作 ·························· 114
　　～からHTMLを操作 ························· 112
　　～のプログラム実行の流れ ··············· 065, 066
JPG/JPEG ································ 036, 037
Jumperクラス 超難度・忍者ジャンパー ············ 284

K

keyCode ······································· 202

L

lastIndexOf() ······························ 126, 127
let ··· 068, 093
length ··· 085
line-height ····································· 045
LineEntity() Tiny2D.js ························· 306
lineTo() ···································· 174, 175

M

margin ····································· 056, 057
Math.abs() ································· 241, 254
Math.ceil() ···································· 124
Math.floor() ······························· 124, 125
Math.max() ···································· 124
Math.min() ····································· 124
Math.random() ································· 124
Mathオブジェクト ······························ 124
moveTo() ·································· 174, 175
mspaint ·· 037
mykeydown() ダンジョン ······················· 242
mykeydown() 荷物を運ぼう ····················· 202
mykeyup() ダンジョン ·························· 242
mymousedown() 宇宙船サターンボイジャー ········ 253
mymousedown() ダンジョン ···················· 243
mymousedown() ビリヤード ···················· 313
mymousedown() ファンキーブロック ············· 271
mymousedown() ベジタブルマーチ ·············· 322
mymousemove() ビリヤード ···················· 314
mymousemove() ファンキーブロック ············· 271
mymousemove() ベジタブルマーチ ·············· 323
mymouseup() ビリヤード ······················ 314
mymouseup() ファンキーブロック ··············· 271
mymouseup() ベジタブルマーチ ················· 323

N

new ··· 109

O

offsetX/Y ······································ 145
onchange ······································ 144
onclick ···································· 074, 144
onfocus ·· 144
onkeydown ····································· 161
onload ····································· 139, 142
onload = function () { インベーダーを撃ち落とせ! ····· 291
onload = function() { 食べ尽くせ! ··············· 279
onload = function() { タマゴを大事に ············· 226

onload = function () { （超難度・忍者ジャンパー） ……… 284
onmouseup ……………………………………………… 144
onpointerdown ………………………………………… 291
onpointermove ………………………………… 284, 291
onpointerup …………………………………………… 284
opacity …………………………………………………… 045
OR演算 …………………………………………………… 204
OR条件式 ………………………………………………… 077
　　AND条件とOR条件をテストするページ ……… 077

P

padding ………………………………………… 056, 057
pageX/Y ………………………………………………… 145
PhysicsJS ……………………………………………… 294
Playerオブジェクト　（ダンジョン） ……………… 238
PNG ……………………………………………… 036, 037
pop() ……………………………………………………… 126
prototype ……………………………………………… 129
pt …………………………………………………………… 058
push() …………………………………………… 126, 226
put() ……………………………………………………… 217
px …………………………………………………… 036, 058

R

random()　（宇宙船サターンボイジャー） ………… 251
React ……………………………………………………… 324
RectangleEntity()　Tiny2D.js
　………………………………………………………… 306
removeTile()　（ファンキーブロック） …………… 272
repaint()　（宇宙船サターンボイジャー） ………… 254
repaint()　（ダンジョン） …………………………… 242
repaint()　（デモ） …………………………………… 307
repaint()　（荷物を運ぼう） ………………………… 207
repaint()　（ファンキーブロック） ………………… 274
repaint()　（ベジタブルマーチ） …………………… 323
RGB ………………………………………………………… 58
　　〜を16進数に変換 ………………………………… 059
rowspan属性 …………………………………………… 034

S

screenX/Y ……………………………………………… 145
Scrollerオブジェクト　（ダンジョン） …………… 238
setColor() ……………………………………………… 271
setInterval() …………………………………… 121, 196
setTimeout() …………………………………… 121, 196
shift() …………………………………………………… 126
Ship() …………………………………………………… 249
Shipクラス　（インベーダーを撃ち落とせ！） …… 291
showMessage()　（リバーシ） ……………………… 216
some ……………………………………………………… 159
sort ……………………………………………………… 160

splice() ………………………………………………… 126
Spriteクラス　（食べ尽くせ！） …………………… 278
src ………………………………………………………… 34
startsWith() …………………………………………… 127
Starクラス　（インベーダーを撃ち落とせ！） …… 291
String.prototype.slice() …………………………… 257
Stringオブジェクト ………………………… 127, 128
stroke() ………………………………………………… 175
strokeRect() …………………………………………… 177
strokeStyle …………………………………………… 175
strokeText() …………………………………………… 180
style属性 ………………………………………………… 044
substr() ………………………………………………… 127
switch文 ………………………………………… 079, 081

T

tag ………………………………………………………… 25
td:first-child ………………………………………… 166
text-align ……………………………………………… 045
text-decoration ……………………………………… 045
think()　（リバーシ） ………………………………… 218
this ……………………………………………………… 106
Three.js ………………………………………………… 315
tick() …………………………………………………… 121
tick()　（インベーダーを撃ち落とせ！） ………… 292
tick()　（宇宙船サターンボイジャー） …………… 253
tick()　（食べ尽くせ！） …………………………… 279
tick()　（タマゴを大事に） ………………………… 226
tick()　（ダンジョン） ……………………………… 242
tick()　（超難度・忍者ジャンパー） ……………… 284
tick()　（デモ） ……………………………………… 307
tick()　（ファンキーブロック） …………………… 270
tick()　（ベジタブルマーチ） ……………………… 322
Tiny2D.js ……………………………………………… 296
true ……………………………………………………… 72

U

Unity …………………………………………………… 294
update()　（リバーシ） ……………………………… 215
updateメソッド ……………………………………… 240
UTF-8 …………………………………………………… 026
var ………………………………………………………… 068
vh ………………………………………………………… 058
Visual Studio Code ………………………………… 039
Vue.js …………………………………………………… 324
vw ………………………………………………………… 058
while文 …………………………………………………… 088
width …………………………………………………… 056
window.onkeydown ………………………………… 161
windowオブジェクト ………………………………… 121